登山の医学
ハンドブック
第2版

松林 公蔵 監修
日本登山医学会 編集

株式会社 杏林書院

監　修
　　松林　公蔵（京都大学東南アジア研究所）
編　集
　　日本登山医学会
編集顧問・執筆
　　浅野　勝己（日本伝統医療科学大学院大学）
　　大森　薫雄（横須賀老人ホーム付属診療所）
　　北野　喜行（つづわ津田病院）
　　小林　俊夫（鹿教湯三才山リハビリテーションセンター）
　　斎藤　惇生（新河端病院）
　　関口　令安（東京都保健医療公社大久保病院）
　　田中　壮佶（公立藤岡総合病院）
　　長尾　悌夫（聖マリアンナ医科大学整形外科）
　　中島　道郎（医療法人高清会 高折病院）
　　濱口　欣一（SRL細胞病理研究所）
編集・執筆
　　小野寺　昇（川崎医療福祉大学医療技術学部健康体育学科）
　　大野　秀樹（杏林大学医学部衛生学公衆衛生学教室）
　　奥宮　清人（総合地球環境学研究所）
　　上小牧憲寛（秋田労災病院内科）
　　齋藤　　繁（群馬大学大学院医学系研究科麻酔神経科学分野）
　　高山　守正（榊原記念病院循環器内科）
　　滝　　和美（介護老人保健施設 フローリル調布）
　　内藤　広郎（みやぎ県南中核病院）
　　橋本しをり（東京女子医科大学脳神経センター神経内科）
　　堀井　昌子（財団法人神奈川県予防医学協会）
　　増山　　茂（了徳寺大学健康科学部）
　　松林　公蔵（京都大学東南アジア研究所）
　　山本　正嘉（鹿屋体育大学）
執筆担当
　　石根　昌幸（やすぎクリニック）
　　塩田　純一（うしおだ在宅クリニック）
　　荻原　理江（国立国際医療センター）
　　加藤　賢朗（元虎の門病院産婦人科）
　　木崎　節子（杏林大学医学部衛生学公衆衛生学教室）
　　志賀　尚子（日本医科大学高度救命救急センター）
　　瀬戸　嗣郎（市立岸和田市民病院）
　　高桜　英輔（高桜内科医院）
　　夏井　正明（自由学園）
　　貫田　宗男（ウェック・トレック）
　　野口いづみ（鶴見大学歯学部歯科麻酔学教室）
　　花岡　正幸（信州大学医学部内科学第一講座）
　　若林　良則（沼津市立病院腎臓内科）

改訂の序

『登山の医学ハンドブック』の初版が出版されたのは，2000年6月8日のことでした．それから満9年が過ぎました．その間に，登山医学に関する知識も増え，日本登山医学研究会は日本登山医学会と名称が変りました．また，国際山岳連合医療部会（UIAA MedCom）では，Official Medical Standard（公認基準）なるものを，次々に公布してきましたが，この2008年10月チェコのズドノフという所で開催された集会で，一挙に13項目を改定しました．この第2版の執筆においても，そういう世界共通の新しい医学的見解を踏まえた解説をお願いしてあります．したがって，当第2版からお読み下さる読者各位はもとより，初版をお読み済みの各位も，本書で新しくなっている最新の知識を見直して頂き，より安全な登山を楽しんで頂きたいものだと念じております．

2009年6月10日

日本登山医学会監事
中島道郎

初版の序

わが日本登山医学研究会発足20年目の節目に当たり，本研究会からこのような本が，登山愛好医家のみならず，広く一般登山家の皆さんにも読んでいただけるような形で出版されるということを，私は心から嬉しく思います．

本書の執筆陣はいずれも日本登山医学研究会において主導的立場にある面々で，そのまま世界の学会に立たせて恥ずかしくない業績の持ち主ばかりです．なかんづく本書監修者の松林公蔵教授は，研究者としても世界一流でありながら，医師にして7,000m峰3座初登頂記録保持者である上に，8,000m峰にも登頂しているという，世界にも類のない優れた登山家です．その彼が人選し編集したものです．私は内容項目と執筆者のリストを一瞥しただけでも，本書は世界的名著たりうると確信します．

本研究会が「登山者の安全を医学知識の進歩と普及によって守る」ことを目指して発足したのは昭和56（1981）年5月のことです．スイスに"International Society for Mountain Medicine"が発足したのが1985年ですから，それよりも4年も早かったわけです．毎年1回，『日本登山医学シンポジウム』と銘打った学術集会を開催し，成果をそのつど『登山医学』（英語名 Japanese Journal of Mountain Medicine, JJMM）という英文抄録付きの雑誌にまとめて世界に向けて発行したり，何人かの医師にして世界的に指導的な立場にある登山家をこのシンポジウムに招聘して交流を深めたりして，われわれの仕事の内容とその水準の高さを世界にアピールしてきました．その努力の甲斐あって，昨年（1998）5月には松本市で，世界32カ国から130名，国内から約350名，総勢約500名の参加者を集めた

限界があるということです．換言すれば，どうしたら山で風邪をひかずに過ごすことができるか，とか，凍傷に罹らないようにするにはどうするのか，といった勉強をするほうが大事だ，ということです．先日（1999年9月）も，台風警報のさなか北海道の後方羊蹄山に登ったグループで，うち2人が凍死，という事故がありました．これは低体温症の病理や治療法をどんなに勉強しても救えない問題です．人間はどうしてこのような厳しい自然環境下での登山決行という判断をし，行動をとるのか，という行動心理学の問題でもありますが，その前にこの人たちは一体どんな服装で登山したのか，を調べる必要があります．そういうわけで私は，本書で真っ先に『山で体をこわさない』ようにするための医学知識について述べようと思います．読者の皆さんには，せめてこの章だけは山に入る前に必ず読んで欲しいと思います．そしてどうかご無事なお帰りをと念じています．

日本登山医学研究会代表幹事
中島道郎

目　次

I　登山医学概論〜山で体をこわさないために〜　　1

1. 山に入る前に　　1
2. 山に入ってから　　4
3. 心掛け一つで予防し得る山での諸傷害　　5

II　登山中に起こり得る症状　　9

1. 非特異的症状　　9
2. 呼吸器系の症状　　14
3. 循環器系の症状　　16
4. 消化器系の症状　　21
5. 神経系の症状　　27
6. 整形外科的症状　　32

III　登山中に発病し得る疾患　　39

[1] 非外傷性疾患　　39
1. 呼吸器系の疾患　　39
2. 循環器系の疾患　　42
3. 消化器系の疾患　　47
4. 神経系の疾患　　50

[2] 外科的な疾患　　54
1. 骨折ならびに整形外科的疾患　　54
2. 熱傷　　58
3. 頭頸部外傷　　60
4. 胸部外傷　　64
5. 腹部外傷　　65

6. 軟部組織外傷 ……………………………………… 67
[3] 歯科口腔外科的疾患………………………………… 71
[4] 環境要因による疾病………………………………… 76
  1. 凍　傷 ……………………………………………… 76
  2. 低体温 ……………………………………………… 80
  3. 熱中症と横紋筋融解症 …………………………… 88
  4. 紫外線障害（日焼け，雪盲）…………………… 92
  5. 高山病（国内山行を想定）……………………… 95
[5] 救急概論……………………………………………… 100
  1. 緊急度の判断 ……………………………………… 100
  2. 山で救急蘇生法を行う際の注意点 ……………… 101
  3. 心肺蘇生 …………………………………………… 102
  4. 応急手当 …………………………………………… 104
  5. AEDの適応と使用法……………………………… 105

Ⅳ 疾病を持っている人の登山における注意……………… 109

  1. 高血圧症 …………………………………………… 109
  2. 糖尿病 ……………………………………………… 113
  3. 呼吸器系の疾患 …………………………………… 119
  4. 胃・十二指腸潰瘍 ………………………………… 122
  5. 虚血性心疾患 ……………………………………… 125
  6. 脳卒中後遺症 ……………………………………… 129
  7. 腎臓病 ……………………………………………… 136
  8. 手術後の登山 ……………………………………… 141
  9. がん ………………………………………………… 143
 10. 妊娠と登山 ………………………………………… 145
 11. 小児疾患 …………………………………………… 148
 12. 小中高校生の集団登山における注意 …………… 153

V 中・高年登山における注意 … 159

1. 中・高年登山と山岳遭難事故 … 159
2. 加齢と慢性疾患 … 161
3. メディカルチェックの意義 … 167
4. 中・高年登山者のための備忘録 … 168
5.「登山者検診ネットワーク」のたちあげ … 170

VI 国内登山に携行したほうがよい医療器材と医薬品 … 175

1. 医師が随行しない場合 … 175
2. 医師が随行する場合 … 178
3. 登山で有効な漢方薬 … 181

VII 登山における栄養をめぐる諸問題 … 183

1. エネルギーと水分補給 … 183
2. サプリメント（栄養補助食品）… 186

VIII 海外登山とトレッキング医学 … 193

[1] 高所医学総論 … 193
[2] 高所医学各論 … 197
 1. 高山病とは何か … 197
 2. 高所肺水腫 … 203
 3. 高所脳浮腫 … 206
[3] 高所登山・トレッキングの一般的な注意 … 211
[4] 高所トレッキングの注意 … 218
[5] 旅行中飲料水の安全確保 … 234
[6] 海外遠征に携行すべき薬剤選択 … 243
[7] 高山病の治療 … 251

［8］レスキューと国際搬送……………………………… 254
［9］高山病予防概論………………………………………… 261
  1. 高所順応トレーニングの意義と効果 ………………… 262
  2. 高山病の予防法 ……………………………………… 269

あとがき……………………………………………………… 271
付表-1 高所順化アンケート ……………………………… 272
付表-2 高所順化チェックシート（ツアーリーダー用）… 274
索 引………………………………………………………… 276

I 登山医学概論
～山で体をこわさないために～

キーポイント

* 本書は，山で"こうなった"らどうするか，を説いた本である．しかしそれよりは，どうしたら山で"そうならない"で済むか，を知ることのほうが，はるかに容易で重要である．

はじめに

　山には医療施設はないか，あっても不完全なものしかない．だから山に登る前には皆，病気やけがの治療法・手当法は一通り心得ていなければならない．本書の編集はそういう意図によるものである．しかし，山の現場で行い得る医療行為には，いかにベテラン医師といえども限界がある．まして一般登山家においてはなおさらのことで，医学の知識はあるに越したことはないが，それよりもまず，山で病気になったりけがをしたりしないための知恵を身につけることのほうがはるかに重要である．予防に優る治療はない．

1．山に入る前に

1）普段のトレーニング

　およそ登山の無事は，普段の心がけなくしては得られない．最低，階段は必ず歩いて昇る（エスカレーター・エレベーターは使わない）．毎日最低1万歩は歩く．もしそのうえに，週1回のジョギング4km（プラス縄跳び1,000回）を加えることができればさらによい．

2）山での服装

　過酷な山岳気象環境における低温・強風から身を守るのが登山用服装である．服装の目的は体温の保持（保温）であるが，それは重ね着，すなわち衣服の重層構築系（layered system）によって，間に空気の層を保持することで得られる．それは大まかに，皮膚に近いところから順に，肌衣・中衣・上衣・最表衣の4層に分類されるが，その組み合せ方と順番が重要である．構築系の「系」というのは，衣服それぞれが持つ機能を補完しあって，より有効な機能を発揮する組み合せ方のことをいう．系の基本は肌衣で，肌衣だけでも系は成り立つが，それなくしては成り立たない．寒ければ上記の順に上に重ねていくが，肌衣プラス中衣，さらにそれプラス上衣，あるいは中を飛ばして肌衣プラス最表衣でも，それぞれが完結した系をなす．しかし逆の組み合せ，たとえば上衣の上に中衣を重ねる，などは系として成り立たない．これを誤ると，風邪をひいたり，低体温症に陥ったりすることになる．

（1）肌衣：肌衣には，汗を吸い取って皮膚表面を乾燥状態に保ちつつ（吸水性と通気性）しかも繊維と繊維の間に空気を含んでいるという性質（保温性）が求められる．その点でウールが最良である．ポリエステル系の合成繊維は通気性がよく汗を水蒸気のまま通過させ，繊維の加工技術によって保温性も高いが，吸水性はまったくないので，系として成り立たせるには，吸水性の高いウールを中衣層に持ってくるのがよい．木綿は汗の吸い取りは良好であるが，そのため，繊維間に空気を保持できないという重大な欠点があるので，山で汗をかいたり雨に濡れたりすると，すぐに体温を奪われて風邪をひく．夏の低山以外は木綿を肌衣にしてはならない．

（2）中衣：肌衣は通気性を重んじるため，風が吹くと外の寒気が入り込みやすい．したがって，中衣はある程度織目の詰んだ生地の，通常スポーツシャツと呼ばれるものがよい．肌衣がウールなら中衣

の素材は問わないが，肌衣がポリエステルの場合は絶対ウールがよい．ただし，暑い季節の日帰り登山なら，木綿のシャツでも構わない．
（3）**上衣**：保温性を高めるため，さらにもう一層の動かない空気層を重ねるもので，要するに防寒着である．ウールのセーターや背広，羽毛服，毛皮のジャケット，ポリエステル・パイル生地（フリース）のジャケットなどがある．とくにフリースジャケットは軽くて通気性がよく，保温性に富み価格も手頃なので著者も愛用している．
（4）**最表衣**：上記，肌・中・上3層は雨風にあうとたちまち保温性を失う．その場合，防水・防風性の素材のものを一番表層に着る必要がある．山では天候は瞬時にして変化するので，どんな山行でもこれは必携である．ところが，厄介なのは汗である．どんなに寒くとも行動すれば汗をかく．雨を入れないようにすれば，汗は出ていかない．どちらにしても体は濡れる．世上，「汗は通すが，雨・風は通さない」を標榜する素材が各種あるが，なかなか理想通りにはいかず，防風性は確かだが，防水性は怪しい．雨は数十分もすると沁み込んでくる．また，汗のすべてが水蒸気となって外に出るわけでなく，残りが中で蒸れる．酷寒の地では，この蒸れた汗はヤッケの内面で霜になり，霜は体温で融けて水になり，また再結氷する．その間にどんどん体温は冷やされていき，低体温症に陥る危険性がある．ウールが肌衣としてベスト，とする理由はそこにある．それを常に念頭においておくこと．
（5）**手袋**：山に入る時は，手を保護するために必ず軍手を着用する習慣を付けること．ただし，冬山では軍手は厳禁．すぐ凍傷に罹る．また，冬山では素手での作業は厳禁．必ず薄手のウールかポリエステルの5本指（グローブ）着用で行うこと．そして，行動中はその上に，厚手のウールかフリースの5本指または2本指（ミトン）を重ねる．さらに，その上にゴアテックスのミトンを用意すると手の防寒はほぼ大丈夫．

（6）靴下と靴：夏の軽登山なら運動靴に綿ソックス，重登山だと登山靴かトレッキング靴にポリエステルのパイルソックスがよい．冬山はややゆるめの登山靴に厚手の非脱脂ウール靴下がよい．そして高山・寒冷地では靴の上にナイロン製オーバーシューズを履く．

（7）帽子：夏は木綿かナイロン製，幅広縁のいわゆるハット．風に飛ばされないように紐付き．冬はウールかフリースの縁無しキャップ．耳が被さるほどの深さが欲しい．

2．山に入ってから

山での行動で大切なことは，「ぼんやり・うっかりしない」こと，「してはならないことはしない」ことである．以下，具体的に述べてみる．

1）転ばぬ先の2本杖

山では転倒してはならない．転倒防止には，2本杖の積極的使用をお奨めする．とくに60歳以上の高年登山者・荷物の重い時・膝や腰の弱い人には絶対にお奨め．望遠鏡式に長さが調節でき，紐輪に手首を通す型を，登りは短め，降りは長めに調節して持つ．必ず2本ペアで使う．なるべく体の中心線近くに突く．ただしこれに頼っていると，バランス感覚が弱まるので，40歳以下の若い人は，原則，使ってはいけない．

2）歩き方

歩き始めの30分間はウォーミング・アップのつもりでゆっくりと．浮き石を踏まないように．下り道・雪渓・濡れた粘土質の道では，踵から地面を踏むような歩き方はいけない．足底を斜面に均等に踏みつけようにして歩く．

下り道では絶対に走らない．膝関節を痛める．いったん痛めた膝はもはや簡単には治らない．

3）水分・エネルギー補給

　歩いている間，30分に5分の休憩をとり，その都度，食べてすぐにエネルギーになる飴・ビスケットなどの炭水化物を食べ，水分をしっかり飲む．だから，食物と水筒は，ポケットや腰周りなど，すぐ取り出せる所に保持して歩く．登山に必要な水分量とエネルギー量は一概にはいえないが，ざっと1日3L/4,000kcalを目安に，それを分割摂取するわけである（詳細はⅦ-1（pp183〜186）を参照）．

　これは国際山岳連合医療部会（UIAA MedCom）の公認基準の見解である．最近の欧米では，「登っている間は飲食せず，大休止してご馳走をどっさり食べる」ピクニック方式は取らないらしい．われわれもこの辺で，クライミングにおける飲食は，ピクニックから決別すべきであろう．

3．心掛け一つで予防し得る山での諸傷害

　治療の詳細は各項目を参照されたい．
（1）**熱傷**：これは完全にウッカリが原因である．熱い鍋や飯盒のふたを素手で触る，熱湯の入った鍋・やかんをひっくり返す，など，単純なミスから生じる．
（2）**凍傷**：身体末梢部の組織の凍結である．予防がすべてであり，現場での手当ては応急処置に留まる．用心の対象は，手・足の指先，耳・鼻・頬が中心となる．予防の3原則の「濡らさず」，「血液循環を阻害せず」，「風に当てない」が重要となる．それに沿った工夫として，たとえば，靴下・手袋は非脱脂ウールが最良，ポリエステルがそれに次ぐが，木綿は厳禁である．靴はややゆったりめを履くとよい．靴の素材は皮革かプラスチックかで一長一短がある．その上にオーバーシューズ（手袋はオーバーミトン）を併用する．アイゼンは無紐着脱型を使用する．また顔面保護は目出帽,含泡プラスチッ

ク素材のマスク，あるいは毛皮を内向けに貼り付けたフードなどが有効である．

(3) 雪盲：サングラスで簡単に予防できる．それを怠って雪盲に罹るは山男（女）の恥．

(4) 日焼け：痛いのは太陽光線による熱傷のせいである．この熱傷に対する予防法として，市販の日焼け止めクリームは効果不十分であり，腕は長袖で，顔は目出帽やヴェールなどで覆う工夫を凝らすほうがはるかに有効である．

(5) 靴擦れ・まめ：ウォーキングやトレッキングと銘打った靴が多種多様に市販されている．底が厚くてしっかりしたものがよい．自分の足を均等に包み込んでくれるものを選ぶ．普段から履きこなして足に馴染ませておく．歩き始めてどこかに痛みを感じたら，靴を脱いで内部を点検し，異物があれば取り除く．痛む部分にやや大きめの柔らかい布絆創膏をじかに貼る．間にガーゼを挟むことは厳禁．1日の行動が終わった時点で創を点検する．水疱ができていなければ，翌朝再びそこに布絆創膏を貼って出発する．できていればイソジンで消毒し，針で水疱をつぶし，清潔ガーゼを当てて寝る．翌朝ガーゼを取り，イソジンで消毒後再び布絆創膏をじかに貼る．靴下は厚めのウールかポリエステルのパイル生地がよく，薄い木綿物は使用すべきでない．

(6) 風邪：寒いかな，と感じたらすぐに上に重ね着をし，暑いな，と思ったらすぐに1枚脱ぐ．この着脱を面倒臭がらないことが，風邪をひかない秘訣である．そのためには，着衣は，ヤッケ以外は必ず前開きであること．このことは普段の服装にも当てはまる．

(7) 低体温症：体熱産生能力が低下するか，能力以上に体熱が放散するかして，体温が保持できなくなった状態を低体温症，その究極状態を凍死という．体熱産生低下の原因は疲労困憊か飢餓，体熱過剰放散の原因は保温の破綻である．その誘因は衣服系構築の失敗，

雨や汗で濡れる，風に吹き曝される，などである．予防はすなわちそうならないよう，事前に心がける，という一語に尽きる．冬山に行き，日が暮れたら早めに行動を停止し，風当たりの少ないところでツエルト（緊急避難用軽量テント）を被って，持てるだけの衣服を重ね着する．その際一番下に新しい肌着を着ること．その上に，これまで着ていたものや予備衣料を原則通りに重ねる．そうしておいて，湯を沸かして飴・チョコレート・甘納豆のようなものを溶かし，少しづつ何回にも分けて飲む．体が暖かいうちになるべく眠るのがよい．ただし睡眠薬・アルコールは厳禁．低体温症は夏でも起こり得る．極端な薄着で行動したり雨に濡れたりした状態で疲労困憊に陥るのは危険である．また，山中で低体温症が治療できるなどと思ってはならない．まず不可能である．それを念頭に置いて，くれぐれも不用意に山に入らぬよう，常に前述した『衣服の原則』を遵守されたい．また懐炉は，治療にはまったく無力だが，ビバーク時の保温の足しとして案外役に立つので冬山には必携である．

おわりに

　本書は山で事が起こってからの解決手段の手引であるが，山で本書のお世話にならないことのほうが本筋で，それには普段の心がけが大切であるということを強調しておきたい．

[中島道郎]

Ⅱ 登山中に起こり得る症状

1．非特異的症状

キーポイント

*非特異的症状としては，頭痛，発熱，全身倦怠感，食欲不振，浮腫などがある．
*頭痛は高所に到着後普通にみられる症状である．急性高山病は，高所に到着してからあまり時間がたっていない状況のもとで，頭痛が生じていることが必須である．急性高山病による頭痛は2～3時間後には消失するのが普通であり，それが継続するようだと急性高山病とは別の原因を考えなくてはならない．
*発熱する登山者の大部分は風邪症候群，扁桃腺炎などであり，また下痢，嘔吐などを訴えた消化器疾患でも発熱を伴うことが多い．
*全身倦怠感（だるさ）は軽度から，疲労困憊または強い脱力感を訴える重度のものまでさまざまである．非常に強い全身倦怠感は急性高山病の症状と考えられる．
*食欲不振は大部分の登山者に認められる．標高5,000m以下では食欲不振は一過性であり，高所に順応すると食欲は回復する．
*高所到達後1～2週間以内に登山者の10～20％に，顔面，手背，下肢に浮腫が生ずる．浮腫があって，呼吸困難を伴う状態であれば心不全，肺水腫などが考えられる．

1）頭　痛

　頭痛は高所に到着後普通にみられる症状である．その原因に脳血管の拡張や軽い脳浮腫が推定されている．急性高山病は，高所に到着してからあまり時間がたっていない状況のもとで，頭痛が生じていることが必須の条件であり，そのうえに，①消化器症状（食欲不振，

吐き気または嘔吐)，②疲労および/または脱力，③めまいおよび/またはふらつき，④睡眠障害，の4症状のうち1つが存在するものとしている．急性高山病による頭痛は2～3時間後には消失するのが普通であり，それが継続するようだと急性高山病とは別の原因を考えなくてはならない．

2) 発　熱

　体温の測定は，口腔内・直腸内などで行われるが，わが国内では通常腋窩で測定されている．腋窩体温は口腔内・直腸内で測定された体温に比しそれぞれ0.2～0.5℃，0.6～0.8℃ほど低い．健常者の体温は多くは36.0～37.0℃の範囲であり，通常朝がもっとも低く，午後から夕方にかけて高くなる．発熱は体温が37.1℃以上に上昇することを指す．体温の上昇が急激に起こる時，激しいさむけ（悪寒）があり，歯をがたがた鳴らし，体をふるわせることがある．このような悪寒の持続の多くは5～15分程度であり，それ以上続くことはまれである．悪寒がやむとともに，強い熱感を覚え，急速に体温が上昇する．41℃以上の体温の上昇はすぐに解熱させないと生命にとって危険である．衣類は脱がせ，水や氷で冷やし，風を送ってやることが必要である．

　発熱があり，さらに他の何らかの症状を伴うものと，発熱以外に症状を示さないものがある．前者では，呼吸器症状（咳，痰，咽頭痛），消化器症状（嘔吐，腹痛，下痢），腎尿路系症状（排尿痛，腰痛），皮膚症状（虫さされ，かぶれ）があり，発熱の原因はさまざまであるが，感染によるものが大部分である．骨折や捻挫・脱臼などの関節障害でも微熱（38.0℃以下）が出現し，また熱射病では高熱（38.1℃以上）を示す．また，急性高山病，高所肺水腫でも発熱を示すが，抗生物質を投与しても解熱しないことが多い．白馬岳，常念岳の夏山診療所の診療統計によれば，発熱を訴えて診療所を訪れた患者は全体のうち13～22％で，第2位であった．発熱する登山者の大部

分は風邪症候群，扁桃腺炎などであり，また下痢，嘔吐などを訴えた消化器疾患でも発熱を伴うことが多い．また少数であるが，捻挫，脱臼，靴擦れの化膿したもの，日焼けのひどいもの，虫さされなどでも発熱をみたものがあった．

3) 全身倦怠感

　登山が成功するためには，体力と精神力が十分備わっている，あるいは鍛錬しておくことが必要であるが，体力と精神力が十分でなく，登山活動を持続できない場合は，疲労あるいは脱力という形となる．全身倦怠感は，動くのもいやなほどのだるさを感じることであり，疲労・脱力と同じ意味である．登山者は，登山活動に必要な技術力，体力，忍耐力および経験を持っているという精神的な自信を持つことが重要であり，体力的には，低酸素や寒冷の環境においても，筋肉に必要な酸素を供給できるような心肺機能を鍛錬しておくことが必要である．それほど困難でない登山においても，よく鍛錬をしていない登山者は，精神的な自信を失い，エネルギーを十分筋肉に供給できなくなり，疲労・脱力が容易に起こることになる．登山活動において，体力と疲労はコインの表裏の関係にある．

　この全身倦怠感を正確に表現するのは困難であるが，軽度のものは，二日酔い，睡眠不足の続いた時，あるいは風邪をひいた時のだるさのような感じであり，重度のものは疲労困憊または強い脱力感を訴えるものまでさまざまである．欧州で近代登山が始まった頃から，登山中にみられる非常に強い疲労感，あるいは全身倦怠感は，急性高山病の症状と考えられていた．疲労および/または脱力は，前述のように全身倦怠感と同じ意味を持つものである．急性高山病の診断にはこの症状の有無が重要である．また，非常にひどい寒冷状況においても，飢餓感，幻覚などの症状と一緒に全身倦怠感があらわれることがある．

4）食欲不振

　高所において食欲不振は大部分の登山者に認められ，入山1週間に食事摂取量は減少する．食欲不振だけでなく，胸焼け，心窩部痛，吐き気，嘔吐などの消化器症状を伴うことが多い．嘔吐は，吐き気などの先行する症状がなく急に起こる．このような症状はとくに子どもにしばしば認められる．食欲不振も，急性高山病重症度判定の1つの症状であり，食欲不振の程度は急性高山病の重症度と比例する．前述の夏山診療所へ消化器症状を主訴として訪れる患者は，風邪症候群についで第3位であり，8～15％であった．一般的には，標高5,000m以下では食欲不振は一過性であり，高所に順応すると食欲は回復する．標高6,000m以上の高山では食欲不振は必発で持続し，食事摂取量も減少する．またその程度に個人差はあるが，高度の上昇とともに食欲不振はひどくなる．嗜好の変化も生じ，脂肪分には食欲が低下し，炭水化物をとるようになる．食欲低下と低酸素・低温環境下でエネルギー消費の増大により，体重は減少する傾向にある．

　また，重篤な消化管出血のために緊急避難を余儀なくされることも少なくない．杉江らはシシャパンマ峰ベースキャンプ（標高5,020m）において胃内視鏡検査を22名の隊員に行い，急性胃粘膜病変（線状潰瘍2名および出血性胃炎1名）を3名に認め，何らかの胃十二指腸粘膜病変が59％に観察された．その原因に低酸素血症が関係していたと報告している．

5）浮腫（むくみ）

　軽度の浮腫（むくみ）では，顔面がなんとなく腫れぼったい感じで，眼瞼にもっとも早期にあらわれる．高度になれば顔面全体に及ぶ．また，早期には下肢の脛骨前面を指で押さえると圧痕が認められる．高度になると下肢全体が太くなる．浮腫の部位が顔面や下肢の両方に認められる場合には，心臓や腎臓などに病変が認められる

『第3回登山と高所環境に関する国際医学会議』が開催されるまでに至りました.

世界の登山医学の潮流を論ずる場合に無視できぬものに国際山岳連合医療部会（UIAA MedCom）なる組織があります. 時あたかも, そのUIAA MedComが『国際認定山岳医』制度を作ろうと提唱してきました. 各国それぞれが万国共通の教育課程に則った研修会を持ち, その課程を終了した医師に『国際認定山岳医』の称号を授与しようという動きです. 前述したように, 本研究会は世界の登山医学関連学会のなかでは他に先駆けた存在であると自負しています. そこで, 「他国に遅れをとるわけにいかない, わが国でもその制度を発足させる」ということになった場合, 真っ先に必要になるのが教科書です. 私は本書が本邦におけるその役割をになってくれるものと期待しています. となると, 本書は通俗医学書ではなく, 登山愛好医家向け専門書ということになり, 一般登山者には少々難しい内容になると案じます. しかしそこは皆さんに理解していただかなくてはなりません. 一般に非医家向けの医学書, 例えば『家庭医学書』などは, 起こってしまった病気やケガの対策法を述べています. しかしそれは, それで上手くいかなかった場合はすぐに医療機関に相談する, あるいは, 医療機関にかかる前にとりあえず行う手当として, ということが, たとえそう書いてなくても, 前提になっています. ところが, 山の中ではそういう後ろ立てになる医療機関はないか, あっても不完全です. その場で行う下山するまでの暫定処置は, たとえ素人が行った場合でも, ある程度の完結性が求められます. すなわち, 登山医学的知識というものは, 中途半端なことでは駄目なのです. 本書をお読みの一般登山家の皆さんには, その覚悟で, 半端でない読み方をしていただきたいものだと思います.

しかし, そういうことよりも, もっと私がいいたいことは, 山では病気に罹ったりケガをしたりしてからこれを治そうという発想は

ことが多い．浮腫が下肢一側であり，浮腫の部位に発赤，熱感，自発痛，圧痛があれば急性静脈炎や虫さされなどの局所的な炎症などが考えられる．また，捻挫や脱臼にでもその関節周囲に浮腫が認められる．浮腫があって，呼吸困難を伴う状態であれば心不全，肺水腫などが考えられる．

　高所到達後1～2週間以内に登山者の10～20％に，顔面，手背，下肢に浮腫が生ずる．Hultgrenは登山中に出現する浮腫を高所全身浮腫（high altitude systemic edema）とした．この浮腫は，男性より女性に多くみられ，同じ人が登山する毎に繰り返して浮腫があらわれる．浮腫の出現は急性高山病の症状とは関連がみられない．顔面では眼瞼周囲に認められることが多く，高度になると目が開けられないこともある．また，下肢に浮腫があらわれると疲労感が強く歩くのが苦痛となる．これらの浮腫は利尿薬の投与により，また下山すると容易に消失する．

文　献

1) 小林俊夫ほか：常念診療所の現況．登山医学，9：53-56，1989．
2) 杉江知治ほか：高所における胃十二指腸粘膜病変．登山医学，11：55-58，1991．
3) Hultgren HN: High altitude systemic edema. In: Hultgren HN, eds., High Altitude Medicine, pp382-388, Hultgren Publication, 1997.

[小林俊夫]

2. 呼吸器系の症状

キーポイント

* 登山中にみられる呼吸器系の症状としては，咳，痰，呼吸困難，胸部痛などがある．
* 咳は多くの場合，外界からの化学的刺激が原因となるが，薬剤や心臓，肺の疾患で起こることもある．
* 通常の登山中にみられる以上の呼吸困難や胸部痛をみたら，その背景にある疾病を考慮する必要がある．

1）咳と痰

登山中に気になる呼吸器症状はまず咳と痰である．山小屋やテントで苦しそうに咳込んでいる仲間をみるのはつらいものである．1分間に1回の頻度で強力な咳をすると1時間に125kcal，10時間持続すると1,250kcalも消費される．登山中の咳はなぜ起こるのか．

①咽頭，喉頭，気管，気管支などに分布するレセプター（化学受容体）ないし迷走神経の知覚末端からの刺激が，延髄にある咳中枢を興奮させる．乾燥した冷たい空気，登山道の埃や動植物由来のアレルゲン，持ち込んだ化学物質などが原因になり得る．口を開けた呼吸では，さらに上気道粘膜の損傷をきたしやすく，激しい呼吸はそれだけで気道に寒冷刺激を与え咳を誘発する．マスク等の使用，トローチ等の服用が予防に効果的である．刺激に対する感受性には個人差がある．喫煙者はリスクが高い．いわゆる風邪を含め上・下気道系の炎症がある際にも過敏性は高くなる．気管支喘息患者は慢性的にこの状態にある．

②鼻腔，外耳道，心外膜，胸膜などにもレセプターがある．慢性的な耳・鼻疾患があると咳を伴いやすい．後鼻漏などが咽頭・喉頭を刺激する．疲れ果てて心不全状態になれば咳が誘発される．肋骨のヒビ，胸膜炎，自然気胸の可能性もある．食中，食後にむせる時

など，誤嚥が咳の引き金となる．口腔内，気管内の異物が原因のこともあり得る．

③服用している薬剤にも注意しよう．とくに高血圧の薬のうち，ACE阻害薬という一群の薬剤では高率に乾性咳嗽を引き起こす．

・対　策：永遠に続く咳などない．百日咳の人は登山など考えない．上記の特徴をよく考え，原因を除去するなど適切な措置をとる．

④分泌物が増えてくる場合には痰を伴った咳となる．湿性の咳という．健康成人では喉頭まで到達する気道分泌液は，1日で50～100mLであるが，無意識に嚥下されるため痰として喀出される量は少ない．日常的に痰を喀出する人は，慢性閉塞性肺疾患やびまん性汎細気管支炎，気管支拡張症などの慢性の気道炎症を伴っている．慢性呼吸器疾患がない人が登山中に突然痰が出るようになった場合には，急性の気管支肺炎，気管支喘息，肺水腫などを念頭に置き対処する．漿液性（白く透明）・粘液性（べっとりと粘着性）・膿性（うす緑がかった膿を含む）であるか，痰の粘弾性（ねばり）はどうか，量はどうか，色はどうか，臭いはどうか，に注意する．

喀血・血痰が基礎疾患を持たない登山者に起こることは少ない．鼻出血，咽頭や喉頭粘膜からの出血の場合がほとんどである．まれに急性肺動脈血栓塞栓症に伴うことがある．呼吸困難を伴う，ピンク色の痰では肺水腫を疑う．

・対　策：細菌感染には適切な抗菌薬を使用する．よくならない場合は下山することを考える．

2）呼吸困難・胸部痛

山に一生懸命登っていて苦しいのは当たり前である．問題は普段は何ともない登りや安静時に感ずる息苦しさである．

急性突発性ならば自然気胸，肺血栓塞栓症，異物吸引による気道閉塞などを考える．心筋梗塞などの循環器疾患の可能性もある．発作性だが繰り返し起こるならば気管支喘息や急性肺水腫などを，じ

わじわとくるのは慢性の肺疾患が悪化したのであろう．安静時でも苦しい時は，肺血栓塞栓症，気管支喘息発作，肺水腫，過換気症候群，心不全状態，代謝障害（尿毒症や糖尿病性アシドーシスなど）などを考える．吸気性呼吸困難は上気道閉塞，呼気性呼吸困難は気管支喘息，肺気腫を考える．

胸部痛を伴う場合は，肋骨骨折や自然気胸の他，肺血栓塞栓症，心筋梗塞や解離性大動脈瘤の破裂の可能性も考える．

[増山　茂]

3．循環器系の症状

> キーポイント
> *登りでの心拍数増加と心筋虚血，動悸・胸部痛．
> *寒冷環境での末梢血管収縮，動脈硬化と凍傷．
> *交感神経刺激と心拍出量増加による血圧上昇，心不全による浮腫．

1）概　要

登山において循環器系に影響を及ぼす因子としては，気温や低圧性低酸素などの環境要因と運動負荷のストレスがある．危険度の高いコースでは，心理的なストレスも自律神経系や内分泌系を介して循環器系に影響を与えることになる．具体的には，重力に逆らって体と背負った荷物を持ち上げる時（登り）の，心拍出量増加がもっとも大きな循環器系の変動である．寒冷時の末梢血管収縮や脱水による循環血液量の減少も循環器系に変化をもたらす．十分に鍛えられた人には程よいトレーニングになる程度の負荷でも，もともと心臓や血管に異常がある人では狭心症や末梢循環障害の誘因になり得る．

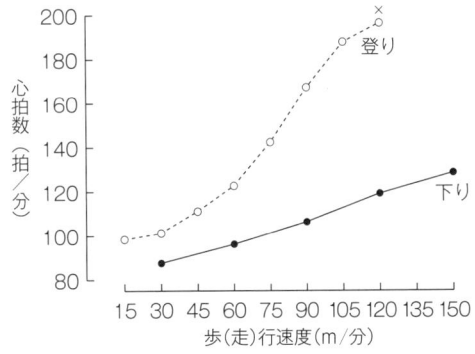

図Ⅱ-1 登りでは負荷に応じて直線的に心拍数が増加する
(山本正嘉:登山の運動生理学百科. p37, 東京新聞出版局, 2000)

2) 心臓の反応

 登りがキツくなると,筋肉はたくさんの酸素やエネルギーを必要とする.そのため,心臓は普段よりもたくさんの血液を筋肉やエネルギー産生にかかわる組織に送り出さなくてはならない.心臓の収縮力に余裕があれば,1回の収縮毎に送り出す血液を多くするが,1回拍出量の増加は,心拍数で毎分110～120回までの範囲で起こり,それ以上に増やさなければならない場合は,もっぱら収縮する回数を多くして,単位時間,たとえば1分当たりの拍出量を稼ぐ(図Ⅱ-1).

＜1分当たりの拍出量＝収縮1回当たりの拍出量×1分間の心拍数＞

 心拍数は最大運動時までほぼ直線的に増加することが知られている.持久系のトレーニングをよく行っている人では,心臓の筋肉の肥大によって,1回の収縮で駆出される血液の量が増え,また,脈拍を早める交感神経系の反射が抑制されて,安静時の心拍数は減少している.しかし,運動すれば程度の差こそあれ,運動強度に対応して心拍数が増加する.人の最高心拍数は,「220 - 年齢」という予測式もある.

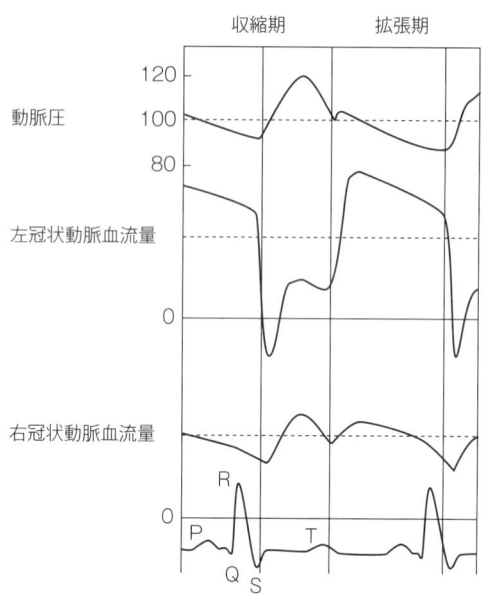

図Ⅱ-2　左心室の筋肉に酸素と栄養を供給する左冠状動脈の血流は拡張期（血圧が下がる時相）におもに流れる．この時間は脈拍が速くなると極端に短縮してしまい，心臓の筋肉が酸素不足・栄養不足に陥りやすくなる（図中のP, R, Q, S, Tは，心電図上の波形の名称を示す）．
(奥村福一郎編：冠動脈疾患と麻酔．p8, 南江堂, 1987)

　心拍数が増加すると，心臓の筋肉が緩む時間（拡張期）が短くなる．心臓の筋肉に栄養を与える血管（冠状動脈）は，おもに拡張期に血液を流すので，拡張期が短くなると心臓そのものへのエネルギー供給が減少する（図Ⅱ-2）．狭心症の人では，もともと冠状動脈が狭くなっている場合がほとんどなので，このような心拍数の増加の際には，極端に心臓の筋肉への栄養供給が減少する．運動して脈が速くなると胸が重苦しくなる，胸から肩にかけて痛み（胸部痛）が起こる，といった症状が典型的な労作性狭心症である．胸の痛みだけでもとに戻ればよいが，そのまま狭くなった血管が詰まってしまい，心臓の筋肉への酸素・栄養の供給が止まると，もはや心臓の筋

肉は生きていくことができない．完全に，心臓の筋肉が死んでしまう場合を心筋梗塞と呼ぶ．

　もともと不整脈のなかった人に不整脈が発生するのは，心臓の細胞が苦しがっていることの信号であることも少なくない．心筋梗塞の急性期では，しばしば心筋の細胞から異常な信号が発せられ，心室性不整脈と呼ばれるリズミカルでない脈の乱れが発生する．そのまま悪化すると，心室細動というメチャクチャな信号になり，心臓はブルブルと震えるだけで，血液をまったく拍出できなくなる．また，心臓から送り出される血液の量が減少すると，酸素の消費が多い脳の活動がまず最初に低下する．目の前が真っ暗になったり，意識を消失して倒れてしまうこともこうした状況で発生する．軽症の不整脈では，「動悸」として感じられることや，「脈が飛ぶ」として自覚されることも少なくない．また，心拍数が極端に遅くなったり，脳が酸素不足に陥ったりすると，気分が悪くなり，嘔吐することがしばしばある．

3）血管の反応と血圧の変化

　体の血液は酸素やエネルギーを必要としている臓器に必要度に応じて分配されている．安静時の場合，脳には15〜20％の血液が，内臓には20〜30％の血液が分配される．最大運動時には筋肉への血流が増加し，安静時には動脈を流れる血液の20％程度だったものが，85％程度まで増加する．その際には内臓への血流は逆に減少する．こうした調節は自律神経系（交感神経と副交感神経）と各種のホルモンによって行われている．

　体温維持のための血流再分配では，低温曝露に際して体の表面近くの血管や手足の血管が収縮する．これは体の深部の温度，血液の温度を下げないための重要な反応である．血液の温度は37℃前後に保たなければならないので，その血液が熱の放散が起きやすい，あるいは冷たいものに触れやすい部分に流れていては都合が悪い．

幸い，皮膚や手足の細胞はある程度温度が下がっても，数時間ならば壊死することはなく，その時動かしづらくなったり，感覚が鈍くなっても，後遺症が残ることはほとんどない．もちろん，寒冷地で長時間血流が止まれば「凍傷」になってしまうが，体温維持，生命維持のためには，血液の供給が止まり犠牲になる運命にあるといえる．また，通常は可逆的な末梢血管の収縮反応も，血管が狭くなる病気にかかっている場合は可逆的とならない場合がある．「閉塞性動脈硬化症」と呼ばれるひどい動脈硬化の状態や，糖尿病・膠原病などで手足の血管が痛んでいる場合，ヘビースモーカーで手足の細い血管が詰まり始めている場合などでは，寒冷や脱水による血管収縮反応が引き金となって，手足の指に潰瘍ができたり，壊死してしまう恐れがある．

　一般的に運動強度の増大とともに収縮期血圧（血圧の上の値）はほぼ直線的に増加する．一方，拡張期血圧（血圧の下の値）はあまり変化しないか，軽い動的な運動（ハイキングやランニングなど）の場合，若干低下するといわれている．同じ運動でも，重量挙げなどの静的な運動では拡張期血圧も著しく増加することが知られている．山登りでも，いきなり急坂があるような場所では，交感神経が強く刺激され，運動中の血圧が大きく上昇することが想定される．血圧への影響を少なくするためには，緩やかな林道歩きから始め，ペースをゆっくりと上げていく慎重さが大切である．また，境界型高血圧症や軽度高血圧症の人が適度な有酸素性運動を行うと血圧を下げる効果が得られると報告されている．とくに，最大酸素摂取量の50％程度の運動がよいとされているので，登山は効果的という意見もある．

　一方，運動によって心拍出量が増加すると，動脈から送り込まれる血液の増加に伴って，静脈から心臓へと戻される血液も増加する．登山のような下肢の筋肉が収縮と弛緩を繰り返す運動では，筋肉の

動きも静脈血を押し戻すことに大きく貢献する．静脈血の還流が促進されることは，血液のうっ滞（よどみ）を防止し，肺血栓塞栓症（エコノミークラス症候群）の予防にもつながる．逆に心臓のポンプとしてのはたらきが不十分であると，心臓から拍出される血液量や静脈から心臓に戻される血流（静脈環流）が不十分で，「浮腫」があらわれる．

4）対処法

個別の疾患に対する対処法は後章で述べられるが，循環器系の疾患を予防するためには，あるいは，発生した症状を終息させるためには，各人の心臓，血管の予備能の範囲内に活動を抑えることが重要である．ちょっとした予兆や体調の変化を感じたら，それ以上に運動量を増加させない，休息をとるなどの対応がとられなければならない．とくに，過度な頻脈や脱水には十分な注意が必要である．

■ 文　献
1）山本正嘉：登山の運動生理学百科．東京新聞出版局，2000．
2）浅野勝己編：運動生理学概論．杏林書院，2002．
3）中野昭一編：スポーツ医科学．杏林書院，1999．
4）奥村福一郎編：冠動脈疾患と麻酔．南江堂，1987．

［齋藤　繁］

4．消化器系の症状

キーポイント

* 腹痛の原因はさまざまであるので，その原因を鑑別する必要がある．
* 重要なことは，緊急の手術や内科的処置が必要（急性腹症）かそうでないかをみきわめることである．
* 登山中にも急性虫垂炎（一般的にいわれる盲腸炎）が発症し，致命

的になることがある．先行する心窩部痛が数時間で右下腹部痛に変化した場合は可能性が高い．
*登山中に嘔吐をみた場合には，まず腹部症状を確認して腹部臓器由来であるか否かを判断しなくてはならない．
*登山中に大量に吐血をきたした場合，もっとも緊急性を要するのは食道静脈瘤破裂および胃・十二指腸潰瘍からの出血である．

1）腹　痛

登山中に発症する腹痛を診断するには，痛みの部位，種類（激痛，鈍痛，差し込むような痛みなど），持続時間，食事との関連，体位との関係，随伴する症状（悪心，嘔吐，吐・下血，黄疸，下痢，便秘，腹水，発熱，脱水など），既往疾患や手術歴の有無などを参考にしなければならない．表Ⅱ-1に登山中にみられる腹痛の原因となり得るおもな疾患を部位別，痛みの種類別に示した．さらに診断の参考になる身体状況や病歴を表Ⅱ-2に示した．

消化器疾患の現病歴や既往歴のない人が登山中に腹痛を発症する原因として，一般的には，急性胃炎，細菌感染などに伴う急性腸炎，あるいは急激な心身の環境変化に伴う腸管運動異常によるものなどが考えられる．その他にもまれな病態が考えられるが，もっとも重要なことは腹痛の原因が緊急性を要するか否かを判断することである．

外科的，内科的に緊急の処置を必要とする腹痛は急性腹症と呼ばれるが，この場合には，患者の安静を保ちながら速やかに医療施設に搬送しなければならない．登山が可能な健康状態の人が登山中に発症し得る急性腹症の原因としては，まず胃・十二指腸潰瘍穿孔による腹膜炎が考えられる．何らかの胃部不快感などの先行症状を伴うこともあるが，多くは突然の激烈な上腹部痛で発症する．同じ部位に中等度の疼痛が持続する急性胃炎と鑑別できる．登山中に経験することはまれであるが，急性虫垂炎（一般的には盲腸炎と呼ばれ

表Ⅱ-1 腹痛の部位別鑑別診断

腹痛部位	腹痛の種類	
	間欠的, 局在不明瞭, 差し込む痛み, 鈍痛	限局性, 持続的, 鋭い痛み, 激痛
右上腹部	胆石症, 十二指腸潰瘍	急性胆嚢炎, 十二指腸潰瘍穿孔
左上腹部	慢性膵炎	急性膵炎, 脾臓破裂
正中上腹部	急性胃炎, 急性膵炎, 慢性膵炎, 胃・十二指腸潰瘍, 胃がん, 狭心症, 心筋梗塞, 胃アニサキス	胃・十二指腸潰瘍穿孔
右側腹部	腎・尿管結石, 腎盂炎, 上行結腸腫瘍, 大腸憩室炎	腎周囲炎, 大腸憩室炎穿孔
左側腹部	腎・尿管結石, 腎盂炎, 下行結腸腫瘍, 大腸憩室炎, 虚血性大腸炎	腎周囲炎, 大腸憩室炎穿孔
臍周囲	急性腸炎, 過敏性腸症候群	
右下腹部	クローン病, 腸重積症, 腸結核, 回盲部腫瘍, 回腸腸間膜リンパ節炎	急性虫垂炎, 子宮外妊娠破裂, 卵巣嚢腫捻転, 急性付属器炎
左下腹部	直腸・S状結腸腫瘍, S状結腸憩室炎	S状結腸穿孔, 子宮外妊娠破裂, 卵巣嚢腫捻転, 急性付属器炎
正中下腹部	膀胱結石, 膀胱炎	骨盤膿瘍, 急性付属器炎
腹部全体	癒着性腸閉塞, 便秘による腸閉塞, 腸アニサキス	絞扼性腸閉塞, 汎発性腹膜炎, 腸間膜動脈閉塞症, 腹部動脈瘤破裂

ている）も急性腹症の1つである．この場合は先行する心窩部（みぞおち部）痛や不快感が数時間で右下腹部痛に変化していくことが特徴的である[1]．

最近，国内登山においても，登山中に発症した急性虫垂炎の診断が遅れたため汎発性腹膜炎を併発し，下山後緊急手術を施行したが救命できなかった例が報告されている[2]．とくに，高齢者では臨床症状が典型的でないことが多く，診断が遅れることが少なくないので注意が必要である[3]．また，開腹手術既往（急性虫垂炎程度の小さな創の手術も含む）があり，腹痛と嘔吐がみられる場合には，腸閉塞症の可能性があり急性腹症となることもある．同時に，排便，排ガスがみられない場合にはこの疾患を考慮すべきである．

女性特有の急性腹症の原因としては卵巣嚢腫捻転，子宮外妊娠破

表Ⅱ-2　腹痛診断の参考所見，病歴

疾　患	参考所見，病歴
急性胃炎	大量飲酒，急激なストレス(低酸素，寒冷を含む)，消炎鎮痛薬(風邪薬なども含む)の摂取，刺激物摂取(コーヒー，唐辛子の摂取など)
胃・十二指腸潰瘍	潰瘍の既往歴・治療歴，食後の心窩部痛(胃潰瘍)，空腹時臍周囲痛(十二指腸潰瘍)，頻回の胸やけ，食後の早期上腹部膨満感，消炎鎮痛薬の連用，長期に渡るストレス，穿孔の場合は腹壁筋による筋性防御
胆石症，胆囊炎	右腰背部痛，発熱，黄疸，胃切除術の既往，嘔吐
急性・慢性膵炎	背部痛，大量飲酒家，糖尿病の既往，胆石の合併
狭心症，心筋梗塞	不整脈，脈拍微弱，胸部絞扼感，大量喫煙歴，血圧低下，冷や汗
急性虫垂炎	心窩部痛および悪心・嘔吐の先行，発熱，歩行時痛，穿孔の場合は腹壁筋による筋性防御
尿路系結石	血尿，腰背部痛
腸閉塞	嘔吐，便秘，排ガスの停止，腹部膨満，腹部手術既往歴，心房細動の合併
大腸腫瘍，虚血性大腸炎	高齢者，便秘の既往，下血，貧血

裂などがあるが，女性で急激な下腹部痛がみられた際には念頭に置かなければならない．急性腹症の診断は容易ではないが，腹痛が激烈で冷や汗，顔面蒼白，四肢末梢の冷感などを伴うことが多い．局所的には，疼痛部位を手でゆっくり押すと腹壁の筋肉を硬化させて疼痛を回避する行動をとること(筋性防御という)が特徴的である．

2) 下　痢

下痢とは，便中の水分含有量が増加するため，軟便あるいは水様便が排出されることで，通常は排便回数の増加を伴う．下痢発症の機序は，濃厚な腸内容を希釈すべく腸管内に水分が移行する場合(希釈性の下痢)，消化管粘膜の分泌が粘膜の水分再吸収を超える場合(分泌性の下痢)，腸粘膜障害による水分吸収低下と障害粘膜からの水分，血液，電解質の漏出が合併する場合(粘膜障害性の下痢)，および腸管運動機能異常により腸内容物の腸管通過時間が短縮する場合(運動性の下痢)がある．

希釈性の下痢は，乳糖不耐症を有する人が多量の乳製品を摂取したり，食べ過ぎや飲み過ぎなどで起こるが，一過性で脱水をきたすほどのことは少ない．分泌性の下痢は，コレラ菌や黄色ブドウ球菌あるいはウイルス感染などにより惹起される．国内登山において，腹痛を伴う激しい水様性下痢がみられた場合には黄色ブドウ球菌を疑い，数時間以内に腐敗した食物を摂取していないか確認すべきである．粘膜障害性下痢としては，赤痢菌や出血性病原性大腸菌感染による血便を伴う下痢などが考えられる．したがって，亜熱帯の低地を経由してヒマラヤトレッキングなどに出かける場合はこれらの感染に注意する必要がある．この際，現地の人にとっては病原性のない大腸菌群が日本人などの外国人に対して粘膜障害性を示すことがあるので，一見安全そうでも生ものの摂取を避けるなどの注意が必要である．運動性の下痢としては，寒冷刺激により大腸運動が亢進する場合や，過労などの肉体的ストレスや心理的ストレスなどにより腸管運動亢進が起こる場合などがある．さらに，これらの要素が複合した下痢として，抗生物質などの薬物摂取や毒キノコなどによる下痢もあり得る．

　登山では元来，顕性，不顕性の発汗および呼吸数増加（呼気中の水蒸気喪失による）のため体内の水分含有量が低下する傾向にある．したがって，登山中の下痢は水分喪失に拍車をかけることになり，脱水を増悪させる原因になりやすい．とくに年少者や高齢者では脱水が重篤化しやすいので注意が必要である．

3）悪心・嘔吐

　悪心，嘔吐の多くは消化器に代表される腹部臓器由来の症状であるが，種々の全身疾患や脳疾患も原因となり得る．腹部臓器以外の嘔吐の原因としては脳圧亢進，外因性の化学物質（アルコール，抗がん剤など），代謝物質（尿毒症など），大脳皮質からの情報（嗅覚，視覚，感情など）などにより脳内の嘔吐中枢が刺激される場合など

がある．注意すべきことは国内でも 3,000m 前後の標高では脳浮腫を伴う急性高山病が発症する可能性があり，脳圧亢進により嘔吐が惹起され得るということである．腹部臓器由来の嘔吐は，臓器の壁の伸展や炎症による物理的，化学的刺激が求心性神経を介して嘔吐中枢に伝達されることにより発現する．腸閉塞，急性虫垂炎，胆囊炎，急性胃腸炎，細菌性下痢，骨盤内女性性器の炎症などに伴う嘔吐はこれらに分類される．したがって，登山中に嘔吐をみた場合には，まず腹部症状を確認して腹部臓器由来であるか否かを判断しなくてはならない．もし，それ以外であれば薬物，急性高山病，その他の脳疾患（脳出血，髄膜炎など），心因性などを疑う必要がある．

4）吐血・下血

　吐血とは上部消化管（おもに食道，胃，十二指腸）粘膜から出血した血液を嘔吐することをいう．その中でもっとも緊急性を要するのは食道静脈瘤破裂および胃・十二指腸潰瘍からの出血である．登山中に大量に吐血をきたした場合は，まずこれらの疾患を考慮すべきである．肝疾患や消化性潰瘍の既往歴，現病歴がそれぞれ診断の参考となる．また，登山による低酸素，低温，過労などのストレスにより惹起された急性胃炎が重症化した場合も吐血する可能性があるが大量に出血することは少ない．さらに，嘔吐などの際，腹圧が亢進することにより食道粘膜下端を損傷することが吐血の原因となる場合もある．いずれにしても安静を保ちつつすぐに医療施設に搬送しなければならない．

　下血とは消化管由来の出血が肛門から排泄されることである．大腸などの下部消化管から出血した場合は赤色を呈し（血便），上部消化管から出血した場合は食物，各種消化液と混じって排泄されるので黒色を呈することが多い（黒色便）．登山中の黒色便の原因としては，胃・十二指腸潰瘍，急性胃炎からの出血などが考えられる．上部消化管の潰瘍やびらんからの出血が大量であれば吐血となり，

少量ずつである場合は黒色便として排泄される．血便の原因としては細菌による感染性下痢などが考えられるが，潰瘍性大腸炎や痔疾患の既往がある場合にはこれらの疾患の再燃を考慮しなければならない．したがって，登山中に便の性状，色彩を観察することは非常に重要である．

文　献

1) Paulson EK, et al.: Suspected appendicitis. N Engl J Med, 348: 236-242, 2003.
2) 内藤広郎ほか：国内登山中に急性虫垂炎を発症し，下山後手術を行ったが救命できなかった1例．登山医学，26：137-142，2006.
3) 内藤広郎：急性虫垂炎．綜合臨床，55（増刊号）：969-972，2006.

[内藤広郎]

5．神経系の症状

キーポイント

*意識障害，運動失調，運動麻痺，感覚障害などの神経症状は，軽度でも事故の引き金になることが多く，転落・滑落の原因となる．
*急性高山病や低体温症，熱中症などによる意識障害や判断力の低下は，軽度でも自覚しにくく，他人が判断しなければ見落とす危険がある．

1）概　要

神経系は脳と脊髄を併せた中枢神経系と末梢神経に分けられる．これらにより思考，言語，記憶，感情，運動，感覚，視覚や聴覚などの知覚のみならず，生命維持のための血圧，呼吸，心拍，消化管の動きなど，体のあらゆるはたらきなども神経系により調節されているので神経系の症状は多岐にわたり，それらすべてを網羅するのは困難である．

しかし山でわれわれが出会い得る疾患は比較的限られているので，そこに的を絞って解説を加えたい．神経系の症状は軽度であっても事故に結びつく確率が高く，常に注意を払わなければならない．

以下におもな神経系の障害に起因し得る症状を概説する．

2）意識障害

軽いものは，反応が遅い，鈍いなどの表現で表される．さらには，傾眠といって呼びかけや痛みなどの刺激がないと寝てしまう．もっとも重度な意識障害は昏睡状態でどのような刺激にも反応しない．

山でこれらのことが起こる原因は低体温症，熱中症など体温コントロール不良が代表的である．体温はエネルギー不足や熱の喪失により下がり過ぎても，高温環境での脱水などで上がりすぎても真っ先に脳が障害される．寒冷環境では体温の喪失がないように頭や首，腋窩，鼠径，足背など動脈が体表を走っている部位の保温を徹底し，エネルギーの補給に留意しなければならない．重度の低体温症の対応は，致死性不整脈の出現などがあり該当項を参照されたい．熱中症は脱水により発汗が困難になった時に多く，十分な水分摂取と夏山に出かける時は，あらかじめ暑熱順化するような事前の準備が必要である．

急性高山病で意識障害が起こるのは肺水腫で，低酸素状態になった時や脳浮腫がその原因になることが多い．脳浮腫では意識障害に加え運動失調を伴うことが多く，事故に結びつくケースが多々ある．高所では常に意識レベルでの点検が必要となるが，自分自身では自覚しないことが多いので，あらかじめ客観的に評価できる準備をしておく必要がある．フィックスドロープがあるにもかかわらず転・滑落するのは，セルフビレイのとり忘れや支点でのロープがキンクした時にカラビナのかけかえがうまくできないなど，判断力低下と運動失調が影響している状況をみかけることが多い．

頭部外傷後の意識障害は，直後は意識鮮明であっても危険であ

る．鼻から水様のものが流れたり（髄液漏），耳から出血がある時は，意識障害がしばらくなくても頭蓋底骨折の可能性があり，数日後に感染により意識障害をきたすことがあるので，早期に医療機関にかかるべきである．なお，頭の外傷は対角線上に障害をきたすので，首より上は頭とみなし，たとえば顎を打っても頭部外傷と考えた対応が必要である．

　脳血管障害，とくにくも膜下出血や脳出血でも意識障害を起こし得る．前者は突然に，あるいは激しい頭痛に伴って発症し，後者は数時間のうちに進行することが多い．登山者の高齢化に従い多くみられる．

　ほかに脳炎や代謝障害などによるものもあるが，山でみかけることはまれである．

3）失神発作

　短時間の意識消失で立ちくらみ，のぼせなどに起因する軽症例からてんかん発作の小発作，不整脈による意識消失（アダムストークス発作）があり，循環器疾患を除外する必要がある．

4）てんかん発作

　手足のけいれん，あるいは突っ張りとともに意識消失を起こす．手が震えるのみで意識消失を起こさないものは振戦と呼ばれ，緊張状態，あるいは体調不良によりみられ，あまり心配な所見ではない．

5）頭　痛

　頭痛は日常的にありふれた症状の1つであり，片頭痛や筋緊張性頭痛など日常的にも出現するが，状況によっては重篤な疾患にかかわることも多く，以下に登山中に遭遇する可能性の多いものについて解説する．

　重症の頭痛の原因としては頭蓋骨内の圧が高まるか，脳を包んでいる髄膜が刺激されることに由来し，いずれも生命にかかわる重篤な疾患による．前者は脳が浮腫を起こしたり，血腫ができたりして

起こり，後者は出血や炎症が髄膜の刺激になる．

　遷延する頭痛に意識障害，悪心，嘔吐，めまい，けいれん発作，血圧の異常高値などが伴う場合は危険な状態を推測すべきである．以下に具体的な疾患を上げる．

　急性高山病の主要症状は頭痛である．低酸素によっても，あるいは軽い脳浮腫によっても頭痛がみられる．急性高山病からさらに重度な脳浮腫になると激しい頭痛と嘔吐，意識障害などがみられる．

　外傷に起因するものは硬膜下出血や硬膜外出血など髄膜周辺に出血がみられ，頭痛の原因となるが，疑われる時は必ず医療機関での受診が必要である．

　前項で述べた脳出血やくも膜下出血でも頭痛が主要症状であることが多く，自覚的に尋常でない頭痛であったり，嘔吐や意識障害を伴う頭痛である場合は，登山を中止して医療機関にかかる方策をとる必要がある．

6）めまい

　めまいは天井が回転するようなもの，船に乗っているような体の揺れを感じるもの，フラフラ感など多様であるが，姿勢の変換時，たとえば起立，振り返り，両手をあげた時などに一過性に出現することが多く，持続しなければ登山を続けても差支えがない場合が多い．しかし，めまいは内耳の障害，脳血管障害でも起こることがあり，持続するものは原因はともかく，事故に繋がるので慎重に介助しながら下山しなければならない．

7）運動麻痺

　運動麻痺が起こる範囲により病変が推定できる．たとえば，右片麻痺は右手足の麻痺で右顔面が含まれることも含まれないこともあり，時には反対の左顔面の麻痺を伴うことがある．いずれも中枢神経系の病態で，脳は左右に分かれているので，左脳の障害で右手足の麻痺が出現し，片麻痺が出現すれば大脳・脳幹などの頭の障害は

間違いがない．外傷以外では脳梗塞，脳出血など脳血管障害に起因する．

意識があるのに四肢麻痺，両手足の麻痺がある場合では頸部の障害が推定され，多くは頸髄損傷による．

両下肢の麻痺は対麻痺と呼ばれ胸椎，腰椎レベルでの外傷による脊髄損傷によるものを疑う．両上肢の麻痺は脳由来では起こらず，頸椎損傷が疑われる．

一側の手あるいは足などの麻痺は単麻痺と呼ばれ，時には片側の顔面麻痺の場合もあるが，末梢神経の障害による場合が多く，原因としては外傷や圧迫などに起因する．まれに脳の小さな病変による場合がある．

8) 感覚障害

片手のしびれは頸椎の疾患によることが多く，頸椎の変形や外傷によるものが考えられる．両手が同時にしびれるのはザックにより肩の締め付けが強かったか，酸素が薄い所などで過換気になった時にみられる（過換気症候群）．両下肢あるいは一側下肢のしびれは腰椎の障害が疑われる．下肢のしびれや痛みとともに色が悪くなった時は，下肢の血流障害が考えられる．脳血管障害で両手がしびれることはなく，しびれる時は右あるいは左の半身がしびれる．とくに指先と同側の口周囲がしびれた時は脳の障害を考える（手口感覚症候群）．

9) 眼症状

片眼の視野のある部分のみが見えなくなった時は暗点と呼び，眼底出血など眼球内の出来事が考えられ，高所ではよくみられる．両眼の同じ側が暗くなった時（右眼の右側と左眼の右側など）は同名半盲と呼び，脳血管障害が考えられる．片眼が突然見えなくなった時は，一過性であっても脳梗塞の前触れ（黒内障）を考える．物が2つに見える時は，それが左右であっても，上下であっても，斜め

であっても複視と呼び,脳血管障害を疑う.

　雷様のギザギザなど幾何学模様が見えたり,光が走ったりすることは頭痛が伴えば片頭痛の症状であるが,頭痛がなくてもみられることがあり心配はない.

[塩田純一]

6．整形外科的症状

キーポイント

＊登山においては,膝関節や足関節の外傷や障害はきわめて多く発生し,とっさの行動が妨げられる.またその後遺症として,関節の不安定性や運動制限や疼痛を残しやすく,その後の行動に支障をきたす結果となりやすい.

＊トレーニングされた筋肉は,トレーニングされない筋肉よりも明らかに筋力が強く,体積でも太さでも勝っている.快適な登山を行うためには,調和のとれた神経筋の協調性があって初めてスムースな活動ができる.

＊"手足のしびれ"の原因疾患は,おもに中枢性,末梢性,心因性の3つに分けられ,それぞれ種々の原因がある.しびれの治療は根本的には原因疾患の治療がしびれ自体の治療となり,特異的な治療はない.診断が何より重要である.

＊ザック麻痺は初心者に多く,重いザックを長時間にわたって背負った後に生じた腕神経叢麻痺をいう.関節拘縮の予防のため,1日1回各関節の運動と温熱療法などの保存療法を行わせれば,神経の損傷の程度によるが最短2週間,最長5カ月で完全治癒する.

1）関節痛

（1）診　断

　まず,どのような機転で発生したものかを問いただす.次いで疼痛が自発痛か,運動痛か,圧痛なのか,またその部位はどこなのかを確かめる必要がある.視診では腫脹や変形の有無が大切であり,

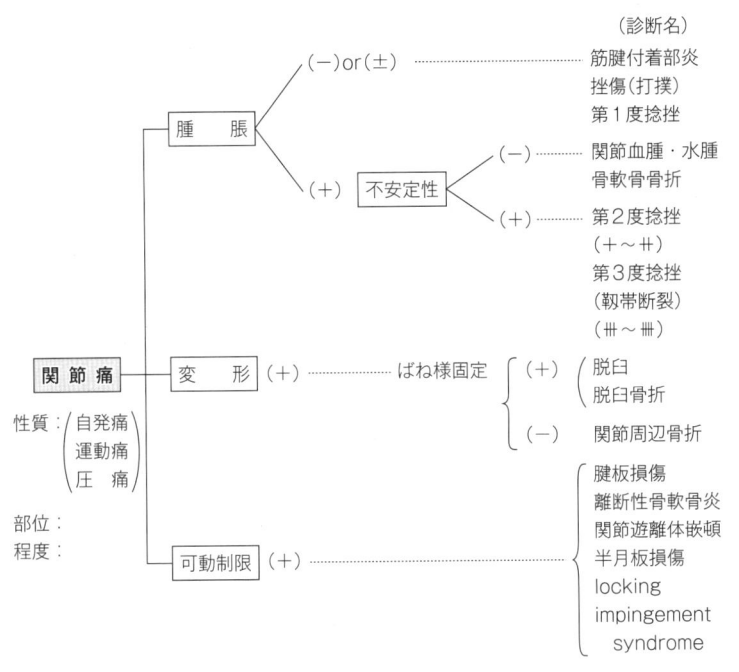

```
                                                            (診断名)
                   (−)or(±) ············· 筋腱付着部炎
                                          挫傷(打撲)
             腫 脹                         第1度捻挫
                                  (−) ······ 関節血腫・水腫
                   (+)  不安定性                骨軟骨骨折
                                  (+) ······ 第2度捻挫
                                           (+〜#)
                                           第3度捻挫
                                           (靱帯断裂)
                                           (#〜##)

 関節痛     変 形 (+) ············· ばね様固定 ┌ (+) 脱臼
                                           │     脱臼骨折
性質 ┌自発痛┐                               │
    │運動痛│                               └ (−) 関節周辺骨折
    └圧 痛 ┘
                                        ┌ 腱板損傷
部位:                                    │ 離断性骨軟骨炎
程度:                                    │ 関節遊離体嵌頓
             可動制限 (+) ·················│ 半月板損傷
                                        │ locking
                                        │ impingement
                                        └   syndrome
```

図Ⅱ-3 関節痛の診断

locking：膝に何かが挟まった感じがして屈伸が急にできなくなる．
impingement syndrome：衝突症候群

(藤巻悦夫：関節靱帯の外傷・障害．榊田喜三郎，山本真監修，スポーツ外傷・障害の予防と治療．p105，南江堂，1988)

著明な変形は脱臼や脱臼骨折または関節周辺の骨折が考えられ，関節の腫脹は関節内血腫が考えられる．触診で関節の不安定性がある場合には靱帯損傷があり，とくに膝関節に運動制限がある症例で，嵌頓症状（膝に何かが挟まって屈伸が急にできなくなる）や膝崩れ（凸凹のある道を歩いている時，急に「ガクン」として不安定な感じがする），弾発現象（膝が「ガクッ」と不規則にゆれる）があれば半月板損傷や関節遊離体のかんとん（落ち込み）を考慮しなければならず，自動運動の制限では筋付着部の障害や筋腱の損傷が考えられる．

（2）鑑別診断（図Ⅱ-3参照）
（3）対策と治療

現場で早急に行わなければならない原則的応急処置としてはRICE療法（安静，氷冷，圧迫，高挙）がある．損傷の程度によりテーピング，副子固定，ギプス固定等を行って，ただちに専門医に受診させる手だてが必要である．

2）筋肉痛
（1）概　要

筋肉痛の原因についてはさまざまな説があるが，乳酸の過剰，pHの低下，温熱の増加等が重要な要因と考えられる．筋組織は，乳酸，ピルビン酸，炭酸，その他の酸の代謝産物によって過度に酸性になる．過度の負荷や不適切な負荷，トレーニングの不足も1つの原因となることがある．最近の学説によれば，筋肉痛は結合組織，つまり筋線維を取り囲む構造蛋白質の非常に小さな線維の微小外傷の結果起こると考えられ，筋肉痛は肉離れと筋断裂につながる初期段階とも考えられる．

（2）鑑別診断

①**筋断裂（筋打撲傷）**：一般に準備不足，寒さ，そして強度の疲労，度を超えた練習などの時に起こりやすい．症状はムチで打たれたり蹴られたように感じる鋭い痛み，腫れ，血腫等がある．時には筋の陥凹がみられ，触るとわかることがある．

②**肉離れ**：自分では収縮しようとしているにもかかわらず，さらに伸ばされ続ける（抵抗下に筋が過伸展される筋の部分的な伸展損傷）ために発症する．多くは，協調性の欠如，筋肉の運動神経の乱れ，ウォーム・アップの不足，局所的な極度の疲労，ウエイトの過負荷，地面の凸凹，低温と高湿も原因になる．

③**筋けいれん**：筋の緊張が局所的に高まり，その結果，強い痛みを伴う筋の収縮が起こる．いわゆる「足がつった」というもので伸張

反射弓によってのみ弛緩することができる．過度のストレスや塩分の欠乏と循環障害，きついシューズやソックスのゴムバンドやバンデージなどによる血管の圧迫によっても起こる．

④**筋炎**：発赤，腫脹，発熱，痛み等があり，さらに筋組織の機能障害がある．原因としては，力学的なもの，化学的なもの，神経的なもの，異物の存在に起因するものなどがある．登山中に起こす原因としてはオーバー・ワーク，肉離れ，けいれんなどが考えられる．

(3) 対策と治療

あきらかな筋断裂，肉離れなどの受傷直後は，RICE療法（安静，氷冷，圧迫，高挙）が必要である．重症例では3週間，軽症例では2，3日間の局所の固定の後，温熱療法，マッサージを行う．

登山中，あるいは一休みしている間に起こる筋肉の痛み，けいれん痛に対しては，四肢の圧迫を除去し血液の循環をよくし，ゆっくりした気分で十分な休憩をとる．局所のマッサージとストレッチングを十分に行う．多量に汗をかいたために不足した水分の補給を行うとよい．

また，芍薬甘草湯（ツムラTJ-68®，カネボウEK-68®）は，急激に起こる筋肉のけいれんを伴う疼痛の除去に効果がある．登山でよく足がつったり，筋肉のけいれんを起こしやすい人は常時携帯し，前もって服用するか，痛みがでた時に服用するとよい．

3) 四肢のしびれ感

(1) 診　断

まず，①自覚症状を聞く．発症様式（突発，急性，亜急性，慢性），性質（痛みを伴う，ぴりぴりする，重い感じ，皮を1枚かぶった感じなど），しびれの部位，以前に感染の有無，特異の姿勢をとらなかったか，など．②家族歴，既往歴，脳血管障害，糖尿病，腎不全，遺伝性ニューロパチー，アミロイドーシス，先天性代謝異常，変形性脊椎症，神経疾患など．

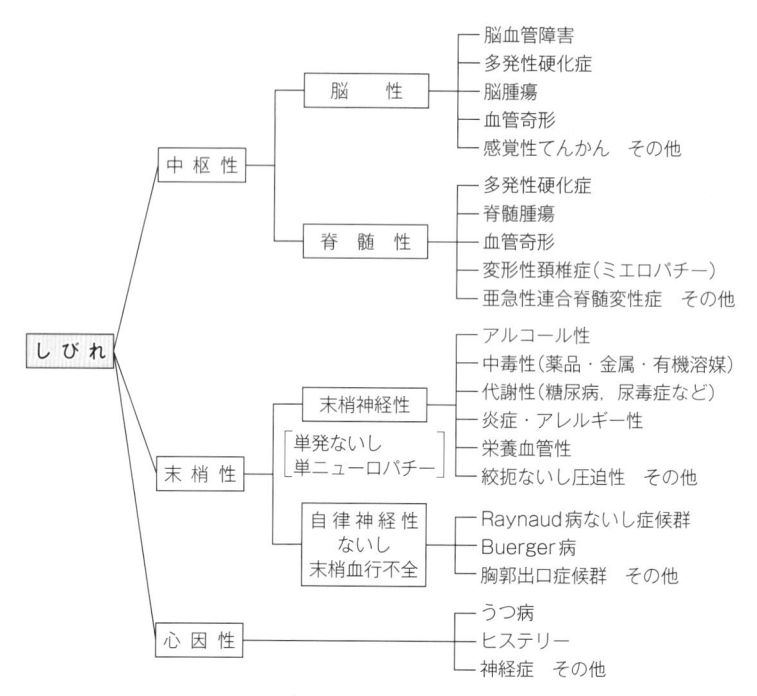

```
                    ┌─ 脳血管障害
                    ├─ 多発性硬化症
            ┌─ 脳 性 ├─ 脳腫瘍
            │       ├─ 血管奇形
            │       └─ 感覚性てんかん その他
    ┌─ 中枢性 ┤
    │       │       ┌─ 多発性硬化症
    │       │       ├─ 脊髄腫瘍
    │       └─ 脊髄性 ├─ 血管奇形
    │               ├─ 変形性頚椎症(ミエロパチー)
    │               └─ 亜急性連合脊髄変性症 その他
しびれ ┤
    │               ┌─ アルコール性
    │               ├─ 中毒性(薬品・金属・有機溶媒)
    │       ┌─ 末梢神経性 ├─ 代謝性(糖尿病,尿毒症など)
    │       │           ├─ 炎症・アレルギー性
    │       │ [単発ないし  ├─ 栄養血管性
    │       │  単ニューロパチー] └─ 絞扼ないし圧迫性 その他
    ├─ 末梢性 ┤
    │       │ 自律神経性
    │       │  ないし    ┌─ Raynaud病ないし症候群
    │       └─ 末梢血行不全 ├─ Buerger病
    │                   └─ 胸郭出口症候群 その他
    │
    │       ┌─ うつ病
    └─ 心因性 ├─ ヒステリー
            └─ 神経症 その他
```

図Ⅱ-4 しびれの原因疾患

(寺沢捷年:しびれの治療,処置.平山恵三編,臨床神経内科学,p619,南山堂,1991)

(2) 鑑別診断 (図Ⅱ-4参照)

(3) 対策と治療

　原因疾患が明らかである場合は,薬物療法はあくまでも治療の一部であることを十分説明したうえで症状の緩和をはかる.原因疾患が明らかでない場合は,常に全身系統疾患の存在を念頭に置きながら対処することが重要である.専門医の整形外科的チェックを受け,時には可及的早期に手術,神経ブロックの適応が必要な場合がある.

4) ザック麻痺

(1) 概　要

　ザックの重量は,最低10kgでも発生している.背負ってから症

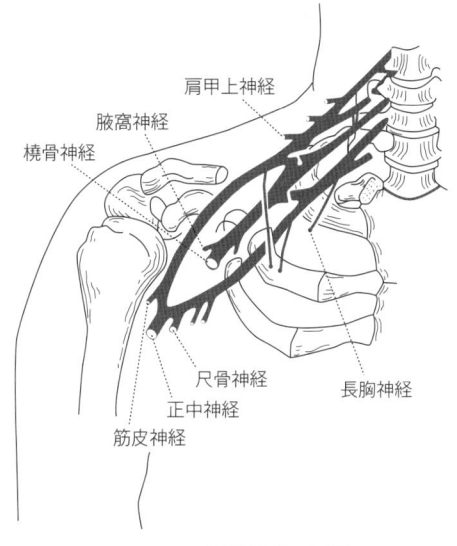

図Ⅱ-5　腕神経叢の解剖

状発現までの時間は，30分から1時間半で上肢しびれ感が生じ，1時間から5時間で麻痺が完成する．発症には牽引，圧迫いずれも原因になり得るが，もっとも主なる発症機転は肋鎖間隙と烏口突起部での圧迫と考えられる（**図Ⅱ-5**）．

(2) 対策（予防法）

①日ごろより肩甲帯周囲筋の強化を行う．

②ザックが背部にぴったりくっつくように上手に荷を詰める．

③背負い紐の間を腰ベルトで寄せ，背負い紐が外側に落ちないよう，肩甲骨が外後方に転位しないようにすること．

④しびれ感が生じたら，ただちに荷物を降ろし，休ませ，荷物を詰め替えるか，重量を減らす工夫をすることが大切である．

[大森薫雄]

Ⅲ 登山中に発病し得る疾患

[1] 非外傷性疾患

1．呼吸器系の疾患

キーポイント

* 登山中にみられる呼吸器系の症状としては，咳，痰，呼吸困難，胸部痛などがある．
* 誰にでも起こり得るもの，特定の感受性があったり治療中だったりする疾患に特有なものがある．
* 後者は主治医との事前の相談が大切である．

1）高所性の咳

誰にでも起こり得る．乾燥した冷たい空気を，口を開けて（加湿器なしで）激しく呼吸することによる．マスクやスカーフの使用，飴やトローチの服用が予防に効果的である．喫煙は危険因子（リスクファクター）となる．

2）感染性疾患

誰にでも起こり得る．

（1）風邪症候群：もっとも多いのはいわゆる"風邪"である．アデノウイルス，ライノウイルスなどによる上気道感染症が多い．無理な登山計画による過労・睡眠不足・過換気がもたらす気道粘膜の炎症が通常では免れているウイルス感染を可能にする．くしゃみ・鼻

水・鼻づまりといった鼻炎症状,のどの奥の痛みや咳といった咽頭・喉頭炎症状,咳や痰といった気管支炎症状から,発熱・関節痛・頭痛などの全身症状まで進み得る.ウイルス感染は急性高山病,とくに高所肺水腫を起こりやすくする.無理に登高を続けるのは好ましくない.安静を保ちその場で休養する.改善がみられなければ下山する.

(2) 細菌性の副鼻腔炎・扁桃腺炎・気管支炎・肺炎：高所環境では細菌感染防御機構が弱まると考えられている.基礎疾患を持たない人でも上記に引き続く2次的感染のケースが起こり得る.細菌感染がある場合は抗生物質や抗菌薬を服用する.登る速度をゆっくりとする.治療によっても改善がみられない場合は下山する.

3) アレルギー性疾患

感受性のある人に起こり得る.

(1) アレルギー性皮膚炎・結膜炎・鼻炎・気管支炎：木の樹液や花粉,節足動物の死骸や毒素,動物の排泄物などを含む登山道の埃,持ち込んだ化学物質などが原因になり得る.原因の除去（マスクをする,皮膚を露出しない,近づかない,洗い落とすなど）が大切であるし,重症の場合は副腎皮質ステロイド薬の外用・吸入・内服が必要となる.

(2) 気管支喘息発作：気管支喘息を基礎疾患として持つ人で管理がうまくいかなかった場合に起こる.これらの人は,登山中も通常の治療法を維持するとともに,緊急時の措置（吸入薬の使い方など）を主治医から確認しておく必要がある.

4) 高所肺水腫

日本の山でも2,400m以上であれば起こり得る.低酸素状態に呼吸や肺の血管がうまく適応できない特性を持つ人に起こりやすい.ウイルス感染や過度の運動の負荷も状況を悪化させる.即座に下山させる必要がある.

5）肺血栓塞栓症

　日本の山でも起こり得る．突然の胸部痛・呼吸困難・速くて浅い咳を呈する．心筋梗塞などの他の重篤な疾患と鑑別するのは現場では難しい．即座に下山，医療機関に搬送すべきである．下肢静脈血栓症の既往，経口避妊薬の服用はリスクファクターとなる．寒冷や脱水・テントでの長期の停滞は血液の凝固能を高める．十分な水分を摂取し適度なストレッチ運動を習慣づける．

6）自然気胸

　突然の胸部痛・呼吸困難で発症する．一度経験した人に繰り返し起こることが多いので注意する．痩せた虚弱体質の人に多い．発症したら我慢は禁物．下山して医療機関を受診する．

7）睡眠時異常呼吸

　睡眠時無呼吸が山の上で起こることがある．周期が25秒程度のものはさほど心配する必要はないが40秒を越す場合，あるいは，平地でも睡眠時無呼吸症候群と診断されている人の場合は要注意である．重篤な場合はCPAPの使用，酸素投与，下山も考える．

　睡眠時低換気による低酸素症は，平地で軽度の呼吸不全状態と診断されている人，高度の肥満，高所肺水腫既往者などにみられることがある．

　過換気症候群もときおりみられる．安静の保持，鎮静薬の投与，紙袋での再呼吸を行う．

〔増山　茂〕

2. 循環器系の疾患

キーポイント

* 登山中の循環器疾患の発症は致命的となることが少なくない．普段からの検診と管理，予防がもっとも重要である．

1）概　要

内因的な体の異常で登山中に起こる疾病の代表の1つが循環器系の疾患であり，いったん起こると行動不能となり，救急の診断処置を要し，致命的となることがまれでない．登山中の循環器疾患発症には，基礎の循環器系疾患の有無が大きな要因であり，これに動脈硬化性疾患を起こす病態が合併するか否かが重要である．さらに，発症を促進する因子としては図Ⅲ-1に示すように，過度の心臓・肺への負荷，脱水，低温，低酸素，睡眠不足などが要因となり，基礎となる病態の上に複合して起こると考えられる．とくに長期間の山行では，偏った栄養摂取や脱水は電解質異常を招き心疾患発症と

登山中の心疾患発症の
基礎となる病態

1）基礎の心機能異常
　①弁膜症
　②心筋虚血
　③高血圧性心肥大
　④心筋症
　⑤調律異常・不整脈
2）高血圧症
3）糖尿病
4）高コレステロール血症
5）肥満
6）貧血
7）基礎の肺疾患
8）その他

登山中に発症を促進する因子

A　過度の運動
　　心臓・肺への過負荷
B　低酸素
C　低　温
D　低　圧
E　脱　水
F　睡眠不良
G　電解質異常
H　偏った栄養摂取
I　その他

症状の出現

？？？
？？
？

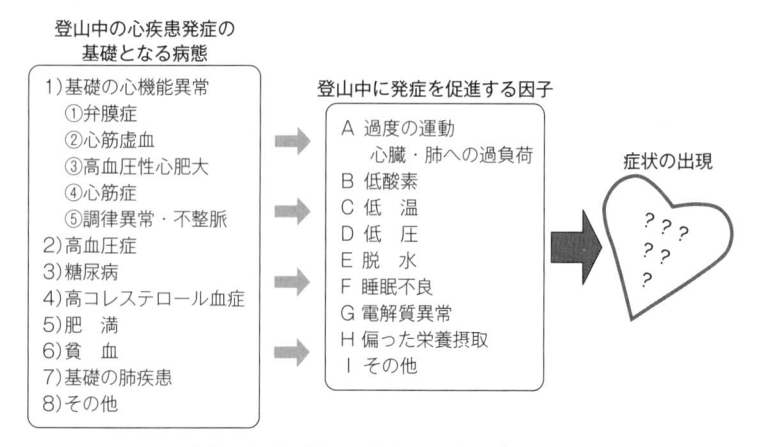

図Ⅲ-1　登山における循環器疾患の発症のプロセスとその要因

関与する．

2) 症状と診断および発症時の対応

表Ⅲ-1に登山中に起こる緊急疾患を示し，発症の特徴，基礎病態ならびに登山中の診断のヒントを示した．しかし紛らわしい症状も多く，表Ⅲ-2に症状の鑑別の手助けを示した．病気と考えるか，病気でないと考えるかは，諸検査のできない条件では医師であっても難しく，全身の状態から傷病者の危険度を察知して欲しい．表Ⅲ-1右半の項に，発症時の対応法，緊急下山搬送，危険度の目安を示した．表に示したように，循環器疾患は急速に進行し，都会でも分単位の診断・治療を要する．ましてや登山中に発症すると致命的であり，迅速な搬送なくして救命は難しい．

3) 発症防止対策

最大の対策は予防である．とくに高血圧，糖尿病，高コレステロール血症などは普段から検診を受けて，必要に応じ適切な治療を受け管理して欲しい．また，すでに心血管疾患を指摘されている人は登山の可否，高所への登行の危険については，必ずかかりつけ医に相談して欲しい．さらに，登山が許可されても必ず普段の内服薬は山行中も継続して欲しい．著者による夏季北アルプスの中・高年登山者調査では，何らかの基礎疾患は52%に認められ，20%は内服薬を継続していた．高血圧既往のない登山者も含み，山小屋での血圧測定では実に半分近くが血圧コントロール不良であり，登山中とはいえ高血圧患者は塩分過剰を避けるべきである．

表Ⅲ-1 登山中に起こる循環器救急疾患の特徴と発症時の対策

	疾患名	発症の特徴	基礎病態	登山中の診断のヒント	発症時の対応法	緊急下山搬送	危険度
1 虚血性心疾患	労作性狭心症	運動により起こる胸の締めつけ感、圧迫感、鈍い痛、あご、肩・腕に圧遷、歩行・休むけで出現。2～3分の休止で消失。	冠動脈狭窄のため運動による心筋の酸素需要増大に冠動脈血流増加が追いつかない。	症状が同じ程度の負荷で再発し、休むと消失。動悸・息苦しさ・冷汗など伴う。	楽に座る、荷を下ろす。楽に深呼吸。症状に既往ありニトロ製剤の処方があれば使用。酸素あれば吸入。荷物は他人に分配。	同日中に何度も繰り返す場合は緊急下山。回数少なくても山行中止して下山。	大きい
	異型狭心症	明け方・夜中の安静時に起こる胸の締めつけ、圧迫感、鈍い痛み、あご、肩・腕に伝達。2～3分で消失。	冠動脈攣縮（けいれん）のため冠動脈血流が低下し心筋が酸素不足になる。	夜明け、または明け方早朝、就寝時などに胸の痛み、薬冷時に起こりやすい。	楽に寝る、座る、温湯を飲む。既往ありニトロ製剤の処方があれば使用。酸素あれば吸入。飲酒後に出やすい。	繰り返す発作は危険。山行を中止し、日中に下山。	大きい
	不安定狭心症 急性心筋梗塞	突然の安静時の胸の締めつけ感、胸部痛。完全に消えない反復性胸痛。息苦しさ、動悸	冠動脈内腔に蓄積した悪玉コレステロール粥腫の破裂と血栓形成による冠動脈血流途絶。	突然の強い・死の危険を感じる胸部痛は本症を考える。1～3日前から先行する労作・安静での短い狭心症発作時に続いて発症することが多い。	楽に座る・座位で保温。ニトロ製剤処方あれば使用。酸素あれば吸入、呼吸困難あれば起坐位、冷汗・四肢冷感あれば重症。AEDあれば近くに。	緊急搬送・ヘリ搬送。登山中に心停止出現容易に。心停止の発症は致死率50%以上。	きわめて大きい
2 心ポンプ不全・肺うっ血	うっ血性心不全心原性肺水腫	軽い運動でも起こる過度の息切れ・呼吸困難。安静でも息苦しく、起きると楽になる。しばしば運動・胸苦、食思不振、下肢浮腫。血性喀痰は重症などあり。	低高度でも起こる肺うっ血と動脈血酸素化低下、心拍出量低下が病態。さまざまな原疾患あり。高血圧性心疾患、心腔弁膜症、拡張型心筋症、肥大型心筋症、頻拍性心房細動など。	いつもと違う息切れ出現しうっ血と心不全考える。その出現でがんばって再発し歩行困難だと苦しく起き上がったほうが楽は肺うっ血の症状。基礎疾患増悪、心房細動、肺塞栓、冠動脈疾患などから発作がある。	楽に坐位で寄りかかり保温。酸素あれば吸入、ニトロ製剤処方あれば吸入。ネェニトロ製剤処方あれば補げる、血圧低下出ない方が危険あり、血性痰、冷汗・四肢冷感あれば重症。AEDあれば近くに。SpO₂測れればチェック。	緊急搬送・ヘリ搬送。容易に心停止出現登山中の発症は致死率高く、原疾患による。	きわめて大きい
	高所性肺水腫	症状は上記に同じ。高度2,300m以上で起こることが多い。心疾患が原因なくても出現。不明な基礎要因	肺のうっ血・動脈血酸素化低下、心拍出量低下が病態。心疾患が原因とは出現。不明な基礎要因	上記に同じ	楽に坐位で寄りかかり保温。酸素あれば吸入、ロコ式呼吸急追加、冷汗・四肢冷感あれば重症。AEDあれば近くに。SpO₂測れればチェック。	可能な限り低高度へ緊急搬送・ヘリ搬送。容易に心停止出現、致死率高い。	きわめて大きい

	疾患名	発症の特徴	基礎病態	登山中の診断のヒント	発症時の対応法	緊急下山搬送	危険度
3不整脈	発作性心房細動	突然に起こる動悸。しばしば胸部圧迫感・不快感を伴う。時にめまい感・失神感あり、時に意識消失あり。	心房のてんでんバラバラな電気活動が心室に伝わる。	突然に起こり、脈を取ると間隔がバラバラ。	動悸・息切れ強ければ安静。既往、受診歴あれば発症時の薬を内服。脱水時は血症症・脳梗塞起こしやすい。続くと心不全を起こし得る。	登山は中止し下山。落ち着けば短時間は荷を軽くして歩行可。息切れ、胸部圧迫感続くよう ならば緊急搬送、ヘリ搬送。	中程度
	発作性心房粗動		心房内に形成される電気回路を興奮がぐるぐる廻る。	突然に起こり、脈は規則的で150～200回/分(Valsalva法)。急な冷水飲用など迷走神経反射で、上室性では停止可でもあり。	行動を中止して安静、深呼気で堪え息こらえ30秒以上(Valsalva法)。急な冷水飲用など迷走神経反射で、上室性では停止可でもあり。		
	発作性上室性頻拍		心房心室接合部に形成される電気回路を興奮が廻る。	分ší度、両者の判断は困難。			
	発作性心室頻拍		心室内に形成される電気回路を興奮がぐるぐる廻る。	突然に起こり、脈は規則的で150～240回/分程度。鑑別不可。	内服する。めまい失神時は発症度大、心室頻拍は心停止危険大、AED用意。	緊急搬送、ヘリ搬送。	大きい
	高度房室ブロック	突然に起こるめまい感、気が遠くなる感じ。疲労感。	心伝導での房室結節(中継部)での電気的伝導の一過性または継続的遮断	全身倦怠感・疲労感など伴いやすい。	行動を中止して安静。めまい感あればAED仰臥位にする。脈をチェック、心停止あり。AEDあれば近く。SpO₂測れればチェック。	登山は中止して下山。めまい感が繰り返すようならば緊急搬送、ヘリ搬送。	大きい
	洞不全症候群		心伝導での洞結節(司令部)の歩調取り不全。	動作が止まった後のめまい感がある場合は、洞停止を疑う。			
4心停止	心室細動	突然、または前駆する不良の全身状態に続き意識消失し、呼びかけに反応なし。	心室のバラバラな電気活動	意識なく呼びかけに応じず、まったく動かない。時に不規則、まばらなあえぎ呼吸みられる。	反応なければただちに心臓マッサージ30の後毎分100回の速さで継続。AEDあれば使用、人をも動員続けて。発症10分過ぎはなどで30回の人工呼吸2回交換。	緊急搬送、ヘリ搬送。初期からの蘇生を継続。AED除細動、迅速搬送のみ生存の可能性あり。	極限的に大きい
	無脈性電気活動		心臓は動くが脈とならない				
	心静止		心臓はまったく動かない				
5大動脈疾患	急性大動脈解離	突然起こる胸部痛または背部痛の持続。進むと全身状態悪化。	大動脈内膜亀裂から始まる大動脈壁の上流から下流への縦割れ。	コントロール不良高血圧が基礎に多い、持続する激しい痛み、進むと停止あり。	安静にして寝かせ、あれば内服。降圧薬あれば内服し120mmHg以下に下げる。あれば酸素吸入し緊急搬送。	緊急搬送、ヘリ搬送。容易に心停止出現、登山中の発症は致死率高く<50%以上。	きわめて大きい
	切迫大動脈瘤破裂	次第に増悪する胸部痛または背部痛または腹痛の持続、進むと全身状態悪化。	潜在した大動脈の瘤状膨隆が破れかかる。	元々無症状が多い、腹部大動脈瘤では拍動する拳大の瘤を腹の中央に触知。			

表Ⅲ-2　循環器疾患の症状を鑑別するための手助け

症　状	循環器系以外の原因	鑑別のキーポイント
胸の痛み	胸郭（肋骨・肋間筋） 肋間神経痛 帯状疱疹 胸膜炎 自然気胸 逆流性食道炎 胃潰瘍 心臓ノイローゼ	心臓に由来する痛みは胸の圧迫感，重圧感，締め付け感のことが大多数．鋭い刺すようなズキンとするような痛みは心臓でなく肋間神経由来が多い．左胸を手掌で押して痛ければ胸郭の痛みが原因と考える．深吸気で痛みが起こるか増悪するようであれば，胸膜炎または胸郭が原因と考えられ，前者は胸を押して痛みはないが，肋骨骨折では特定部位に痛みがある．胸膜炎・自然気胸はともに息切れ呼吸困難を起こすこともあるが，前者の痛みは持続的だが，気胸は一瞬または短時間がほとんどである．食道炎による胸部痛は中・高年では多くみられ，胃食道逆流により生じ，胸焼け感を伴う．水または牛乳を飲むと楽になるようであれば食道・胃からの胸部痛と考える．
息切れ 呼吸困難	肺気腫（COPD） 気管支喘息 肺線維症	左の肺疾患は普段から息切れが多く，登山をすることは少なく，登山中の急な発症は考えにくい．喘息は夜間に山小屋などで発症することもあり，しばしば心不全との鑑別が医師でも難しい．どちらも起坐位が呼吸に楽であり，喘息ではヒューヒューする呼吸音が強く，とくに背中に直接耳をつけて聞くと，喘息ではキューキューする呼吸音がおもなことが多いのに対し，心不全ではプツプツ，ぶつぶつ音が多い．
	自然気胸 胸膜炎・胸水	自然気胸は急に発症，胸膜炎・胸水は徐々に発症する．どちらも前記のように胸部痛を伴う．
	貧　血	鉄欠乏などの慢性貧血では容易に息切れ・疲労感がでる．眼瞼結膜の赤色が薄い．
動　悸	生理的頻拍 精神的緊張・興奮	登山による疲労，不眠，精神緊張などで生理的に頻拍（脈拍数毎分100以上）になり，発熱では毎分130程度まで増加する．生理的には深吸気で脈拍数は少し低下し，頻拍発作とは異なる．
めまい 失　神	良性頭位眩暈症 メニエル症候群 脳梗塞	心臓によるめまい失神は一時的な血圧低下がその原因であり，横臥すると消失軽減する．頭位眩暈症は特定の頭の位置・向きで増悪するめまい．メニエルとともに内耳が原因で症状が持続する．小脳梗塞でもめまいが持続する．登山中に起こるめまいは下山して専門医受診が必要．

［高山守正］

3．消化器系の疾患

キーポイント

＊登山中に発症し得る消化器系の疾患としては，消化管感染症，薬剤性の胃腸障害，急性胃潰瘍などが重要であり，それぞれの原因を考慮した対処が必要である．

1）概　要

　登山中に発症し得る消化器系の疾患としては，細菌やウイルスによる消化管感染症あるいは風邪薬，抗生物質，消炎鎮痛薬などの薬剤や，中毒物質の摂取などで引き起こされる急性胃腸炎に基づく腹痛，悪心，嘔吐，下痢などが考えられる．それ以外では低温，過労，低酸素，脱水，経口摂取不良により全身状態が悪化することに伴って発症し得る急性胃炎や急性胃潰瘍が重要である．また，食習慣の急激な変動や心因的ストレスなどによる下痢や便秘なども発症し得る．登山中に何らかの消化器疾患が発症すると腹痛，悪心，嘔吐，下痢による経口摂取の低下や，水分，電解質喪失が惹起され，脱水状態を招きやすい．さらに，このストレスが消化管粘膜を障害するという悪循環に陥りやすいので注意が必要である．

　治療の既往や治療中の消化器疾患を有する場合には，寛解状態にあっても服薬中の薬剤を携行することが必要である．また，登山が長期にわたる場合や海外遠征などでは，少なくとも従来服用していた薬剤を携行し，登山の強度に伴う各種のストレスに応じて予防的に薬剤服用を開始するなどの配慮が必要である．また，とくに注意を要するのは，頭痛，筋肉痛，風邪，生理痛などで消炎鎮痛薬を服用した場合は，沈静化していた胃・十二指腸潰瘍が再燃したり，新たに発症する可能性があることである．その理由は，消炎鎮痛薬は胃粘膜が自ら分泌する胃酸や消化酵素により障害されることを防ぐ

表Ⅲ-3 胃粘膜に対する攻撃因子と防御因子およびそれらに影響を与える因子

		増強するもの	抑制するもの
攻撃因子	胃　酸	食品など 　（コーヒー，ビール，唐辛子，肉類，喫煙など） 環境(低酸素，低温) 胃内容停滞 低血糖	酸分泌抑制薬 　（抗コリン薬，抗ムスカリン薬，H_2受容体拮抗薬，プロトンポンプ阻害薬） 脂肪摂取
防御因子	粘液分泌 粘膜血流 粘膜エネルギー 粘膜内プロスタグランジン 粘膜内電位差	粘膜防御因子増強薬 　（粘膜保護薬，粘液分泌促進薬，粘膜血流改善薬，粘膜再生促進薬，プロスタグランジン合成促進薬） ストレスの除去	消炎鎮痛薬などの薬剤 環境(低酸素，低温，拘束) 高濃度アルコール ストレス(肉体的,精神的)

防御機構を脆弱化する作用を有するためである．一方，胃酸分泌の亢進も同様に胃粘膜障害の原因となるので注意が必要である．登山に伴う低酸素，低温，拘束の環境下では動物実験においても胃酸分泌の亢進，胃粘膜防御機構の低下がみられ急性潰瘍が発症することが確認されている[1]．したがって，とくに高所，冬山登山では胃粘膜障害に対して厳重な注意が必要となる．表Ⅲ-3には胃粘膜に障害性にはたらく因子（攻撃因子：胃酸など），および防御的にはたらく因子（防御因子：粘液など）について示したので参考にしてほしい．

胆石症も消化器疾患としては珍しいものではなく，検診などで無症状の胆石が指摘されている場合も多い．このような場合も胆石の発作が登山中に発症しないという保証はない．現在の日本の中・高年者では全人口の数％は胆石を保有している可能性があること[2]，胃切除術後では15～20％が胆石を有する[3]ことが知られているので，このような場合には検診などでチェックを受け，胆石の有無を

確認しておくことが望ましい．また，手術の種類にかかわらず開腹手術の既往がある場合には腹腔内の腸管癒着が原因となり腸閉塞をきたすことがある．誘因は過食や過労であることが多いので登山中といえども発症の可能性はあり得る．

2) 診断のポイント

登山は身近な低山登山にせよ，本格的な冬山，高所登山にせよ基本的には登山中に水分，エネルギーの補給が必要となる．しかも消化管は水分，栄養を吸収できる唯一の臓器であり，登山中は経口摂取のみがその手段である．したがって，安全な登山を行うためには消化器症状の発現に十分に留意しなくてならない．

初期の注意すべき症状は食欲不振である．誘因としては登山中の下痢，発汗に伴う電解質喪失と脱水が重要である．その結果，発熱，全身倦怠感が出現し随伴症状として食欲不振があらわれる．この場合，体温上昇，安静時脈拍の増加などが参考になる．とくに夏期登山においては，死にいたることもある熱中症の初期症状として注意すべきである．なお，食欲不振は薬剤やストレスのために惹起される急性胃炎の初期症状としてみられることもある．その他，腹痛，悪心，嘔吐，下痢，吐・下血などもみられる可能性があるが，これらの症状は比較的わかりやすいので消化器系疾患が発症したことに気づくことは困難ではないと思われる．

3) 応急処置とその後の対策

食欲不振が脱水や熱中症の初期症状と考えられる場合には涼しいところで休息をとらせ，体温が上昇していれば衣服をゆるめて冷やしながら電解質と糖分などのエネルギー源を含んだ水分を補給する．食欲不振の原因が急性胃炎と思われる場合はまず原因となる薬物，毒物等を摂取していないかをチェックする．これが否定されればストレス（過労，低温，低酸素，心因性を含む）が関与していると考えられるので，計画を変更して休息を十分にとるか下山を考え

る必要がある.いずれにせよ,原因となる薬物などを中止し,経口摂取はお粥などの刺激の少ない食物や,吸収されやすい糖分に切り替える必要がある.食欲不振以外の症状については,緊急の入院処置が必要となる急性腹症が疑われた場合には,安静を保ちつつ可及的速やかに医療施設に連絡,搬送しなければならない.

文 献

1) Kamiyama Y et al.: Pathogenesis of experimental acute gastric mucosal lesions induced by hypoxia in rats. In: Ueda G, et al. eds., High Altitude Medicine, pp280-285, Shinshu University Press, 1992.
2) 佐藤寿雄:胆石症の歴史的変遷とその背景.日本消化器病学会雑誌,85:1335-1339,1988.
3) 伊勢秀雄ほか:胃切後胆石症.日本臨牀,51:1875-1878,1993.

[内藤広郎]

4.神経系の疾患

キーポイント

＊脳血管障害,外傷,急性高山病などにより中枢神経系(脳と脊髄)や末梢神経に障害を起こすことがある.いずれも判断力の低下や事故に結びつくので行動を中止し,安全な下山,診療に向かう必要がある.

1)概 要

(1)脳梗塞

寝ている時や食後に発症することが多く,脳の局所症状,つまり半身の麻痺,半身のしびれ,めまい,ろれつのまわりが悪い,言葉がでないなど多様な症状がみられる.脱水が血液を濃くして梗塞を誘発することも多く,水分摂取に比べて発汗過多であったり,下痢・嘔吐などが誘因になる.アルコール摂取も尿量を増やし脱水傾向になり,梗塞を誘発することがある.

一過性に上記の症状がみられるのが一過性脳虚血発作（transient ischemic attack：TIA）と呼ばれるが，次に脳梗塞を起こす前触れと考えてよい．

（2）脳出血

血圧の上昇とともに，めまい，ふらつきなどが出現し，脳内に血腫が大きくなるに従って脳圧が上がるための症状，つまり嘔気・嘔吐・頭痛などとともに脳梗塞でみられるような脳の局所症状が出現してくる．

脳梗塞と脳出血は症状だけからは鑑別困難で，CTスキャンなど検査が早急に行われ，治療に入る必要がある．

（3）高血圧性脳症

血圧の上昇により意識障害，けいれんに加えて，片麻痺や視力障害など脳の局所症状がみられるものが高血圧脳症と呼ばれるが，臨床所見だけでは脳出血，脳梗塞との区別が困難なだけでなく，実際医療現場で遭遇する機会は少ない．

（4）くも膜下出血

脳の動脈にできた瘤が破れて脳表に出血を起こす．そのため，突然起こる激しい頭痛が特徴的で，意識消失を伴うこともある．一過性で頭痛も意識も改善してしまうこともあるが，次に起こる頭痛で重篤になることが多い．脳表での出血なので片麻痺や半身のしびれといった脳の局所障害は発症直後には伴わないことが多いが，数日して血管が収縮して脳梗塞を合併し脳の局所症状を呈することが多い．激しい頭痛とともに昏睡状態になり突然死にいたることも少なくない．

（5）脳静脈血栓症

脳の動脈でなく静脈が閉塞を起こすことがある．静脈血栓症はエコノミークラス症候群でもお馴染みのように，飛行機の中で動かない，水分摂取が少ないだけでも起こり得る．山では，とくに高所で

は静脈血栓は珍しくない．手足の静脈血栓と違い脳の静脈血栓は，脳浮腫で始まり頭痛，嘔吐など脳圧の亢進症状，次いで脳の局在症状が出現することが多い．

（6）頭部外傷（「Ⅲ-［2］-3　頭頚部外傷」（pp60〜63）を参照）

（7）過換気症候群

呼吸が速くなると，呼吸苦とともに二酸化炭素が多く失われ，血液がアルカリ性になり四肢がしびれ，時には両手が硬直する．通常は緊張状態が続いたりする時にみられるが，山では酸素がうすい状態で過呼吸状態が続くと出現することがある．

（8）高所脳浮腫（「Ⅷ-［2］-3　高所脳浮腫」（pp206〜210）を参照）

（9）てんかん

手足のけいれん，突っ張りなどとともに意識消失し，失禁し倒れる．眼は同じ方向を注視して視線は呼びかけ者に向かわない．

2）診　断

（1）脳梗塞，脳出血，高血圧性脳症

脳梗塞，脳出血，高血圧性脳症は，登山の現場での鑑別は困難である．神経系の症状の項（pp27〜32）で述べた運動麻痺，感覚障害，視覚障害など，脳の局所症状が出現した時はこれらを考える．まれには記憶障害，読み書きの障害，言語の障害など大脳高次機能障害で発症することもある．発症時に高血圧があるか，安静時に発症したかなどが参考になるが確定的なことはいえない．

（2）くも膜下出血

激しい頭痛とともに意識消失があれば，もっともこの疾患が疑われる．しかし確定的には，脳の画像診断（CTなどで）で脳表の出血を確認するか，背中から髄液を抜いて血性であることを確認することが必要である．

（3）脳静脈血栓症

高所順応して血液が濃い状態になっていたり，下痢・嘔吐・発汗

などにより極度の脱水が疑われる時に徐々に頭痛・嘔吐が悪化して，脳の局所症状が出てきたときはこれを強く疑う．

(4) 頭部外傷（「Ⅲ-[2]-3　頭頸部外傷」（pp60～63）を参照）

(5) 過換気症候群

　過呼吸状態の時に両手のしびれが進行すればこれを疑う．爪や口唇の色はチアノーゼ（紫色状態）にはならず，血色はよいのが特徴である．一酸化炭素中毒の時にもチアノーゼが出現しないことが多いので鑑別は必要である．

(6) 高所脳浮腫（「Ⅷ-[2]-3　高所脳浮腫」（pp206～210）を参照）

(7) てんかん

　てんかんの既往のある人は，内服忘れ，不眠，高熱などが引き金になっている可能性があり，事前に内服などは忘れないように注意が必要である．初めての発作の時は脳出血などが引き金になっていることがあり，必ず検査が必要である．

3）対策と治療

(1) 脳梗塞，脳出血，くも膜下出血

　基本的には早急に医療機関を受診し，確定診断，治療の必要がある．血圧を上げるような負荷をかけず，安静に努める．嘔吐して気道を吐物で閉塞することがあるので，注意深く観察し，仰向けのまま嘔吐しないように留意する．

(2) 脳静脈血栓症

　基本的には前項の脳梗塞，脳出血，くも膜下出血と同様であるが，軽症例なら水分摂取により改善が望まれる場合もある．基本的には生命危機状態なので搬送，入院が必要である．

(3) 頭部外傷（「Ⅲ-[2]-3　頭頸部外傷」（pp60～63）を参照）

(4) 過換気症候群

　二酸化炭素の不足に起因しているので，自分の吐いた息を再度吸うと二酸化炭素が補われる．袋の中に息を吐いて，またそれを吸っ

ていると，しびれは取れてくる．大きく深呼吸しているとさらに苦しくなるので楽な姿勢にして袋を使用するとよい．

(5) 高所脳浮腫（「Ⅷ-[2]-3　高所脳浮腫」(pp206〜210) を参照)

(6) てんかん

初回発作の人は下山して検査が必要である．内服をしている人は，嘔吐して吐物をのどに詰めないよう横向きに寝かせ手足も圧迫されないようにする．長く発作が続いたり，繰り返したりする時は，呼吸に気をつけながら緊急に医療機関に運ぶ必要がある．

[塩田純一]

[2] 外科的な疾患

1．骨折ならびに整形外科的疾患

キーポイント

*皮膚，筋肉が挫滅し，骨が露出しているような骨折ではまず止血を行い，できるだけ清潔なガーゼ，三角巾，手ぬぐい，布きれなどを創部に当てて保護し，そのままの状態で固定する．皮膚に明らかな創傷がなく骨折のみであれば，そのままの状態で固定する．

*骨盤骨折や大腿骨折などの大きな骨折では，出血，疼痛のためショックを起こすことがあるので十分注意が必要である．落ち着いて患者を励ましながら，固定を確実に行い搬送途中での合併症の予防に努める．

1) 骨　折

(1) 概　要

外力によって骨組織の連続性が断絶された状態をいう．骨折は，外力が骨の強度に打ち勝つ時に発生する．骨の強度には個人差，年齢差，骨の部位，骨の生力学的特性による差があり，また外力にも

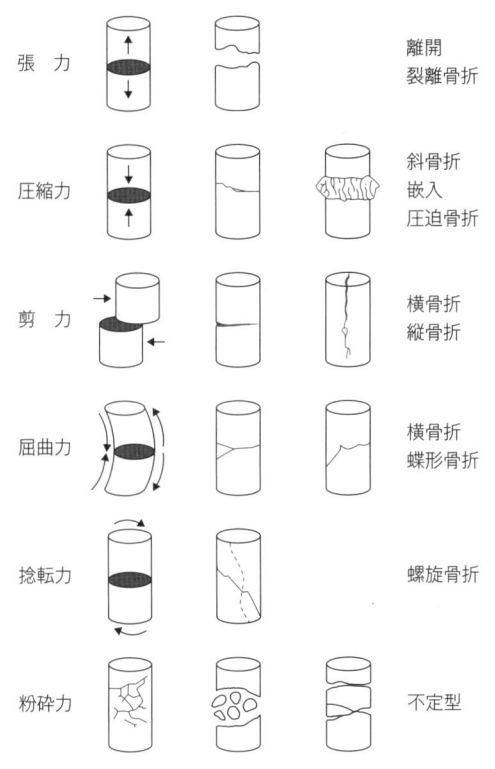

外力				骨折線
張力				離開 裂離骨折
圧縮力				斜骨折 嵌入 圧迫骨折
剪力				横骨折 縦骨折
屈曲力				横骨折 蝶形骨折
捻転力				螺旋骨折
粉砕力				不定型

図Ⅲ-2 作用する外力と骨折線の関係

その強さやはたらき方，力の作用する面積や速度に変化が多いので，骨折の発生および骨折の状況は非常に多様である．連続性の断たれ方が完全なものを完全骨折，部分的なものを不完全骨折という．いわゆる"ひび"が入ったと呼ばれるものも立派な骨折である．皮膚が損傷され骨折部が外と通じているものを，とくに開放骨折あるいは複雑骨折といい，骨折部に細菌感染の可能性が生ずることになり治療上重大な意味を持ってくる．外力の加わり方や，骨折線の走行によって図Ⅲ-2のような分類が行われている．また，疲労骨折とは，1回の外力では骨折しない程度の機械的ストレスが，骨の同一

部位に繰り返し加わり，骨損傷の蓄積が治癒能力を上回った時に起こる骨折である．疲労骨折は中足骨のほか脛骨，腓骨，大腿骨など下肢に圧倒的に多い．

(2) 骨折診断のポイント

①**疼痛**：骨折は打撲，捻挫に比べてさらに強い疼痛を感じることが多い．しかし，適正な固定で痛みは軽減する．

②**機能障害**：骨折が起こると患側肢はただちにほとんど使用できなくなる．

③**変形**：骨折片の転位による骨の変化とそれに伴って生ずる筋肉の短縮膨隆と，さらに局所の腫脹などによって起こる．

④**局所の腫脹，熱感および変色**：これらは局所の出血によって生ずる．

⑤**骨折片の触知**：骨折を起こした場所により，皮膚を介して骨折端を触れることがある．

⑥**異常可動性および軋轢音（骨折端で骨が擦れる音）**：四肢の場合これを持ち上げると骨折部で屈曲し異常可動を証明する．

⑦**全身状態**：大きな骨折ではショックを伴ったり，また脂肪栓塞を起こして重体となることもある．

(3) 応急処置とその後の対策

　開放骨折の時は，創の救急処置をした後に骨折の手当てをする．すなわち，創部に消毒ガーゼを当てて包帯を行い，もしどうしても出血が止まらない時は止血帯をかける．これらの処置をする場合に，骨折肢の取り扱い方を十分に心得ていなければならない．この場合，もし創口から骨折端が露出している時は，細菌を創内に入りこまないように注意する．骨折の救急処置の原則は，折れた部位の安静およびそのための固定である．

　骨折の場合，安静のためには固定がもっとも重要なことで，捻挫であったとしても有効な応急処置であるので躊躇することなくすべ

きである．なお，取り扱いにあたっては腫脹，神経や血管損傷をそれ以上すすめないためにも愛護的に行う必要がある．とくに肘関節部，頭蓋や脊椎の損傷では注意が必要である．固定は良性肢位で行い，固定範囲は骨折部位を中心にその遠位，近位の両関節を越したところまで固定して，輸送の間に骨折部が動かないようにする．

(4) その他の留意すべきポイント

骨折では，ときに重大な合併症を伴っていることがある．骨折のみの場合はそれほど緊急性を要しないが，頭蓋骨折による脳神経損傷，肋骨骨折による肺気腫，脊椎損傷における脊髄損傷，四肢の骨折による神経血管損傷，骨盤骨折や多発外傷などによる内臓損傷がある．時には緊急手術や処置が必要である．

2) 脱　臼

関節を構成している骨端が生理的状態から転位した状態をいう．山では転倒，転落などで強大な力が作用して過度の関節運動が強制された時に起こる．肩関節部がもっとも多く，次いで肘，指，足，股関節の順に多い．

3) 捻　挫

関節が生理的可動範囲を越えて運動を強制された場合に起こり，その関節を形成し，または付着している靱帯，腱，関節嚢などが伸ばされたり，一部断裂した状態である．その代表的なものとしては，足関節捻挫，突き指がある．救急処置としては関節を固定し，安静を守らせ，冷湿布を行う．

4) 挫　傷

種々の鈍力，たとえば打撲，転倒，衝突，転落，その他によって生ずるもので，皮膚の損傷がなく皮下組織の損傷されたものをいう．いわゆる"うちみ""打撲傷"のことである．頭部，胸部，腹部の打撲の際は注意を要する．

［大森薫雄］

2. 熱傷

キーポイント

* 熱傷の原因は高温の液体，高温の固体，火焔などによる．
* 熱傷による障害の程度は，原因となった物質の温度と接触時間に左右される．
* 救急処置は熱傷の原因を問わず水による罹患部の冷却である．
* 現場では罹患部に軟膏類を塗ってはいけない．

1）概　要

山での熱傷は比較的限られた環境下で発生するので，全身に及ぶものや，重症のものは少なく，また，気道熱傷など生命に直接影響するものはほとんどない．高温の液体によるものとしては，炊事中に熱湯や味噌汁などをかぶって発生する．高温の固体によるものとしては，ストーブやフェーバスへの接触などがあり，火焔によるものとしては，フェーバスの爆発や焚き火などがある．

2）診　断

診断そのものは難しくないが，問題は程度の判断である．表Ⅲ-4に示すように，罹患程度によりⅠ度，Ⅱ度，Ⅲ度に分類され，Ⅱ度はさらに罹患の深さにより浅達性と深達性とに分けられる．

Ⅰ度であれば感染の危険もなく，特別な処置をしなくても数日で治癒し，後遺症はまったくない．浅達性Ⅱ度は水疱を形成するが，感染を起こすことがなければ障害を残すことはない．一方，深達性Ⅱ度は治癒後に瘢痕組織を残し，部位によっては関節の拘縮をきたす．Ⅲ度は表皮，真皮が全層にわたって壊死に陥り，重症のものは壊死が筋肉や骨，関節にまで達し，炭化することもある．感染しやすい．治療として壊死組織の切除と植皮を行う必要がある．

3）救急処置とその後の対策

熱傷の罹患部に対する救急処置は，原因の如何を問わず水による

表Ⅲ-4 熱傷の分類

分　　類	局所所見	知　　覚
Ⅰ度熱傷 （表皮熱傷）	発赤，紅斑	疼痛，熱感
Ⅱ度熱傷——浅達性Ⅱ度 （真皮熱傷）	水疱形成，浮腫	強い疼痛，灼熱感
——深達性Ⅱ度	水疱形成，浮腫	疼痛は軽度
Ⅲ度熱傷 （全層熱傷）	灰白色，時に炭化 浮腫なし	疼痛，知覚ともなし

冷却である．冷却は皮膚が受けた熱による傷害を最小限に抑える効果がある．冷却はできるだけ迅速に行う必要があり，熱傷が衣服の上からであれば，衣服を脱がせる時間を惜しんで，まず衣服の上から水をかける．高温の固体が原因の時は，通常反射的に離れるから重症例は少ない．火焔が衣服についた場合は，ただちに身体を横にしないと焔は顔面や頭部に及ぶ．熱傷が広範囲であれば循環血液量が減少してショックになることがある．

　冷却には清潔な水が望ましいが現実には難しく，手近な水を用いることになる．流水を用いることができれば好都合であり，罹患部を20～30分冷却する．熱傷の範囲が広いと冷却により体温が下がってしまうことがあるので保温にも留意する．流水が得られなければ容器に入れた水か，水に浸した冷たいタオルなどを用いる．

　冷却が終われば局所を消毒し，清潔なガーゼなどで覆う．水疱は破ることなくそのままとする．軟膏類の塗布は感染を助長する傾向があるし，運ばれた医療機関で熱傷の深度を確認するためにすべて除去する操作が必要となり，局所にさらに傷害を与えることにもなるので現場では行わない．

　熱傷の範囲が広いと局所から多量の滲出液がでて体温が下がるので保温に注意が必要だし，意識が混濁するかどうかや全身の循環動

態に注意をはらい，点滴のための血管を確保しておく．破傷風予防も重要であり，破傷風トキソイドを注射する．気道熱傷が危惧される時は気管内挿管が必要となるが，現場での施行は実際には無理である．Ⅰ度，Ⅱ度では局所に疼痛があるので程度によっては鎮痛薬の投与を必要とするし，Ⅱ度，Ⅲ度では局所は血流が悪く感染しやすいので感染防止のため抗生物質を服用する．高気圧酸素療法は局所の酸素濃度を改善し経過に効果的である．

4) その他の留意すべきポイント

Ⅰ度や浅達性Ⅱ度であれば登山活動は継続してよいが，深達性Ⅱ度とⅢ度であれば，下山してすみやかに医療機関を訪れ，適切な治療を受けないと後遺障害を残す．深達性Ⅱ度とⅢ度との鑑別には局所の疼痛の有無が有用であり，Ⅲ度では疼痛がない．

文 献

1) 安藤正英：熱傷患者の応急処置と移送．大塚敏文編，外科MOOK 34 熱傷．pp61-74，金原出版，1983．
2) 藤田五郎：高温熱（暑熱）や低温（寒冷）による障害．救急処置ハンドブック．pp166-178，医学書院，1984．

[長尾悌夫]

3．頭頚部外傷

キーポイント

* 登山中の頭部外傷は，転倒，転落，滑落，落石など，いずれも登山者自身の不注意によることが多い．
* 登山中のおもな応急処置は，傷の消毒や異物除去，止血が中心で，持ち合わせの医薬品のほか，水筒の水や沢の水，ハンカチやタオル，新聞紙や雑誌，木の枝などを身の回りのものを活用することになる．頭皮からの出血は出血点を圧迫すれば必ず止まる．

* 転落事故などでは，頭部外傷のほか，頚部，胸部，腹部，四肢などの多発性外傷のことが多い．
* 意識が障害されているような重症頭部外傷では，呼吸が楽な姿勢と保温に努め，より早く，より安全に，医療機関に搬送するしかない．

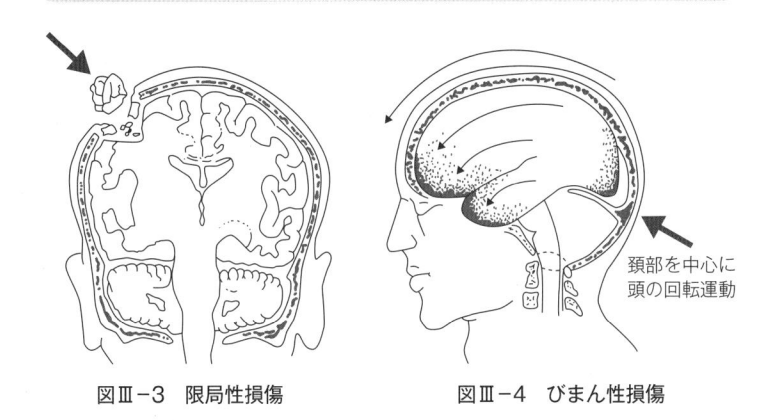

図Ⅲ-3 限局性損傷　　　　図Ⅲ-4 びまん性損傷

頚部を中心に頭の回転運動

1) 概　要

頭部外傷はけがの仕方によっていろいろなこと（病態）が発生する．落石が頭に当たった場合などは，皮膚には裂傷が，頭蓋骨には陥没骨折が，脳には限局性の損傷が生じる（**図Ⅲ-3**）．転倒や転落して頭部を強打すると，皮膚には挫傷が，頭蓋骨には線状骨折が，脳には広範な挫傷が生じ，血腫が形成される．受傷の際，頚部を中心に頭の回転運動が加わり，脳自体の中に"ずれ"による広範囲な脳損傷（びまん性損傷）や頚部に損傷が生じやすい（**図Ⅲ-4**）．

(1) 頭皮の損傷

いわゆる"こぶ"は，皮下に血が貯留した状態で，多くの場合放置しても数日で消失する．皮膚の挫傷は，打撲や圧迫により皮下組織に血液や浸出液がたまった状態で，圧痛を伴い時に痛みが長引く．頭皮は血管に富むため，広範囲の裂傷では止血しないと出血多量に

なることがある．

(2) 頭蓋骨の損傷

頭蓋骨は脳の容器であり身体の支持や運動機能に直接関与していない．頭蓋骨骨折で問題になるのは，骨折が生じるほどの大きな外力が頭に加わり，脳への影響が心配されることと，骨折に伴う脳の損傷や血腫形成，開放骨折による二次感染の危険性などである．

(3) 頭蓋内の損傷

脳震盪は，一過性（6時間以内）に意識消失を伴うが障害を残すことはない．脳挫傷は，脳自体が損傷を受けており，二次的変化として周囲に浮腫や血腫が生じ，障害を残す．頭蓋内血腫は，脳の血管や脳をつつむ血管からの出血によるもので，多くは片麻痺や意識障害を伴い緊急手術が必要となることがある．

(4) 頚部の損傷

頭部外傷は，頚部に過伸展，過屈曲が加わり，むち打ち症，靱帯損傷，頚椎骨折，頚髄損傷などを合併することがある．

2) 診断のポイント

① 意識障害は頭部外傷の重症度を示している．意識がすぐに回復する場合は単なる脳震盪が考えられるが，意識回復後再び意識障害が出現したり，意識障害が長引く場合は，脳挫傷や頭蓋内血腫などが疑われる．"問いかけ"や"痛み"に対する反応をみて，意識障害の有無，程度，推移をチェックするが，嘔吐，手足の麻痺，瞳孔の不同は血腫が増大していることを示している．ただし，受傷後に疲労や睡眠不足のため眠り込むことがあるので区別する．

② 頭蓋骨骨折の有無は判断しにくいが，意識障害を伴うような鼻出血や耳出血では頭蓋底骨折が疑われる．

③ 転落事故などでは，頭部外傷のほか頚部の損傷，四肢の骨折，胸部の損傷，腹部の損傷などを合併していることが多い．頚部の疼痛，四肢のしびれなどの感覚障害があれば，頚髄損傷が疑われる．

④頭部は毛髪に覆われているため傷を見落としやすく，また四肢の脱臼や骨折を麻痺と間違えやすいので注意する．

3) 応急処置とその後のポイント
①頭部外傷は，転倒，転落，滑落，落石など危険な場所で突然発生することが多いので，まず負傷者を安全な場所に移す．
②単なる頭部打撲や"こぶ"は放置してよく，患部を冷やせば痛みは軽減する．
③鼻出血は，鼻腔内にちり紙やガーゼを詰め，頭部を高く保つ．鼻根部を冷やすのも有効である．
④創傷処置は，異物を除去し，きれいな水で傷を洗浄するが，不可能ならば無理せず持ち合わせのガーゼなどを当て圧迫包帯するだけでよい．頭皮からの出血は，下が固い頭蓋骨なので圧迫すれば必ず止まる．
⑤頸椎損傷が疑われる時は，原則的には頭部と頸部が一直線になるように保持するが，それよりも負傷者の痛みが少なく呼吸が楽な姿勢で搬送する．
⑥意識が障害されている場合は，誤嚥の危険性があるので無理して水や食物を与えないほうがよい．口腔内の唾液や吐物を除去し，呼吸しやすい姿勢と保温に努め，より早く，より安全に医療機関に搬送する．

4) その他留意すべきポイント
　登山中の事故では，適切な応急処置とともに，リーダーの冷静な状況判断と決断が求められる．指揮系統を一本化し，各々が役割を分担し協力する．

〔田中壯佶〕

4. 胸部外傷

キーポイント

* 胸部外傷だけが単独で起こることは少ない．全身のチェックをすべきである．
* 気胸，とくに緊張性気胸は重大な結果をもたらす．
* 一刻も早く搬出を考える．

　登山中の胸部外傷事故の多くは転倒・滑落・転落による．また落石によることもある．胸部だけが単独で傷害を受けるのではなく，意識障害や四肢の骨折など全身的なダメージが加わっている．

　登山中の胸部外傷は現場では保存的に措置するにとどめる．打撲，挫創，出血は別項のごとく措置する．胸壁に呼吸に同期する痛みを訴える場合は，肋骨骨折の可能性がある．肋骨・鎖骨や胸骨の骨折が疑われる場合は，無理に歩かせたりすることなく適切な鎮痛薬や鎮咳薬を用い咳を抑えすみやかな救出に備える．

　外部の鋭器，あるいは骨折した肋骨により気胸が生じる可能性を常に考える必要がある．血胸を伴っていることも多い．両側の呼吸音に留意し，気胸が疑われた場合には即座に救出を要請する．緊張性気胸が疑われる場合は緊急の脱気が必要となることがある．

　気胸に胸腔内に出血する血胸が合併する場合は重篤である．咳がひどく血性痰がでるようなら肺損傷も考える．一刻も早い医療機関への搬送が必要である．

　外傷のショック時に気道からエアが皮下の軟部組織に漏れ出し，首や上胸部に皮下気腫を作ることがある．これも重症化のサインである．

　転落し臀部から着地した場合などに脊椎の圧迫骨折をきたすことがある．チェストバンドなどで脊柱をなるべく固定しつつ搬送する．

　外傷がなくとも，激しい咳だけで肋骨が骨折する例がある．この

場合は，チェストバンドなどで軽く固定し，咳を誘発する条件を除外しながら様子を観察する．

[増山　茂]

5．腹部外傷

キーポイント

* 外からみて傷がなくても，内臓を損傷していることがある．
* 外傷後すぐに症状が出ないことがある．
* 骨折や出血など，他の状態に紛れて見逃しやすい．
* 痛みとともにお腹の辺りが固くなったら，内臓損傷を疑って下山し専門医にかかる．
* 頭部外傷とともに受傷し，意識状態の低下した場合は，症状の把握が困難となる．

1）概　要

いわゆる，お腹の辺りをぶつけて，内臓を傷つけた状態．お腹は，骨にガードされていないため，外部からの圧力で，胃・腸・肝臓・脾臓・膵臓・腎臓などを損傷することがある．腹部の圧迫で，十二指腸に不完全離断や穿孔を起こしやすい．また，圧迫による直接的な鈍性外傷としては，腹部内臓の圧挫損傷がある（表Ⅲ-5）．ときに，肝臓・脾臓や膵臓の破裂をもたらすことがある．胃・腸などの管腔臓器，あるいは肝臓・膵臓などの実質臓器にかかわらず，これらが損傷や断裂すれば出血が起きる．さらに消化管内容・胆汁・膵液などが漏出して腹膜炎を起こす．

外傷が著しく，腹部内容（腸管や腸間膜など）の脱出があれば論外であるが，腹痛・筋性防御（お腹が硬く真っ直ぐ伸ばせない状態）があれば安静を保ち，ただちに救急処置のできる場所へ移動させる．

表Ⅲ-5 腹部外傷受傷機転別の損傷臓器頻度

	墜落	鈍性外傷
腎臓	47	45
肝臓	14	22
脾臓	13	6
後腹膜	12	18
膀胱・尿道	6	13
小腸	5	16
腸間膜	3	12
大腸	2	9
膵臓	―	8
十二指腸	1	5

(須藤政彦:統計的事項.外科Mook,17:7,金原出版,1980)

2）原　因

腹部外傷のおもな原因として，①転倒・転落により地面や脚で叩打，②木・岩などの突起物で叩打，③落石などが当たる，④雪崩に巻き込まれお腹を圧迫する，があげられる．

転倒したり転落の際，地面や岩で直接腹部を打ち付ける，あるいは，転落した時に自分の脚や持ち物で腹部を圧迫する．一般的には，転落事故では損傷の大きさはその高さに比例し，内臓損傷の発生率は高くなる．歩行中杖や飛び出ている木・岩で腹部を叩打する．落石などで叩打する．雪崩に巻き込まれたり，滑落中にもまれて腹部に圧力がかかるなど，登山中には原因となるような事態が身近にある．

3）症　状

腹部外傷のおもな症状として，痛み・吐き気・筋性防御などがあげられる．

外傷がなくても，時間の経過とともに腹痛が増してきたり，吐き気が出る，あるいは真っ直ぐ立てない，歩けない状態は腹部臓器の損傷を疑うべきである．街中であれば，レントゲン撮影やCT・超

音波などで診断できるが，登山中は，症状から推察するのみである．登山中の腹部外傷でもっとも問題なのは，腹腔内出血や管腔臓器からの内容漏出により，緊急手術を必要とする事態である．筋性防御がみられたらただちにヘリコプターを要請するなどの緊急対応をとるべきである．放置することで，血圧低下・顔面蒼白・四肢冷感・頻脈などの症状を伴って，出血性ショックをきたし死にいたることがある．最近は登山中も携帯電話を持参するパーティも多く，緊急事態発生を連絡し，救命に有効であった例の報告がある．

文　献
1) 小林国男：腹部外傷．渡辺好博ほか編，外傷の救急治療，pp221-257，南山堂，1988.
2) 若林利重：非開放性腹部外傷．外科，44：564-570，1982.

[関口令安]

6．軟部組織外傷

キーポイント

＊受傷後6~8時間のゴールデンアワーに創傷が適切に処置されると，再生と修復により，よい機能回復を得ることができる．

1) 概　要

軟部組織外傷とは，身体の表面の柔らかな部分の外傷をいう．問題となる組織は，皮膚，腱，筋肉，血管，神経などである．外傷の原因は，登山歩行中の転倒，転落，雪渓でのスリップ滑落，飛来した落石，ピッケル，スキーなどの登山道具や，ナイフ，鉈などキャンプ用具の誤用による受傷である．これらの原因により身体の表面についた傷を創傷 (wound) という．

2）診 断

(1) 山でみられる創傷の種類

①擦過傷：皮膚の表面（表皮）が剝ぎとられ真皮が露出した傷をいう．

　参考：皮膚の表面を表皮という．厚さはおおよそ 0.2mm，手掌と足底の表皮は例外的に厚い．表皮の下を真皮といい赤くみえる．真皮の下を皮下組織といい脂肪がある．

②挫　傷：打撲により組織が圧迫され，皮下出血や浮腫（むくみ）を生じた外傷をいう．血液が皮膚外に出ていない．打撲傷は挫傷である．

③挫　創：表皮が広く剝がれ，皮下組織が開放している創をいう．どんどん出血してくる場合がある．

④裂　創：鈍器による強い圧迫で皮膚が引きちぎれてできた創をいう．

⑤切　創：ナイフ，ガラスなど鋭利な物で皮膚に生じた創をいう．

⑥割　創：斧，鉈など重量のある刃物を打ち降ろした際に生ずる創をいう．

⑦咬　創：熊などの動物に咬まれたときに生ずる創をいう．歯形が残っている．皮膚が切れていない咬創もある．

⑧刺　創：鋭い刃物などが突き刺さった創をいう．
⑨杙　創：鈍棒が突き刺さり皮膚を貫通した創をいう．

3）対策と治療

(1) 山での応急処置

①創の洗浄：まず応急処置として創表面に付着している汚れを洗い流すことが大切である．洗浄する液は薬液より水がよい．創の十分な浄化が創傷をきれいに治癒させる必須条件である．消毒液を持参している場合は，薬液による消毒は創周囲の健全な皮膚のみに留め，創傷面内の消毒は不要である．

②止　血：出血している場所を直接圧迫する．激しい出血でも出血は健常人ならば必ず止まる．止まるまで落ち着いて圧迫し続けることが肝要である．

　出血部より近位（心臓により近い場所）で四肢を圧迫することは論理的であるが，圧迫力が不十分であると反って出血を増したり，圧迫時間が長いと神経麻痺を引き起こすおそれがある．

③被　覆：できるだけ清潔な布で創傷を覆い医療機関を受診する．受傷より6～8時間以内ならば創内に侵入した細菌はまだ著しく増殖せず，きれいな組織修復を得ることができる．この6～8時間をゴールデンアワーという．

（2）医療機関での処置

①創の洗浄：局所浸潤麻酔，神経ブロックなどの麻酔により無痛状態とし，大量の生理食塩水で創面に付着する土，砂，塵，異物などを徹底して除去する．汚物，異物を除去するためにジェット水流噴射器を使用する場合もある．

②デブリードマン：皮膚損傷が著しく，血行が乏しくて将来壊死になるであろうと予想される組織を切除することをいう．細菌感染を防ぎ，創治癒を早め，瘢痕形成を少なくするために必要な処置である．

③創の閉鎖：縫合により創を閉鎖する．しかし創の汚染度が強かったり，組織欠損が広く高度の場合は，無理に縫合をせず，肉芽組織の増殖のあと二次的に縫合する方法もある．

4）創傷治癒の一般的原則

（1）創傷は2つの方法で治癒する

①再生：まったく元と同じ組織に治癒する．傷跡が残らない．

②修復：元の組織とは違った組織に治癒する．傷跡が残る．

　これを瘢痕という．瘢痕は時間が経過するとケロイドに進行し醜い形となる場合もある．

　再生は表皮外傷の浅い傷のみで起こる．しかし創傷の処置方法が

悪いと再生は起こらない．深い傷は修復される．

(2) 創傷は自然に治癒する力を保持している

　新鮮外傷は自然に速く治癒しやすい環境条件にある．その環境条件が維持されれば，外傷を早く綺麗に治癒させることができる．早期の治癒を妨げる環境は細菌感染である．細菌感染が起きると創傷は慢性化して治癒が遅れる．また糖尿病や栄養障害があると創傷の治癒は遅れる．

5) 創傷の種類による治療上の注意

①**擦過傷**：山道や岩にこすりつけて皮膚がすりむけた状態である．再生が可能な治りやすい傷であるが，土砂や小さなごみが埋もれたままで表皮が再生されると，外傷性の刺青が残ってしまう．顔面などでは後日の治療が厄介となる．初期に十分な洗浄が必要である．

②**挫　傷**：打撲傷といわれる傷である．打撲の後に浮腫（むくみ）や皮下に出血がみられる．冷水や氷で，湿布薬を持参していれば患部に貼り冷却する．四肢の浮腫は下垂により増強するので，できる限り患肢を挙上する．

③**挫　創**：皮膚が破れ出血している傷である．前述の3) - (1)の応急処置を行い，早急に3) - (2)医療機関の処置を受ける．

④**切　創**：登山ナイフ，ピッケル，ガラスなどで鋭く切れた創である．皮膚のみではなく，皮下の筋肉，腱，神経，血管や深部臓器に損傷が及ぶことがある．損傷された深部組織が皮膚より先に修復されねばならない．腱や神経が切断されると，手指や足趾の正常な動きができなくなる．腱と神経のどちらが切断されたかは専門医の診断が必要であるが，神経の切断にはしびれや感覚の消失がある．関節内や深部で血管が切れると血腫が形成される．血腫は自然に消失するが，痛みが強い場合には吸引や切開で除去する必要がある．

⑤**刺　創**：先の尖った木などが突き刺さってできた創である．突き刺さった異物を抜いても異物の一部が中に残っていることがある．

痛みが長く持続したり，細菌感染の原因となることがある．

⑥水　疱：靴擦れやマメができてしまった場合，赤くすれている状態の時や水疱ができる前であれば，絆創膏やテーピングテープを貼り，それ以上すれないように防止すること．傷口があれば，きれいな水で洗い清潔に保つこと．水疱ができてしまった場合は，破れないように清潔なガーゼなどでガードする．水疱が破れてしまった場合は，創傷被覆材絆創膏を貼ること．

⑦切断指：誤って鋭利な刃物で指を完全に切断した場合や，高所より飛び降りた際に指が引っかかり腱が引き抜けて指が切断した場合などでは，24時間以内に切断した指を持参し専門医を受診すれば，切断指再接着が可能である．切断指は氷入りの袋に入れる．指切断端はそのまま布で圧迫しておけばよい．

文　献

1) 浜中孝臣：新鮮外傷の診断．森口隆彦編，形成外科手術手技シリーズ　新鮮外傷の処理，pp23-33，克誠堂出版，1991．
2) 森口隆彦，光嶋　勲：新鮮外傷の局所処置．森口隆彦編，形成外科手術手技シリーズ　新鮮外傷の処理，pp41-51，克誠堂出版，1991．

[北野喜行]

[3] 歯科口腔外科的疾患

キーポイント

* 歯科口腔外科的な病気には，虫歯と歯周炎による痛み，虫歯の詰め物の脱落，顎骨骨折や顎関節のずれなどのけががある．
* 痛みが激しい場合は鎮痛薬を，腫れている場合は抗菌薬を服用する．

> * 長期山行前には虫歯と歯周炎の治療を受けておくことが必要である．

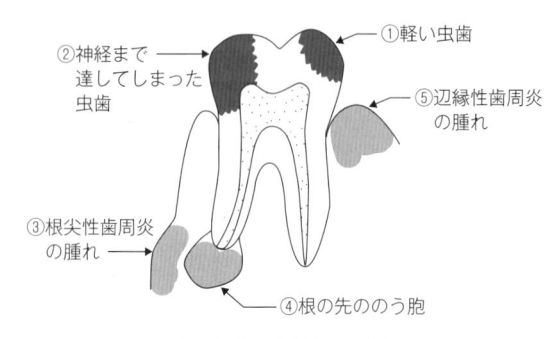

図Ⅲ-5　虫歯と歯周炎

1）概　要

山中における歯科口腔外科的な病気には，虫歯と歯周炎による痛み，虫歯の詰め物の脱落，けがによるものなどがある．

2）虫歯と歯周炎の痛み（図Ⅲ-5）

虫歯には進行によって3段階あり，症状も異なる．

図Ⅲ-5の①は浅い虫歯で，冷たいものがしみるが，痛みは強くない．図Ⅲ-5の②は神経（歯髄）まで達してしまい炎症を起こした状態で，熱いものでも痛みが起こるようになる．神経が化膿するとズキズキする激しい痛みが起こる．さらに進むと神経は死んでしまうが，歯髄炎のような痛みはなくなるので，治ったと勘違いしやすい．図Ⅲ-5の③のように根の先に炎症がある状態を根尖性歯周炎という．根の先が化膿し，相当する歯肉が赤く腫れ，痛みが出る場合がある．根の先に図Ⅲ-5の④のような袋（歯根のう胞）ができると，高所低圧環境下でのう胞の内圧が上がって痛むので，事前に治療しておくことが必要である．

図Ⅲ-5の⑤は歯の辺縁部の歯周炎の状態．歯の周囲の歯肉が腫

れて痛みが出たり，化膿して膿が出る場合がある．

3）虫歯の対処法

虫歯の穴（窩洞）に食物のカスがつまり，それが腐った場合に痛みが起こりやすい．カスを取り除くと改善する場合が多いので，糸などを使って取り除く．楊子を使って奥をつっつくと痛くなる場合がある．口をすすぐことも有効で，薄い塩水やヨード系消毒薬がとくに有効であるが，なければ水でもよい．窩洞には正露丸などの消毒作用のある薬を詰める．窩洞が小さい場合は薬を細かくつぶしてつめる．

窩洞が大きく，カスがつまりそうな場合には，よく噛んだガムを詰めてもよい．根尖性歯周炎の場合には，根尖部にカスが溜まってしまうと痛みが出るので，ガムを詰めることで痛みが増す場合には，ガムをはずす．

4）歯周炎の対処法

歯と歯の間に食物のカスがつまって痛みを起こす場合が多い．糸を使ってカスをとり除くことが必要である．また，歯の周囲の歯肉の汚れをとるとよい．痛みが激しく歯ブラシを使えなかったり，歯ブラシがない場合には，指先に塩をつけて，歯肉をはさむように軽くもんで汚れをとる．虫歯と同様に，口をすすぐのも有効である．

5）詰め物が取れた場合

歯がかけていなければ接着剤を使い，脱落物をずれないように元の位置に装着する．接着剤はアロンアルファでよい．口の中は唾液で湿っており，あまりしっかりと接着されない．しっかり接着されてしまうと下山後の処置が難しくなる．日帰りの山行なら接着しないほうがよい．

6）歯，口，顎のけが

歯や顎に強い力が加わると，歯が抜けたり，折れたりする．また，口の中の粘膜や唇が切れたり，顎の骨が骨折（顎骨骨折）したり，

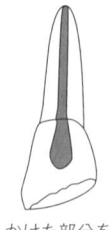

かけた部分を
修復する

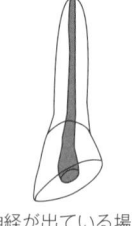

神経が出ている場合
には，神経の治療が
必要になる

図Ⅲ-6 歯が折れた場合

顎関節が損傷を受ける場合もある．

(1) 歯が抜け落ちたり，ぐらぐらした場合

 歯が抜け落ちてしまった場合には，歯を水で20〜30秒程度洗ってから元の位置に戻す．強くごしごし洗うと歯の根の周囲を覆っている歯根膜が死んでしまうので，強くこすらないようにする．歯根膜が死んでしまうと，元の位置に戻しても歯はつかず，落ちてしまう．歯根膜は乾燥にも弱く，乾燥した状態では30分で死んでしまうが，口の中や牛乳の中では数時間生かせる．歯を元の位置に戻せない場合には，牛乳に漬けて保存するか，歯を口の中の頬の内側に入れて保存する．濃度が血液の濃さに近いスポーツ飲料でもよい．歯を戻したか保存した後，それに歯がぐらぐらしている場合には，なるべく早く専門機関を受診する．

(2) 歯が折れた場合 (図Ⅲ-6)

 折れ方が小さい場合には，折れた部分をプラスチックで元の形に修復できる．折れ方が大きく，神経がむぎだしになってしまった場合には，神経に触れると強い痛みが起こる．神経を全部取り除かなくてはならない場合が多い．なお，歯を強く打った後に，しばらくしてから歯の色がくろずんできたり，根の先が腫れてくる場合がある．神経が死んでしまった症状なので，しばらく歯の色の変化を観

察することが必要である．

(3) 口のけがで出血した場合

　口の中のけがは，転んだ場合に自分の歯で粘膜を傷つけてしまった場合に起こりやすい．口の中は血管が豊富で出血しやすく，唾液と混じると実際以上に出血量が多い印象を受ける．しばらくガーゼなどで圧迫止血する．止血しても縫合が必要な場合もあるので，専門機関を受診する．大量に出血すると窒息してしまうことがあるので，意識がない場合には窒息に注意が必要である．

(4) かみあわせがずれた場合

　強い力で顎を打ち，激しい痛みとともに歯並びがずれてしまった場合には，顎骨骨折を起こしている可能性がある．放置すると腫れも強くなるので，専門機関を受診する．日数がたってしまうと，誤った位置で骨がついてしまう場合があり，治療が難しくなる．

　また，下顎が顎関節から脱臼してしまった場合にもかみあわせがずれる．放置すると顎の偏位や顎関節症を起こす場合があるので，ずれがあれば専門機関を受診する．

7) すべての痛みに共通の処置法

・痛みがあれば消炎鎮痛薬を内服する．
・ズキズキする痛みがあったり，歯肉や顔が腫れていれば，化膿していると考えられるので，抗菌薬を内服する．
・非常に痛む場合は，冷やしたタオルなどを痛む場所にあてがうが，冷やしすぎるとシコリが長く残る場合があるので注意する．

　　　　　　　　　　　　　　　　　　　　　　　　［野口いづみ］

[4] 環境要因による疾病

1. 凍　傷

> **キーポイント**
> * 凍傷は低温による局所の障害であり，局所が氷点下になると発症する．
> * 原因は凍結による組織の障害と低温による局所の循環障害である．
> * 救急処置は温湯による凍結部の急速融解である．
> * 急速融解後の再凍結は予後を極端に悪くするので保温に留意する．
> * 罹患部を乾燥型にすることが大切で，軟膏類の塗布は行わない．

1) 概　要

凍傷の本態は図Ⅲ-7に示すとおりであり，凍結による組織の障害と寒冷による血流障害，血栓形成がおもな変化である．凍傷の分類は一般には程度による分類が用いられていて第1度から第4度までに分類されている（表Ⅲ-6）．また，表Ⅲ-7のように時期による分類もあり，治療面からすれば実用的である（図Ⅲ-8）．

2) 診　断

本人が罹患に気づいているし，診断そのものは難しくないが，急性期に予後を推測することは必ずしも容易ではない．本人がもっとも気にしていて必ず質問してくるのは切断を免れるか否かであるが，急性期にその判断を下すのは難しい．血管造影，MRI，骨シンチグラフィーなどは，罹患の範囲と程度を診断するのに重要な検査であるが，絶対に必要な検査ではなく臨床所見だけでも支障はない．

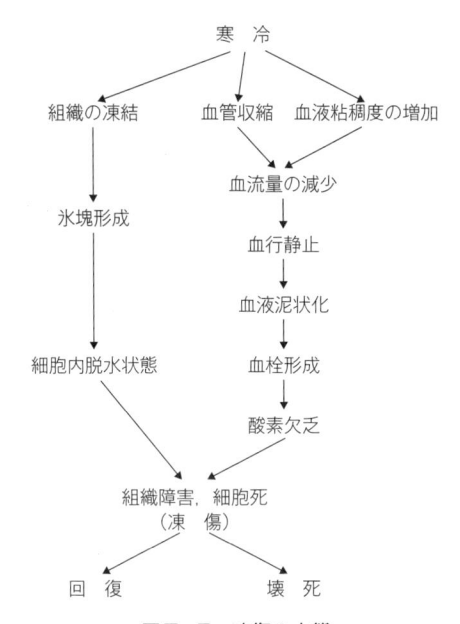

```
                    寒 冷
        ┌───────────┼───────────┐
        ↓           ↓           ↓
     組織の凍結   血管収縮   血液粘稠度の増加
        │           └─────┬─────┘
        ↓                 ↓
     氷塊形成          血流量の減少
        │                 ↓
        │              血行静止
        │                 ↓
        │              血液泥状化
        ↓                 ↓
    細胞内脱水状態      血栓形成
        │                 ↓
        │              酸素欠乏
        └────────┬────────┘
                 ↓
          組織障害, 細胞死
              (凍 傷)
           ┌─────┴─────┐
           ↓           ↓
         回 復        壊 死
```

図Ⅲ-7 凍傷の本態

(長尾悌夫:寒冷. 救急医学, 19:197-201, 1995)

表Ⅲ-6 凍傷の分類

第1度――紅斑, 浮腫
第2度――水疱形成
第3度――皮膚全層にわたる壊死
第4度――切断を要する完全壊死

表Ⅲ-7 凍傷の分類

急 性 期――凍傷, 融解, 水疱形成, 壊死の開始
亜急性期――壊死完成, 血管けいれんおよび先端硬化の開始
慢 性 期――血管けいれんおよび先端硬化が持続し, 疼痛および反復する潰瘍形成

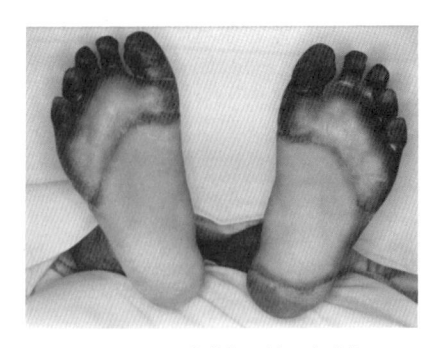

図Ⅲ-8　亜急性期の第4度凍傷

表Ⅲ-8　凍傷の治療

1. 急速融解法（rapid rewarming）
2. 高気圧酸素療法
3. 低分子デキストラン
4. プロスタグランジンE1（PGE 1）
5. 交感神経遮断
6. 末梢血管拡張薬
7. 蛇毒酵素
8. 局所療法
9. 切　断
10. リハビリテーション

3）治　療

　凍傷の治療は表Ⅲ-8のとおりであるが，登山の現場で行うものは急速融解法，末梢血管拡張薬の使用，局所療法である．

　急速融解法は最初に行うべき重要な処置であり，その巧拙は予後に影響する．その方法は，40～42℃の温湯内に罹患部を入れて凍結を急速に融解させるもので，時間は罹患部の爪床に血流の回復を認めるまでとし，時間にして20分程度は必要である．重度の凍傷では爪床に血流の回復は認めないので，温湯内の患部の色の変化が停止するまでとする．42℃以上の高温は熱傷の危険があるので注意すべきである．この際本人は罹患部に激しい疼痛を訴えるので，あらかじめ鎮痛薬の投与が望ましい．融解は必ず温湯を用い，焰で

行ってはならない．融解後の再凍結は経過を極端に悪くするので，融解後の移動時には罹患部の保温に十分留意する．罹患部は感染に対し弱いので，できるだけ清潔に保ち感染を防止する．罹患部は乾燥型にするのがコツで，軟膏類は一切用いてはならず，清潔なガーゼで覆う．水疱は感染の徴候がない限り破ったりせずに愛護的に処置するが，万一破れた場合は消毒を念入りに行い清潔なガーゼで覆う．この際も軟膏類は用いない．末梢血管拡張薬があれば服用し，すみやかに下山して医療機関を受診する．

4) その他の留意すべきポイント

最近，大気圧より高い気圧環境下で血液に高い濃度の酸素を供給する高気圧酸素療法が注目されており，急性期に用いれば効果的である．

ヘパリン製剤などの抗血液凝固薬は血栓を融解させる作用はなく，むしろ壊死部との境界で出血傾向をきたして感染を助長するので用いるべきではない．感染が疑われる場合は抗生物質を投与する．

重度の凍傷では，部分的にせよ切断せざるを得ないが，時期は急いではいけない．4週以降であれば壊死部との分界線は確立しており切断は可能であり，術後の創の治療傾向も良好である．壊死が指先部のみの場合は自然に脱落するのを待ってもよいが3〜4カ月を要する．

凍傷に罹患すると，その部は寒冷に対して弱くなり凍傷にかかりやすくなるので，その後の山行では保温に一層の配慮を必要とする．

文　献

1) 金田正樹：高所における凍傷．登山医学，2：24-30，1982．
2) 長尾悌夫：寒冷．救急医学，19：197-201，1995．
3) Folio LR, et al.: Frostbite in a mountain climber treated with hyperbaric oxygen: case report. Mil Med, 172: 560-563, 2007.

［長尾悌夫］

2．低体温

キーポイント

* 低体温症とは，体温よりも低い温度環境に長時間曝露された時，体温低下に伴い循環障害や意識障害などを引き起こすことである．
* 低体温になると歩様（歩行の調和）が乱れる．
* 体温は，低下し始めると低下する速さが急激に増大する．
* 予防：低体温予防のための方策として断熱板，保温下着，保温手袋，保温靴下，温熱シートなどの使用を奨励する．
* 対応：乾いた衣服に着替えさせること（着替えさせてあげること），全身を保温（乾いた布で包むなど）すること，頸部，脇の下，股下（鼠径部）などを加温（穏やかに）することである．
* 対応：手指を急激に加温するとショック状態になることがあるので，徐々に全身を加温し，安静を保たせるようにする．

1）概　要

　身体が寒冷に曝露（晒されること）されると体温が低下する．実際の登山では，外気温が著しい低温（氷点下）環境の時だけでなく，衣服が雨で濡れた時にも体温が低下し，いわゆる低体温の状況になる．低体温症とは，ヒト（恒温動物）が体温よりも低い温度環境に長時間曝露された時，体温低下（直腸温が35℃以下）に伴い循環障害（血液の流れの阻害）や意識障害などを引き起こすことである．具体的には，体が寒冷感（寒さや冷たさを感じること）を覚え，かつ戦慄（ふるえ）が連続して生じる状態にあって，とくに手指が著しく冷たくなる状況である．

　気温が著しく低下し，厳しい寒さを感じるような時（環境ストレス刺激），体熱の放散（皮膚から体温が奪われること）が熱産生（体内での発熱，たとえば運動による発熱など）よりも大きくなってしまい，体温の低下が始まる．体温が低下すると末梢血管（手指などの毛細血管）を収縮させ対応するが，環境温がさらに低下すると血

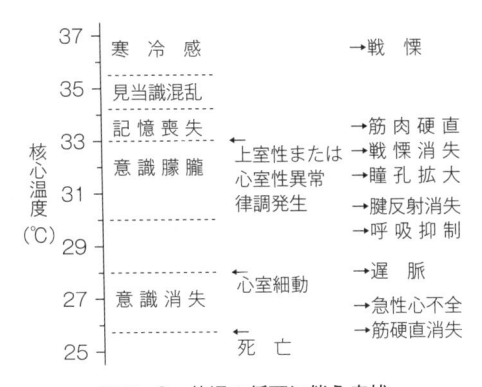

図Ⅲ-9 体温の低下に伴う症状
(臨床体温研究会編：体温の基礎と臨床．p74，医学図書出版，2000)

液の末梢循環障害（血液の流れが滞ること）に発展し，凍傷にいたることがある．

figⅢ-9は，体温低下に伴う症状変化である．体温が低下すると強いふるえ（寒さに対応して体の内側と外側の体温差が広がらないようにするために全身の筋を収縮させる）が生じる．寒い時にトイレに行って排尿した時，「ぶるっ」とくるのが，この「ふるえ」である．全身をふるえ（シバリング）させることで発熱し，体温低下を予防しようとする．

寒冷感が生じる程度の軽い体温低下においても長い時間寒冷に曝露されると，筋の脱力や協調作用（たとえば，自転車に乗る時の全身の調和）が不調になり，歩様（歩行の調和）が乱れることがある．このことがわずかな外乱（登山道の凹凸）に対応できず「つまずき」になってしまう．体温35℃前後では，精神的機能が減弱（見当識混乱：見たものと自分の認識が一致しないこと）し，環境に対する反応が鈍化（にぶくなること）する．

低体温の危険限界は，28℃前後であるが，これ以下の体温低下に発展すれば，重篤な事故に陥る危険がある．体温は，低下し始め

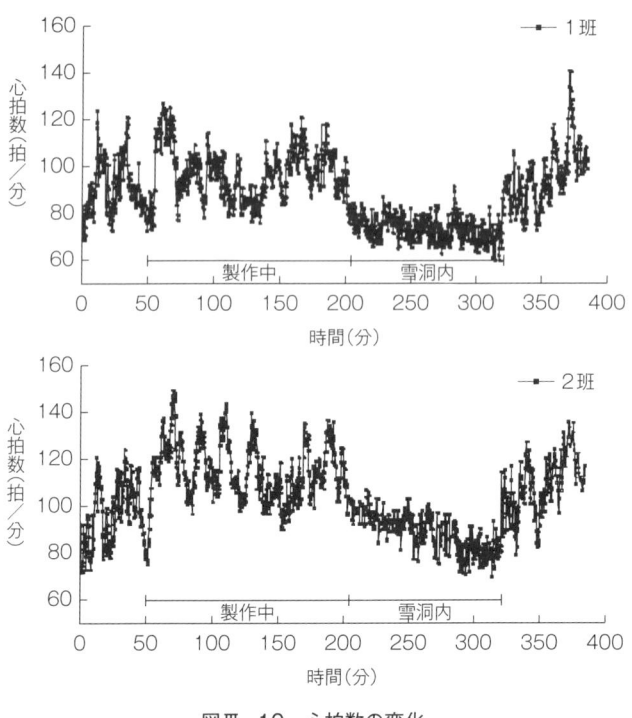

図Ⅲ-10 心拍数の変化

ると低下する速さが急激に増大する特徴を持っている．時間単位ではなく，分単位で悪化する．

2）対策と治療

　雪洞は，雪山のビバーグ時の寒さ対策として広く用いられている．雪洞内は，外気よりもわずかに高い環境温にあるが，絶対値としては，温かいという表現は必ずしも適切ではない．雪洞で低体温に陥ることなく過ごすための方策と基本的な生理変化について解説する．

　横穴式（掘り方によって2つのタイプがある：縦穴式と横穴式）の雪洞（高さ90cm×幅175cm×奥行き160cm）を2基作成し，各

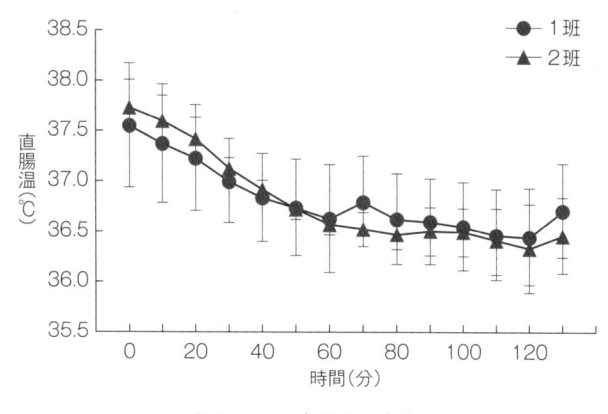

図Ⅲ-11　直腸温の変化

雪洞（1班，2班）に3名ずつが2時間滞在した時の心拍数（図Ⅲ-10）と直腸温（図Ⅲ-11）の変化を示した．雪洞に入ってから心拍数も直腸温も低下し始める．とくに直腸温は，60分間低下を続け，2時間で1.0℃低下する．心拍数と直腸温の低下は，寒冷曝露時の特徴的な変化である．このまま何の対策もせず滞在を続けるとさらに直腸温が段階的に低下し，低体温症に移行するものと予測できる．図Ⅲ-9に示したような戦慄（ふるえ）から意識障害に発展する危険な状態である．

雪洞滞在時の低体温予防のための方策として，①断熱板，②保温下着，③保温手袋，保温靴下，④温熱シートなどの使用例を紹介する．図Ⅲ-12は寒さ感覚の評価尺度として用いられる主観的温度感覚スケールである．

図Ⅲ-13（雪洞内気温：約1.3℃）は，保温手袋・保温靴下・温熱シートを使用した時のそれぞれの変化である．断熱板を使用すると心拍数の低下は抑えられる．直腸温の低下は，0.5℃程度（保温下着等がない場合より1/2の低下）になるが，寒さ指数は上昇する．この状態で長時間の滞在になると断熱板を使用しても低体温に移行

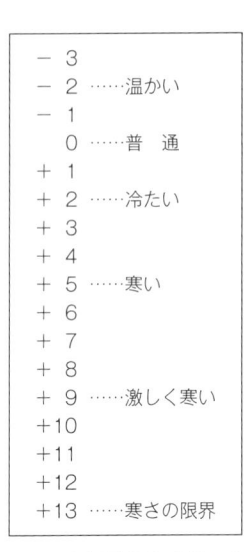

```
− 3
− 2 ……温かい
− 1
  0 ……普 通
+ 1
+ 2 ……冷たい
+ 3
+ 4
+ 5 ……寒い
+ 6
+ 7
+ 8
+ 9 ……激しく寒い
+10
+11
+12
+13 ……寒さの限界
```

図Ⅲ-12 主観的温度感覚スケール

する可能性が高い.

　断熱板に加えて保温下着などを使用すると，直腸温の低下も抑えられる（1/4の低下）．しかしながら，寒さ指数は上昇する．寒さ指数の上昇は，皮膚温の変化と相関することから，保温下着だけでは皮膚温の低下を抑えられないことがわかる．寒さ感覚を抑えるために保温手袋・靴下，温熱シートの使用を追加すると図Ⅲ-13のように寒さ指数の上昇も抑えられる．

　実際に雪洞でのビバーグになれば，実験のような準備は困難である．断熱板の代わりにザックを使用し，ザックを下にして腰を降ろすようにするとよい．保温下着は，冬期登山時の体温保持にとってきわめて有用である．汗をかいた状態では，汗が体温低下の要因となってしまうので，濡れた衣服は乾いたものに着替え，体温の低下を抑制しなければならない．温熱シートは，軽くて保温効果が著しく高いので，ぜひとも携帯してほしい．

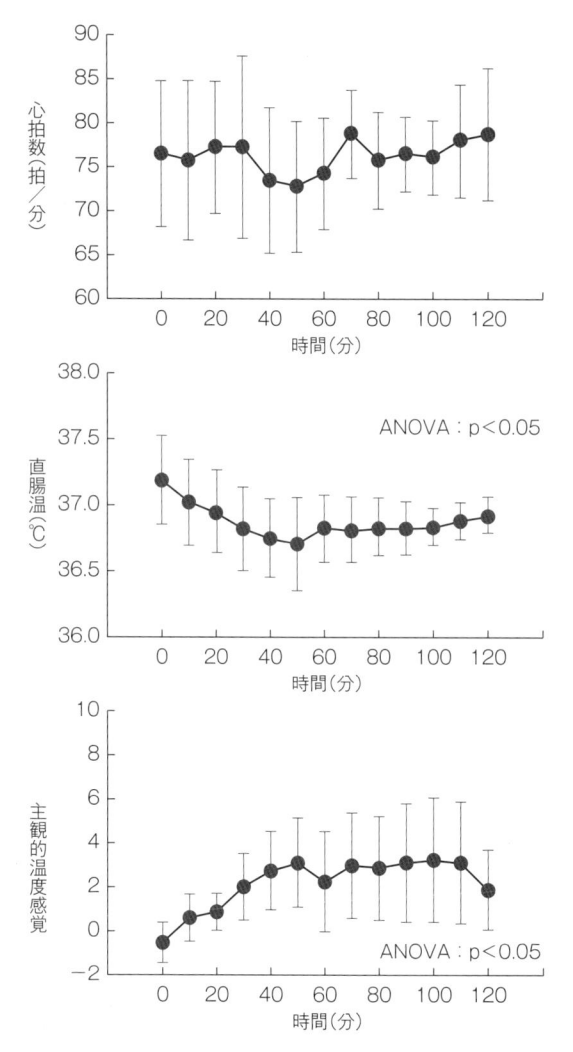

図Ⅲ-13 断熱板，保温下着，保温手袋・靴下，温熱シート使用時の心拍数，直腸温および主観的温度感覚の変化

低体温症への対応としては，乾いた衣服に着替えさせること（着替えさせてあげること），全身を保温（乾いた布で包むなど）すること，頚部，脇の下，股下（鼠径部）などを加温（穏やかに）することなどである．意識がない時には，温かいものを飲ませようとしないこと，アルコール類も不適である．手指を急激に加温するとショック状態になることがあるので，徐々に加温し，安静を保たせるようにする．

3) 耐寒性を高める手立て

寒冷順化（低温に順化した状態）すると耐寒性が増大する．つまり，寒さ環境に対する抵抗性が増大する．高所に長期間居住すると低酸素に対して順化する．同時に耐運動能力も向上する（交叉適応：1つに順化するともう1つの能力も高まる）．マラソンの高所トレーニングは，このことを利用したものである．運動トレーニングは，耐寒性を向上させるので低圧チャンバー（人工的な低圧環境）でのトレーニングは寒さ対策としても有効である．

アフリカのカラハリ砂漠に住むブッシュマン（わずかの着衣）は，氷点下の寒い夜でも焚火だけで睡眠をとることができる．低体温タイプの寒冷順化であり，寒冷ふるえ閾値を低体温側に移行させ，耐寒性を向上させている（ヒトの寒冷順化には代謝タイプ，低体温タイプ，断熱タイプがある）．

4) 高齢登山者へのアドバイス

高齢者が寒冷に曝露されると若年者と比較し，次のような違い（低下や劣い）がみられる．

①体幹部皮膚温の低下が著しい．
②末梢部の血流量減少による放熱の効果が芳しくない．
③収縮期血圧が上昇する．
④寒さの訴えが少ない．
⑤寒さの感受性が衰える．

このように高齢者にとって寒冷（冬期登山）は，生理的負担を増大させ，寒さに対する感受性を低下させるなど体温調節機能の減退が著しい環境である．高齢者の冬期の登山では，寒さ対策を主眼とした装備の充実が事故予防に結び付く．

5）女性登山者へのアドバイス

女性は，寒冷刺激に断熱タイプ（皮膚温を低下させること）で対応している．皮下脂肪の厚さに起因するものと考えられている．このことが，女性のほうが男性よりも寒冷時の体温調節に有利であるとされる所以である．

月経現象は，女性特有のものである．排卵時に体温が低下することは特徴的な現象である．性周期を司る女性ホルモンは，ふるえ開始の深部体温閾値にも影響し，黄体期（排卵から月経までの期間）に高いほうへシフトさせることがわかっている．つまり，黄体期には寒さをいつもより早く感じることを示す．よくトレーニングされた女性では，黄体期のホルモン分泌が抑制されるため，深部体温閾値の変動が小さくなる．冬期の女性登山者の寒さ感覚の変化は，一様ではないことから，それぞれ（女性登山者）が自分の性周期を把握し，個々で低体温予防に対応してほしい．

今回は，子どもの耐寒性に関する詳しい記載を省略した．なぜなら，子どもの寒冷曝露資料が少ないからである．しかしながら，子どもは，成人に比較して体内の水分量が著しく多い（成人55〜60％，幼児なら約70％）こと，循環器系と自律神経系が成熟過程にあることなどから低温環境にとても弱いことが容易にわかる．筋量が少ないのでシバリングや代謝の増加にも頼れないだけでなく，末梢循環での許容範囲が狭いのが特徴である．子どもたちの冬期の登山には特別の準備が必要である．

文　献

1) 臨床体温研究会編：体温の基礎と臨床. pp73-83, 医学図書出版, 2000.
2) 中山明雄編：温熱生理学. pp469-482, pp488-491, 理工学社, 1981.
3) 平田耕造ほか編：体温. pp6-16, pp222-227, NAP, 2002.
4) 川島美勝：高齢者の住宅熱環境. pp126-128, 理工学社, 1994.
5) 入来正躬編：体温調節のしくみ. pp144-159, 文光堂, 1995.
6) 小野寺昇ほか：雪洞における直腸温及び主観的温度感覚の変化. 登山医学, 25：81-83, 2005.

[小野寺昇]

3．熱中症と横紋筋融解症

キーポイント

＊熱中症は, 高温多湿環境や運動など著しい発汗により引き起こされる体内の生理機能（体温調節や呼吸循環機能）が破綻した状態である.

＊熱けいれん, 熱疲労, 熱射病は, 冷却や電解質を含む水分補給など迅速な対処が得られなければ, 重篤な臓器障害や死亡の危険がある.

＊横紋筋融解症は, 熱中症に伴って起こる他に, 高脂血症薬や抗生物質内服中でも起こることがある.

1) 概　要

熱中症とは, 熱失神, 熱けいれん, 熱疲労, 熱射病の医学的総称であり, 高温多湿環境や運動による激しい発汗に伴い, "熱"によって体内の生理機能が破綻して引き起こされる. 安岡ら[1]が提唱した新分類によると, 熱けいれん, 熱失神は軽症（Ⅰ度）に分類される. 熱けいれんは, 発汗により塩分などの電解質異常が生じたために起こる. 熱失神は, 末梢血管が拡張し, 一時的に脳への循環血液が減少したために起こる.

熱疲労は，中等症（Ⅱ度）に分類される．熱疲労は，体内の水分が大量の発汗により失われ，末梢への血液循環障害を生じたために起こる．

　熱射病は，重症（Ⅲ度）に分類される．発汗も認めず，体温調節機能が破綻しており，呼吸異常や意識障害が伴い，生命の危機にさらされる．軽〜中等症においても，迅速な対応を行わなければ，病状悪化，進展により危険である．

　登山において，"熱中症は暑い環境のみで起こる"という考えは当てはまらない．登山では比較的気温が低いにもかかわらず，多湿と体内からの持続的な発汗により熱中症にかかる危険性がある．

　横紋筋融解症は，外傷性と非外傷性に分類される．骨格筋が融解／壊死したため，筋肉痛，脱力，腫脹，しびれなどの症状を引き起こす病態である．外傷性のものとしては，けが，挫創，熱傷などにより筋肉の虚血や機械的圧迫により生じる．非外傷性では，熱中症，けいれん，電解質異常や感染症，さまざまな薬剤により引き起こされ，薬剤性としてはおもに高脂血症薬，抗生物質などが知られている．どちらも重篤な臓器障害を伴う場合があり，注意を要する．

2）診断のポイント（図Ⅲ-14参照）

　熱中症（Ⅰ度）である熱けいれんや熱失神は，四肢や腹筋などの筋肉痛，筋けいれん，めまいや軽い失神などを伴うことから診断される．

　熱中症（Ⅱ度）である熱疲労は，これらに加えて体温上昇，頭重痛，気分不良，口渇，吐き気，嘔吐，皮膚乾燥などの症状を伴うようになる．

　熱中症（Ⅲ度）である熱射病は，呼びかけに答えない，意識もうろうとするなどの意識障害，呼吸異常，ショックなど中枢症状が出現し，全身の多臓器障害へ移行し，死にいたる危険性が高いため，点滴や呼吸管理などの全身管理を要するため，即座に医学的な緊急

	重症度	症 状
熱けいれん 熱 失 神	Ⅰ度 (軽 症)	筋肉痛, 筋けいれん, めまい, 失神
熱 疲 労	Ⅱ度 (中等症)	頭痛, 気分不良, 吐き気, 嘔吐, 倦怠感
熱 射 病	Ⅲ度 (重 症)	意識障害, けいれん, ショック, 高体温

応急処置
・涼しい環境
・脱 衣
・冷 却
・水分摂取
・足を挙上

※Ⅱ度, Ⅲ度は, 緊急に医療機関へ搬送

図Ⅲ-14 熱中症

処置が必要となる. 尿の色が褐色となる, あるいは尿がでなくなる, などが診断の手がかりとなる.

横紋筋融解症は, 熱けいれんの症状と同様であるが, 熱中症に合併し, 重症化すると腎臓を中心とする臓器不全に発展するため, 急速な輸液, 利尿管理を要し, 場合によっては緊急透析が必要となる.

3) 応急処置

熱中症への対応としては, 休息, 水分補給, 冷却の3点が重要である.

まず, 熱中症のⅠ度の症状を認めた場合, 風通しのよい木陰で横にして休息させる. そして, できるだけ速やかに大量の水分摂取 (スポーツ飲料などが最適だが, 1Lに1〜2gの食塩水などでも可), 体温を冷やすために着衣をゆるめ風通しをよくし, 頭, 首やふともも付け根, 脇の下などを濡れたタオルで冷却する. その他には, 筋肉痛や筋けいれんなどを認めるところを, ゆっくりとマッサージを行う.

熱中症のⅢ度である熱射病の症状を認める場合, 休息, 水分補給, 冷却といった上記の処置を行いつつ, 枕などで足を頭より高く保ち, 医療機関への緊急連絡を行う. 点滴など医学的処置が可能な場所への搬送を検討する. 完全に無尿となった場合は, 急性腎不全が疑わ

れ，速やかに病院へ搬送し，一時的な透析を行う必要がある．

4）予防のポイント

①**登山エリアの情報**：気温や湿度が高くないか，風の有無，日陰の有無や稜線中心で直射日光のあたり続ける登山道ではないか，1日の高低差，背負う荷物の重量など事前に情報収集を行う．

②**暑さを避ける服装**：吸水性がよく速乾性素材の服を使用し，熱がこもらないよう，こまめに着衣を調節し発汗調節を行う．

③**こまめな水分補給**：「水分を摂りすぎると体がバテる」というのは，間違いの元である．十分な水分摂取を心がける．電解質や糖質を含むスポーツ飲料なども適度に摂取を心がける．

④**体調管理**：寝不足，朝食抜き，風邪や下痢などの体調不良がないか，過度の飲酒は避けておく．高齢や太り過ぎ，循環機能・自律神経に影響を与える内服を飲んでいるなど服薬状況なども考慮しておく．とくに，横紋筋融解症について，リスクの高い高脂血症薬や抗菌薬など内服している場合には，事前に医師に相談しておくことも大切である．

⑤**集団活動**：パーティ集団行動では，休息や水分摂取などが普段よりも自分でのペースでとることが難しくなるため，お互いに気を配り，配慮する．また，事前にメンバー内で計画概要に関する十分な打ち合わせが重要である．

文 献

1) 安岡正蔵ほか：熱中症（暑熱障害）1〜3度分類の提案：熱中症新分類の臨床的意義．救急医学，23：1119-1123，1999．

[石根昌幸]

4. 紫外線障害（日焼け，雪盲）

キーポイント

* 日焼け，雪盲は原因の明らかな一過性の疾患であるので，比較的強力な対症療法を行い，短期間で治療を終了させる．
* 紫外線は有害であり，登山中はできる限り遮光に努める．
* 紫外線の害は，個人がその年齢までに受けた総受光量に比例し，障害は累積して非可逆的になる．

1）概　要

ヒマラヤやアンデス地域などでしばしばみかけるように，生まれてから高所で生活している人たちには，老徴が早期からあらわれることが多い．平地でも，農業，漁業など野外作業に従事している労働者によくみられる．この現象は光老化と呼ばれており，暦年齢による加齢変化とは質的に異なる．そのおもな原因は，日光に約6%含まれている紫外線（UV）である．紫外線は波長により光生物学的反応が異なるため，長波長（UVA，315〜400nm），中波長（UVB，280〜315nm），短波長（UVC，100〜280nm）に分けられる．毒性がもっとも強いUVCは成層圏オゾン層や大気圏の酸素によって吸収される．UVBは，いわゆる日焼け（サンバーン）を起こし，角膜にも傷害を及ぼす．この日焼け（紅斑）は，日光曝露数時間後にはじまり，24時間後にピークとなる．曝露から3〜4日後には，紅斑の赤味が消失して色素沈着（サンタン）が出現し，しばらく持続する．UVAは紅斑惹起能力は小さいが，真皮まで達してDNAを破壊したり，UVBの傷害を増強させるなど，同様に要注意である．

曝露後24時間後にやっと認められる紅斑を惹起するのに必要な最小照射量を最小紅斑量（MED）と呼ぶ．たとえば，真夏，快晴の伊豆海岸で，正午頃の太陽光線によって1MEDに要する時間は約20分である．紫外線の害から生体を防御するはたらきがあるメ

表Ⅲ-9 高度による紫外線量の増加

高度	UVB	UVA
1,000m	20%	17%
2,000m	35%	27%
3,000m	50%	34%
5,000m	70%	44%

(Simon-Schnass I, Koeppe HW: Vitamin E and arteriosclerosis. ZFA(Stuttgart), 59: 1474-1476, 1983より引用改変)

ラニンが多い皮膚ほどMEDが大きく,紫外線の影響を受けにくい(白人に皮膚がんが多発するのはこの理由による).

標高が増すにつれて紫外線量が増加する(表Ⅲ-9)[1].3,000mの高所では,UVBが平地よりも50%高値を示す.さらに,雪面では80〜95%の紫外線が反射して皮表に届くので,サンバーンの程度は一層強くなる.

2) 診断のポイント

過去24時間以内の野外活動(登山,スキーなど)による紫外線曝露の既往は,日焼け,雪盲に共通している.各症状は次のとおりである.

・日焼け:日光曝露数時間後から灼熱感を伴う浮腫性紅斑,水疱,疼痛,発熱,倦怠感を訴える場合がある.
・雪 盲:異物感,眼痛,流涙,羞明,眼瞼けいれん,結膜充血,視力低下.

3) 応急処置とその後の対策

(1) 日焼け

①軽症例には冷湿布が有効だが,基本的には原因の明らかな一過性の皮膚炎であるので,短期間に比較的強い対症療法を行う.
②外用療法:ステロイド外用薬(デルモベート®軟膏,プロパデルム®軟膏,キンダベート®軟膏(顔面)など)を1日2〜3回塗布.

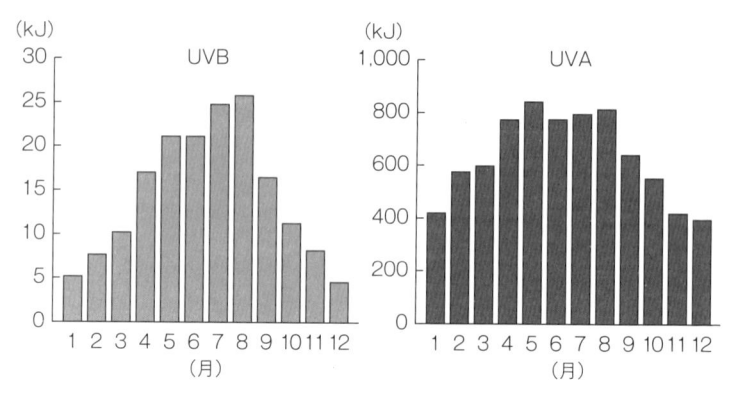

図Ⅲ-15 1日の紫外線量（1m²当たり）
（神奈川県平塚市で91年〜00年の平均値，東海大調査）
（朝日新聞2008年4月27日「もっとサイエンス」より引用改変）

非ステロイド系抗炎症薬（インテバン®軟膏・クリームなど）を紫外線曝露直後から肉眼的炎症が出現する前に繰り返し塗布するのも有効である．

③内服療法：非ステロイド，ステロイド系抗炎症薬の短期間内服（ロキソニン®3錠・分3，セレスタミン®3〜6錠・分3など）．ビタミンC，Eやグルタチオンなどの抗酸化薬の紅斑に対する効果はあまり大きくないようである．

（2）雪 盲

通常，発症から8〜48時間以内に自然治癒するので，それを妨げないように混合感染を防止することを原則とする．抗菌薬（クラビット®点眼液3回/日，タリビット®眼軟膏1〜3回/日）の点眼あるいは点入，フラビタン®眼軟膏（1〜4回/日）と眼帯も効果がある．眼痛には，経口鎮痛薬や圧迫眼帯が有効．

4）その他の留意すべきポイント

帽子（眼に入る紫外線を20〜30％減少させる），長袖，サングラス，ゴーグルなどによる物理的光防御に加え，露出部にはUVB＋Aで

sun protection factor（SPF）30（使用しない時と比べ，日に焼けてしまうまでの時間が30倍要するという意味）以上（肌の白い人や紫外線が強い場合（図Ⅲ-15）[2]は最高値の50＋を選択），protection grade of UVA（PA）＋＋＋（UVA防止効果が非常にある）のサンスクリーンを1日数回外用する．紫外線は皮膚がんの発生と密接な関係を持つので，日焼けサロンが流行しているような，小麦色の肌への憧れという誤った風潮は是正されるべきである．紫外線は活性酸素を生じる．登山中のビタミンCおよびE，リコピンなどの抗酸化物質の摂取を勧めたい（詳細はⅦ-2（pp186～191）を参照）．とりわけ，リコピンは紫外線に有効で，トマトジュース1缶で1日の目安量（約15mg）を十分に補給できる．

文献

1) Simon-Schnass I, Koeppe HW: Vitamin E and arteriosclerosis. ZFA (Stuttgart), 59: 1474-1476, 1983.
2) 朝日新聞2008年4月27日「もっとサイエンス：DO科学：紫外線が一番多いのは何月？」．

[大野秀樹・木崎節子]

5．高山病（国内山行を想定）

キーポイント

* 急性高山病は，高所に順化していない人が急速に標高2,400m以上の高所に到達後，数時間から3日目までに，低酸素，低圧，低温環境への曝露と運動負荷により生じる症候群である．
* この症候群の定義は，頭痛があり，そのうえに①消化器症状（食欲不振，吐き気または嘔吐），②疲労および/または脱力，③めまいおよび/またはふらつき，④睡眠障害，の4症状のうち1つが

存在するものである.
＊急性高山病は生命を脅かすことはないが，急性高山病が急速に増悪して高所肺水腫，高所脳浮腫が発症することがある．高所肺水腫は，適切な治療を行わないと死の転帰をとる．

1）概　要

急性高山病は，高所に順化していない人が急速に標高2,400m以上の高所に到達後，数時間から3日目までに発生する症候群である．この発症要因には，低酸素，低圧，低温の高所環境要因と登山活動に伴う運動負荷が重なって発症する．この症候群の定義は，頭痛があり，そのうえに①消化器症状（食欲不振，吐き気または嘔吐），②疲労および/または脱力，③めまいおよび/またはふらつき，④睡眠障害，の4症状のうち1つが存在するものである．急性高山病は生命を脅かすことはないが，急性高山病を先行してその最重症型として，高所肺水腫が発症する．わが国の高所肺水腫は，2,700m以上の高所に到達し，2日後から血痰，喘鳴，呼吸困難，意識障害などの症状で発症する．早期に低地に移送し適切な治療を行わないと死の転帰をとる．また，高所肺水腫には同一人に繰り返し発症が認められ，体質的素因が推定されている．

2）診断のポイント

（1）急性高山病の診断（表Ⅲ-10～12）

1991年第7回国際低酸素シンポジウム（レイクルイーズ，カナダ）において急性高山病の定義が提唱された．急性高山病の重症度自己判定基準は，頭痛，胃腸症状，疲労，めまい，睡眠障害の症状を4段階で評価し，15点満点で点数化（**表Ⅲ-10**），臨床的評価は，意識状態，歩行失調，末梢浮腫の3項目で評価し，10点満点で点数化（**表Ⅲ-11**），および機能スコアを3点満点で評価する（**表Ⅲ-12**）．頭痛と他の1項目の存在で急性高山病の可能性があり，

表Ⅲ-10 急性高山病重症度自己判定

頭痛
- 0：まったくなし
- 1：軽い
- 2：中等度
- 3：激しい頭痛
  （耐えられないくらい）

胃腸症状
- 0：まったくなし
- 1：食欲がない，少し吐き気あり
- 2：かなりの吐き気，嘔吐
- 3：強い吐き気と嘔吐
  （耐えられないくらい）

疲労・脱力
- 0：まったくなし
- 1：少し感じる
- 2：かなり感じる
- 3：とても感じる
  （耐えられないくらい）

めまい・ふらつき
- 0：まったくなし
- 1：少し感じる
- 2：かなり感じる
- 3：とても感じる
  （耐えられないくらい）

睡眠障害
- 0：快眠
- 1：いつものようには眠れなかった
- 2：何度も目が覚めほとんど眠れなかった
- 3：まったく眠れなかった

(Roach RC, et al.: The Lake Luise acute mountain sickness scoring system. In: Sutton JR, et al., eds., Hypoxia and Molecular Medicine, pp265-271, Burlington, Queen City Press, 1993)

表Ⅲ-11 臨床的診断基準

意識状態
- 0：異常なし
- 1：見当識障害がある
- 2：錯乱している
- 3：刺激にて覚醒
- 4：昏睡状態

歩行失調
- 0：まったくなし
- 1：バランスをとりながら歩く
- 2：線から外れる
- 3：倒れてしまう
- 4：起立不能

末梢浮腫
- 0：まったくなし
- 1：1カ所のみ
- 2：2カ所以上

(Roach RC, et al.: The Lake Luise acute mountain sickness scoring system. In: Sutton JR, et al., eds., Hypoxia and Molecular Medicine, pp265-271, Burlington, Queen City Press, 1993)

表Ⅲ-12 機能スコア

機能スコア（表Ⅲ-10，表Ⅲ-11に示した兆候があなたの活動能力を落としましたか）

- 0：変わらない
- 1：少し落ちた
- 2：かなり落ちた
- 3：とても落ちた
  （起きていられない）

(Roach RC, et al.: The Lake Luise acute mountain sickness scoring system. In: Sutton JR, et al., eds., Hypoxia and Molecular Medicine, pp265-271, Burlington, Queen City Press, 1993)

各スコアの合計が3点以上である時，急性高山病の診断が確定する．また，臨床的診断基準の運用と意味づけに関しては，未だコンセンサスが得られていない．この定義および評価法は本邦においてもレイクルイーズ・急性高山病評価スコアとして受け入れられている[1,2]．

（2）高所肺水腫の診断

高所肺水腫と診断することは治療を迅速に行うために必要である．以下の所見があれば高所肺水腫と診断してよい．

① 高所に到着後，新たに咳，痰，血痰，喘鳴（ぜえぜえ，ごろごろ呼吸）があり，呼吸困難，意識障害，頭痛などが出現する．
② 全身にチアノーゼがあり，肺にラ音を聴取する．
③ 低地移送，酸素吸入，治療により症状・所見が急速に改善する．
④ 胸部X線写真上肺水腫像を認める．

（3）日本の高所肺水腫の特徴

高所肺水腫になった登山者は，それまで心肺機能に異常を指摘されたことがなく，若年者（平均年齢26.4歳）が多く，発症した最低高度は，2,658m（西岳）であった．同一人が登山を行うたびに繰り返し発症した人がおり，この人たちは高所肺水腫になりやすい体質的素因があることが推定されている．現在，遺伝的素因について調査研究が進められている．

3）応急処置と治療のポイント

（1）急性高山病の治療

軽症の高山病（中等度の頭痛，だるさ，食欲不振，むかつき，不眠などの訴え）の治療では，以下の処置が推奨される．①安静臥床，②アスピリン（アスピリン®），アセトアミノフェン（ピリナジン®）の経口投与，③アセタゾラミド（ダイアモックス®500mg/日）を経口投与する．重症の高山病（アスピリン投与で効果のみられない頭痛，嘔吐，めまい，運動失調を訴える場合）では，①低地への移送

が最優先される．②酸素吸入が開始される．

（2）高所肺水腫の治療

①低地移送が最優先される．酸素吸入も必要である．②副腎皮質ステロイド薬（プレドニン®30〜60mg）を投与する．③ニフェジピン（アダラート®10〜20mg）を経口投与する．④抗生物質を投与する．⑤アセタゾラミド（ダイアモックス®500mg／日）を経口投与する．呼吸困難が重度で，昏睡状態の患者は，気管内挿管を行い人工呼吸管理に移行する．

（3）現場でできる症状チェック

呼吸数，脈拍数を数え120拍／分以上であれば重症と判断する．140拍／分以上だと最重症と判断してよい．意識障害，立位保持また歩行不能，チアノーゼ，血痰などの所見も最重症の所見であり，これらの症状は夜間に確実に増悪するので低地移送（ヘリコプターの利用）を迅速に行う．

（4）高所肺水腫の臨床検査所見

入院時の血液・生化学所見では，Htの高値，血小板の減少，白血球増多，血清蛋白の低値，Feの低値などの所見を認める．動脈血ガス分析では，高度の低酸素血症と呼吸性アルカローシスを認める．胸部X線写真では斑状影が両肺に散在性に分布し肺水腫に一致した所見を示す．頭部CT写真では脳室の縮小，白質のdensityの低下があり，脳浮腫を認める．眼底出血がみられる例がある．

4）予防法のポイント

・登山前には体調を整え，風邪などはひかないようにし，睡眠と栄養を十分とって登山を開始する．
・急性高山病の初期症状を早期に自覚し，対策を講ずる．
・急性高山病にかかった既往のある人はダイアモックス®を250mgから500mgを朝，夕の2回に分けて服用する．

文 献

1) Roach RC, et al.: The Lake Luise acute mountain sickness scoring system. In: Sutton JR, et al., eds., Hypoxia and Molecular Medicine, pp265-271, Queen City Press, 1993.
2) 花岡正幸ほか：高地肺水腫-研究の進歩-. 呼吸, 21：199-207, 2002.

[小林俊夫]

[5] 救急概論

1．緊急度の判断

キーポイント

* 傷病者が発生したら，意識，呼吸，出血，体温，けがの程度をチェックする．
* 昏睡状態，無呼吸，大量出血，ショック，異常低体温・高体温，激しい痛みや手足の麻痺は，とくに緊急度が高く，迅速な処置，医療機関への搬送が必要となる．
* 自力で歩行できるかどうかが緊急度判断の1つの目安となる．

意識状態を確認するには，呼びかけたり，肩を叩いたりしてみて，開眼，発語，手足の動きなどの反応があるかどうか観察する．まったく反応がない場合や，眉をしかめたり声を発したりはするが目を開けない場合には，医療機関への緊急下山搬送が必要である．目を開けて話もするが，質問に答えるのが遅い，指示に従えない，ぽーっとしている，同じことを繰り返し言うなども「意識障害あり」なので，早期の病院受診が必要である．

呼吸を確認するには，傷病者の気道を確保して，自分の顔を傷病者の口に近づけ，頰で息を感じ，耳で息の音を聞き，目で胸の動き

を観察する．呼吸が止まっている，あるいは普段通りの呼吸をしていない場合には，ただちに救援要請し，心肺蘇生を開始しなければならない．

大量出血がある場合，出血性ショックに陥る恐れがあり，緊急度が高い．ショックとは，血圧が極度に低下することにより，顔面蒼白，冷汗，意識混濁，錯乱，呼吸数や脈拍数の異常が出現した状態をいい，生命の危険が迫っていることを示す．外出血がみられなくても，外傷後に胸，腹，腰などを痛がってショック症状を呈している人は，内臓損傷に伴う大量の内出血の疑いがある．

体温の異常により，熱中症や低体温症をきたしている場合も緊急性がある．正確な体温測定ができなくても，症状や前後の状況からそれらが疑われる場合には，迅速に医療機関への搬送を行う．

四肢の変形，麻痺や痛みのため，自力で歩行困難な場合も，骨折，脊髄損傷，脳卒中などの可能性があり，緊急に対応する必要がある．

2．山で救急蘇生法を行う際の注意点

キーポイント

＊傷病者に近づく前に，現場周囲の安全を確認する．
＊速やかに傷病者発生の通報，救援要請をする．
＊心肺蘇生と止血が処置としては最優先である．

初めに，傷病者がいる現場周囲の安全を確認する．雪崩や落石の危険がある場合や，急斜面で適切な処置が行えない場合には，まず傷病者を安全な場所まで移動させる．事故が起こると気が動転しがちだが，冷静になり，救助者自身が遭難するような事態は絶対に避けねばならない．

山で事故が発生した場合，救助隊の到着，医療機関への搬送まで

時間を要することが多い．緊急度が高い場合，迅速に近くの登山者や山小屋に救助を頼んだり，消防や警察に傷病者発生の通報と救援要請をした後，傷病者の詳細な観察と応急手当を開始する．

傷病者の意識，呼吸，出血の有無，体温，けがや病気の部位・程度をチェックし，行った処置についても，できれば経時的に記録して，救助隊や医師に伝える．

応急手当を行う際には，できるだけ傷病者に肉体的，精神的苦痛を与えないよう，温かい励ましの言葉をかけながら，丁寧に行う．

呼吸停止の場合は心肺蘇生を，大量出血の場合は止血を，最優先で行う．

雪崩などで同時に複数負傷者が発生した場合，人数を把握し，原則として重傷者から順に手当て，搬送する．

3．心肺蘇生

キーポイント

*傷病者の意識がなければ，助けを呼び，気道確保する．呼吸もなければ，即，心肺蘇生を開始する．胸骨圧迫30回と人工呼吸2回を繰り返す（2005年のガイドラインに準拠）．
*日頃から定期的に心肺蘇生法の講習会に参加し，最新のガイドラインに基づいた実技トレーニングを受けておくことが望ましい．

傷病者が発生した場合，周囲の安全確認後に近づき，肩を叩きながら大声で呼びかけて意識があるかどうか反応をみる．「反応なし」と判断したら，大声で周りの人に助けを求める．携帯電話で119番通報したり，近くの山小屋に助けを求めたり，さらに自動体外式除細動器（AED）があればもってきてもらうよう依頼する．

助けを呼んだら，仰向けに寝かせた傷病者の頭の脇に座り，片手で傷病者の額を押さえつつ，他方の手の人差し指と中指をあご先に

当てて持ち上げ，気道（呼吸する時に口から肺まで空気が通る道）を確保する（頭部後屈あご先挙上法）．

次に，そのままの姿勢で「見て，聞いて，感じて」呼吸を調べる．5〜10秒間観察して呼吸がない場合は，気道を確保したまま人工呼吸を行う．額に当てた手の親指と人差し指で傷病者の鼻をつまみ，口を大きく開いて傷病者の口を覆って密着させ，胸が上がるまで，1秒かけて2回息を吹き込む（口対口人工呼吸）．

その後ただちに胸骨圧迫を開始する．両手を重ねて手のひらの基部を胸の真ん中（乳頭と乳頭を結ぶ線の真ん中）に当て，肘を伸ばし，垂直に体重をかけて，胸が4〜5cm沈むまで，毎分100回の速さで30回圧迫する．胸骨圧迫30回，人工呼吸2回を交互に繰り返す．AEDが到着したら装着し，必要に応じて除細動を行う．

人工呼吸を行う際は感染防護具の使用が望ましいが，防護具がなくて人工呼吸が躊躇される場合，胸骨圧迫だけでも実施する．

傷病者が動き出したり通常の呼吸が再開しない限り，救急隊または医師に引き継ぐまで心肺蘇生は続けなければならない．それが不可能な状況でも，20〜30分は実施したい．とくに，落雷に遭った，雪崩に埋まったが15分以内に発見されたなどの場合は，心肺蘇生による救命の可能性が比較的高いので，諦めずに全力を尽くす．低体温症の場合も，呼吸，脈が非常に遅く，瞳孔散大し，一見仮死状態に陥っていることがあるので，医師が死亡と診断するまで，安易に蘇生を断念してはならない．

4．応急手当

> **キーポイント**
> *大量に出血している時は，迅速に直接圧迫止血を行う．
> *ショックの時はショック体位，意識障害がある時は回復体位で寝かせる．
> *傷病者の移動方法は，傷病の程度，地理・気象条件から総合的に判断する．

1）止血法

人間は全血液量の3分の1が急速に失われるとショック状態に陥り，2分の1が失われると失血死するといわれる．よって，大出血の場合，至急止血しなければならない．

現在，直接圧迫止血法が推奨されており，ガーゼやタオルを確実に出血部位に当て，上から強く手で圧迫する．止血できない場合，圧迫点が出血部位とずれていないか確認し，さらに強い力で圧迫する．傷口を心臓より高く挙上して圧迫を続けると止まりやすい．

血液によりウイルス感染することがあるので，手当をする際には，直接血液に触れないよう，極力ゴム手袋やビニール袋などを使用する．

2）傷病者の体位と移動

安全な場所で，傷病者が楽な姿勢で寝かせて，救援が到着するまで安静を保つ．体温が低下しないよう，保温に留意する．

意識が清明な時は，基本的に仰向けで水平に寝かせればよい．

ショック症状（顔面蒼白，冷汗，脈拍が速く弱い，意識混濁など）がみられる時は，仰向けに寝かせ，脚の下にザックなどを入れて脚を高く上げる（ショック体位）．

意識障害があり，嘔吐の危険がある時は，横向けに寝かせて，下側の腕を前方に伸ばし，もう片方の手は顔の下へ入れ，上側の膝を

90度曲げる(回復体位).

傷病者の移動方法について,自分で歩いて下山するのか,人力で搬送するのか,ヘリコプターなどの出動を要請するのか,けがや病気の程度,緊急度,地理・気象条件などを総合的に判断して決定する.症状を悪化させないよう,搬送中の苦痛が少なくてすむよう配慮する.明らかに軽症でない限り,医療機関を受診するまでは急変の恐れもあるため,一人で下山させることは避ける.

文 献
1) 日本救急医療財団監修:改訂3版 救急蘇生法の指針(市民用・解説編).へるす出版,2006.

[志賀尚子]

5. AEDの適応と使用法

キーポイント
* 呼びかけに反応しない傷病者には,ただちに心臓マッサージを行い自動体外式除細動器(AED)があれば装着し,音声指示に従い使用する.

1) 登山中の心肺停止へのAED使用

日本人では突然の心肺停止の9割以上が,急性心筋梗塞を中心とした循環器疾患が原因とされる.心肺停止への一般的な対応の詳細は別項に譲るが,登山中であっても山小屋や山岳診療所にAEDが置かれるようになり使用できれば救命に結び付けられる.基本事項を示す(図Ⅲ-16,17).

(1) 早期の救急コール

傷病者に意識がないか,最初はあっても突然意識を失い反応がなければ,ただちに応援の人を呼び救助隊のコールを依頼する.

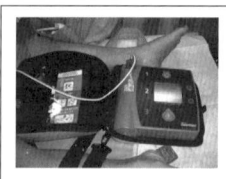

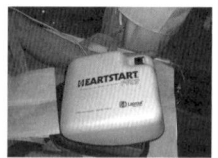

*市民が使用する心臓へ電気ショックを与える器械
*心臓の波形を自動的に解析する器械
*除細動が必要かどうかを音声で指示してくれる
*除細動が必要な波形の時のみ自動的に充電される
*救助者は除細動ボタンを押すだけ
*簡単,軽量,電源不要,安全で効果的である
*機種により使用法が少し異なる

心臓マッサージ中にAEDが到着 ⇒ AEDを装着

■「ショックが必要です」との音声

　⇒電気ショックをかける(図Ⅲ-17参照)

■「ショックは不要です」との音声

1. 自己心拍がでている.
   ①有効な拍動となる場合
   ②拍動とならず血圧が出ない場合
2. 心静止で心臓はまったく動かない

体が動かない,呼吸がなければ心臓マッサージを続ける.

図Ⅲ-16 AED(Automated External Defibrillater)とはどんな機械か

(2) 早期のCPR

救急コール後,ただちに心肺蘇生(CPR)を行う.倒れた直後に開始するともっとも効果がある.

(3) 早期の除細動

早期の除細動は救命率向上に直結する.心室細動に対しもっとも有効な治療器具は自動体外式除細動器(AED)である.AEDは心室細動を感知し自動的に除細動が必要か否かを判定し,除細動を音

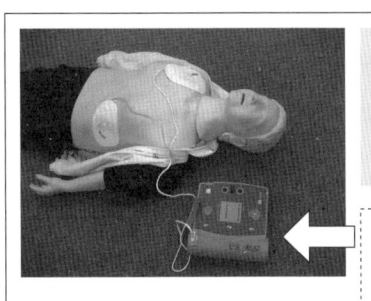

* 意識なし，呼吸なし，心停止と判断
* 第一救助者は心臓マッサージをする
* 第二救助者はAED装着する
* 電源をいれる
　　　　（あとは音声指示に従う）

■ 音声ガイダンス
「パッドを装着して下さい」
「心電図を解析中です」

ショックをかけます
私は離れてます．皆，離れて．

■ 音声ガイダンス
「除細動が必要です」
「患者から離れて下さい」
「除細動ボタンを押して下さい」

ショックをかけたら．
ただちに，心臓マッサージ開始．

心臓マッサージ100回/分 ×2分間
疲れたら2分間で交代

市民の心肺蘇生に
人工呼吸は不要

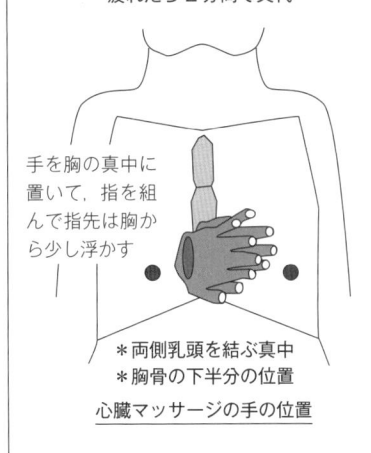

心臓マッサージの位置

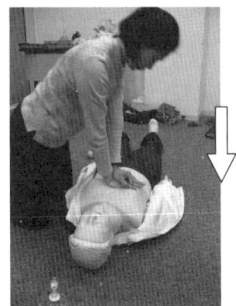

手を胸の真中に置いて，指を組んで指先は胸から少し浮かす

胸が4～5cm沈む

*両側乳頭を結ぶ真中
*胸骨の下半分の位置
心臓マッサージの手の位置

心臓マッサージは，ずっと続ける．
傷病者が動くまで，救助隊が来るまで．

真上から，早く，深く押し
サッと力を抜く

図Ⅲ-17　AEDの使用法

声指示に従い実施できる．除細動が成功する確率は1分遅れるごとに7〜10%低下し，最終的には心静止（asystole）となる．倒れてから除細動までの時間が心停止で助かるための決定的な因子である．質の高い心臓マッサージとAED使用が障害を残さない心肺蘇生へとつながり社会復帰率が上昇する．山の中でも登山者の多く集まる場所へのAED配備と使用できる人員・登山者の啓発・育成が急務である．総務省消防庁による日本全体の2007年集計では，市民によるAED使用により39%まで心停止が救命でき著しい進歩が示された．

(4) 絶え間ない心臓マッサージ

心停止傷病者にはAEDが近くにあれば装着するが，それ以上に重要なのは，絶え間なく心臓マッサージを行うことである．最近の報告では，初期のとくに市民による心肺蘇生には人工呼吸は不要とされ，むしろ胸骨圧迫心臓マッサージのほうが蘇生率・社会復帰率が高い．AEDを装着するまで，除細動のショックをかけたら，ただちに心臓マッサージを開始する．蘇生に時間を要する場合，理論的には8〜10分を過ぎれば人工呼吸が必要かもしれない．人工呼吸では胸が上がる量だけ1秒間で空気を吹き込む．多く入れると害になる．

登山中であっても，条件がよければ最近は30分以内にヘリコプター搬送が可能となってきている．雪や冷水などで頭と体を冷しながらの心肺蘇生の継続が救命のチャンスを拡大する．

文　献

1) 日本救急医療財団監修：改訂3版 救急蘇生法の指針（市民用・解説編）．へるす出版，2006．

［高山守正］

IV 疾病を持っている人の登山における注意

1．高血圧症

キーポイント

*①高血圧を指摘されているが軽度で，生活習慣修正－減塩，肥満があれば減量あるいは有酸素性運動と年1，2回の受診を指示されている場合．

*②高血圧を指摘され定期的に受診しているが合併症はなく，食事療法や運動療法のみ，あるいは薬物療法の併用でコントロールされている場合．

*③治療によってもコントロールされない高血圧（降圧薬を増量あるいは併用しても安定した効果が得られない）．

*④高血圧があり，高血圧の合併症（一過性脳虚血発作，脳卒中，狭心症，心筋梗塞，心不全，腎不全，眼底出血など）を起こしたことのある人．

*⑤過去に高血圧を指摘されたことがあるが放置していた人，35歳以上で血圧測定をしたことのない人．

以上のうち，①および②は医師の同意および服薬に関する注意などを受けてから登山をしてもよい．③および④は登山をしてはならない．⑤は受診をして医師の指示に従う．

1）概　要

2000年の調査によると，30歳以上の日本人男性の47.5％，女性の43.8％が収縮期血圧140mmHg以上または，拡張期血圧90mmHg以上，あるいは降圧薬服用中であり，高血圧者の総数は計4,000万人にのぼる[1]．

高血圧症は虚血性心疾患や脳卒中の最大の危険因子（リスクファ

クター)であるにもかかわらず，2000〜2001年の調査によると30歳代では男女とも約70％が，40，50歳代男性の44％，39％が未治療というように，指摘されても治療を受けない人が多い[2]．

中・高年登山者が増加している近年，登山者にも未治療者を含めて高血圧を持つ人は少なくないと推測される．

高所に達すると血圧が上昇するのは交感神経の緊張が高まった結果であり病的ではなく，また一過性であることが多い．高血圧を持つ人は，持たない人に比べ上昇の度合いが大きいが，治療により平地でコントロールされている高血圧者では，山でのリスクは高くないとされている．このことには個人差があり，また明確なエビデンスは得られていないが，収縮期血圧≧180mmHgまたは(かつ)拡張期血圧≧110mmHgの場合は，休養あるいは高度を下げることを考慮すべきである．

2) 診断のポイント(図Ⅳ-1, 表Ⅳ-1)

高血圧が長年続いていると全身の血管の動脈硬化を助長する結果，主要な臓器である脳，心臓，腎臓に合併症を起こし，その状態でさらに高血圧を放置し続けると，脳では脳出血，脳梗塞，一過性脳虚血発作を，心臓では左室肥大から心不全を，あるいは狭心症，心筋梗塞を起こしやすく，腎臓は腎萎縮から腎不全に陥ることとなる．これらの臓器障害が進行しないように，生活習慣の修正(運動，食事など)と降圧薬による治療が行われる．降圧目標を，若年者・中年者は130/85mmHg未満(125/80mmHg未満)に，高齢者は140/90mmHg未満(135/85mmHg未満)に，糖尿病・腎障害・心筋梗塞後では130/80mmHg未満(125/75mmHg未満)に，脳血管障害では140/90mmHg未満(135/85mmHg未満)におき，目標に達している場合を「コントロール良好」という．なお，降圧目標のカッコ内の数値は家庭血圧を指している．

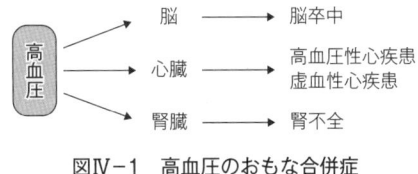

```
高血圧 ─→ 脳 ────→ 脳卒中
      ─→ 心臓 ───→ 高血圧性心疾患
                  虚血性心疾患
      ─→ 腎臓 ───→ 腎不全
```

図Ⅳ-1　高血圧のおもな合併症

表Ⅳ-1　成人における血圧値の分類

分　類	収縮期血圧 (mmHg)		拡張期血圧 (mmHg)
Ⅰ度高血圧	140～159	または	90～99
Ⅱ度高血圧	160～179	または	100～109
Ⅲ度高血圧	≧180	または	≧110

(日本高血圧学会高血圧治療ガイドライン作成委員会編：高血圧治療ガイドライン2009．ライフサイエンス出版，2009)

3) 応急処置・その後の対策

　キーポイントに示した①，②の場合でも登山中に合併症を起こす可能性はあるので，高血圧のある人に激しい頭痛や片方の手足の脱力感・しびれ感，胸部痛などが起こったらただちに下山させるべきで，たとえ短時間で回復しても登山を続けてはならない．

　また，高血圧のある人に血圧の高度の上昇（多くは180/120 mmHg以上）が突発的に起こる場合があり，激しい頭痛，悪心・嘔吐，けいれん，視覚障害，言語障害，錯乱などの症状があらわれる．血圧の上昇によって脳，心臓，腎臓，大血管などに急性の障害が生じ進行している病態であり，「高血圧緊急症」と称し，この場合はただちに降圧治療を始め，かつ，下山を考慮しなければならない．山の中では静脈注射による降圧を図ることは不可能であるから，作用発現が比較的速いカルシウム拮抗薬徐放錠，ACE阻害薬などを内服させて安静・保温を保ち，はじめの1時間以内は平均血圧で25%程度の降圧を目標とし，6時間では160/100-110mmHgを目標とする．

4）その他

キーポイントに示した①の場合，減塩については登山に伴う発汗の増加を考慮して，制限を緩くするべきであろう．高齢者では過度の塩分制限と脱水で血圧が下がり過ぎることもあり注意を要する．②の場合，服用中の薬についてはその副作用や相互作用（他の薬剤と併用すると互いに作用が増強される）についての知識を持っていることが望ましい．たとえばニフェジピン（カルシウム拮抗薬）やプロプラノロール（β遮断薬）は，胃潰瘍の薬であるシメチジン（H_2受容体拮抗薬）と併用すると作用が互いに増強される．ニフェジピンの徐放錠は制酸剤と併用すると持効性が低下する．また，感冒薬や睡眠導入薬は降圧薬の作用を強める，非ステロイド性の鎮痛解熱薬は利尿薬やβ遮断薬，ACE阻害薬の降圧効果を弱める，抗アレルギー薬はβ遮断薬やカルシウム拮抗薬の降圧効果を強める，グレープフルーツ（ジュース）はカルシウム拮抗薬の降圧効果を強めることなどが知られているので，主治医に確認をしておくとよい．

そのほか，降圧薬として$\alpha 1$遮断薬が使われるが，副作用として起立性低血圧があり，立ちくらみを覚えることがある．登山に際し尾根などで事故につながることもあり得るので，主治医に相談すべきであろう（参考までにこの薬は前立腺肥大症の排尿障害に対しても使用される）．

文　献

1) 循環器病予防研究会：完全収録第5次循環器疾患基礎調査結果．中央法規，2003．
2) Tanaka T, et al.: HIPOP-OHP Research Group: Awareness and treatment of hypertension and hypercholesterolemia in Japanese workers: the High-risk and Population Strategy for Occupational Health Promotion (HIPOP-OHP) study. Hypertens Res, 30: 921-928, 2007.
3) Halhuber M, et al.: Does altitude cause exhaustion of the heart and

circulatory system. In: Rizolier J ed., High Altitude Deterioration, pp192–202, S. Karger AG, 1985.
4) Wu TY, et al.: Who should not go high: chronic disease and work at altitude during construction of the Qinghai-Tibet railroad. High Alt Med Biol, 8: 88–107, 2007.
5) Elliott WJ: Drug interactions and drugs that affect blood pressure. J Clin Hypertens, 8: 731–737, 2006.
6) 日本高血圧学会高血圧治療ガイドライン作成委員会編：高血圧治療ガイドライン2009．ライフサイエンス出版，2009．
7) Vaughan CJ and Delanty N: Hypertensive emergencies. Lancet, 356: 411–417, 2000.

［堀井昌子］

2．糖尿病

キーポイント

* 中・高年の糖尿病が増加しており，厚生労働省の平成18年国民健康・栄養調査によれば，40歳以上では糖尿病が強く疑われる人は7人に1人，糖尿病の可能性が否定できない人を含めると3人に1人と推定されており，現代の国民病といえる．
* 登山は糖尿病（とくに2型糖尿病）に悪いスポーツではない．むしろ登山は次のような根拠から糖尿病を持つ人にもっとも薦められるスポーツであるといえる．
* 登山の短期的効果：高所では平地に比較しインスリン感受性が改善するので血糖が下がりやすいこと，また平地での歩行に比し登山はエネルギー消費量が格段に大きく，上りで脂肪の燃焼，下りで糖の利用が増大する．
* 登山の長期的効果：高所では平地に比較して安静時のエネルギー消費（基礎代謝）が亢進するので体脂肪がもえやすくなり内臓肥満（メタボリックシンドローム）の解消に役立ち，結果として糖尿病が改善する可能性がある．
* 注意1：登山では脂肪分解が亢進する結果，血中の遊離脂肪酸が上昇し狭心症，心筋梗塞などが惹起されやすくなる可能性がある．糖尿病を持つ人は登山前に心電図を含めた循環器系のメディカル

チェックを受けることが薦められる.
* 注意2：糖尿病のコントロールが悪い人（ヘモグロビンA1cが8％以上），糖尿病三大合併症（網膜症，腎症，神経障害）が進行している人では登山は薦められない.
* 注意3：登山では脱水になりやすいので水分の補給を十分に行うこと，また血糖降下薬やインスリン注射を使用中の人は低血糖をきたしやすくなるので，できれば血糖自己測定をこまめに行い，適切に糖分を補給することが必要である.

1）概　要

2006年4月に厚生労働省が20歳以上の4,296人を対象に行った国民健康・栄養調査によれば[1]，糖尿病を強く疑われる人は820万人，糖尿病の可能性を否定できない人を含めると1,870万人と推定されている.

糖尿病はインスリン（食べ物を摂ると膵臓β細胞から分泌され，血中に取り込んだブドウ糖を筋肉や肝臓で利用する作用を有するホルモン）の作用不足により生ずる慢性高血糖状態を主徴とする代謝疾患群であると定義されている.

糖尿病の症状は検診などで発見される場合など，多くは無症状のことが多いが，高血糖そのものによる症状（急性期症状）として，口渇，多飲，多尿，倦怠感，体重減少などを呈し，さらに血糖値が著しく上昇するとケトアシドーシス，脱水などを起こし，ついには糖尿病昏睡にいたる場合もある．このような高血糖状態を治療せずに放置し，高血糖状態が慢性的に持続すると，やがては網膜症，腎症，神経障害により視力障害や腎不全，下肢のしびれなどの症状に悩まされ生活の質（QOL）の低下をきたすほか，全身の動脈硬化を起こし，進展すると心筋梗塞，脳血管障害，下肢の壊疽などの疾病を発症し生命予後に重大な影響を及ぼすこととなる（慢性期症状－合併症）.

糖尿病の成因は多様であり,その発症には遺伝因子と環境因子がともに関与する.

糖尿病は成因により主として1型と2型に分類される.

1型は小児期や思春期に発症することが多く,主として自己免疫に基づく膵臓β細胞の破壊によってインスリン分泌が枯渇して起こる糖尿病で,インスリンの頻回注射が必要となる.

一方,2型は成人に発症することが多く,遺伝因子と環境因子の両者が発症にかかわっている.遺伝因子は未だ十分には解明されていないが家系内にしばしば糖尿病がみられる.一方,環境因子,すなわち糖質および脂質の過剰摂取,運動不足により生じる内臓脂肪蓄積型肥満,いわゆるメタボリックシンドローム,ストレスなどがインスリン抵抗性を増大してその発症に強く関与するが,日本人の場合はさらに膵臓β細胞のインスリン分泌低下もかかわっていることが多い[2].

2) 診 断

糖尿病の診断は血液中のブドウ糖濃度(血糖値)によりなされ,静脈血漿値で①早朝空腹時126mg/dL以上,②随時血糖値200mg/dL以上,③75gブドウ糖負荷試験(75gのブドウ糖水を飲み1時間後,2時間後の血糖値を検査する)の2時間値が200mg/dL以上のいずれかが認められれば「糖尿病型」と判定する[2].別の日に行った検査で,①〜③のいずれかの血糖値が再確認できれば糖尿病と診断してよいが,「概要」で述べた症状や網膜症もしくはヘモグロビンA1c値(HbA1c)が6.5%以上の場合は1回の血糖検査でも糖尿病型であれば糖尿病と診断できる.

3) 糖尿病の治療

糖尿病の治療の目的は,登山を楽しんだりすることができる健康な人と変わらない日常生活の質(QOL)の維持と,前述した糖尿病合併症の予防により健康な人と変わらない寿命を達成することであ

る.そのためには血糖のコントロールを良好に(HbA1c を 6.5% 未満)保つことが是非とも必要である.実際には生活習慣を改善すること,すなわち食事療法と運動療法の基本療法を実践し,それだけでは不十分な場合に薬物療法を行う.1 型糖尿病は,頻回のインスリン自己注射と自己血糖測定を行う強化インスリン療法が必要であるが,多くの 2 型糖尿病では経口血糖降下薬が適応となる.このような糖尿病の治療を行っている人が登山をする場合,糖尿病にどのように影響するのか,またどのような点に注意が必要なのかを近年の研究で明らかにされてきた結果を踏まえて述べる.

4) 高所滞在・登山が及ぼす糖尿病への影響
(1) メリット

登山は糖尿病を持つ人(とくにメタボ・2 型糖尿病)に禁忌となるスポーツではない.むしろ登山はいくつかの根拠から糖尿病を持つ人に薦められるスポーツであるといえる.

理由その 1 として,登山をしないでも高所(標高 2,000m 以上)に滞在するだけで動脈血酸素飽和度(SpO_2)の低下(低酸素)を介してエネルギー消費量(基礎代謝)が増加し,体脂肪が燃え,インスリン抵抗性が改善し血糖値が下がることが報告されている[3].これはしばらく高所に滞在すれば体重減少が期待できることを示唆している.経験的にも高地民族に肥満者が少ないこと,海外登山で,たとえばベースキャンプにいるだけでも痩せたという経験を持つ人が少なくないこと,低酸素を呈する呼吸不全患者では痩せの症状がみられることなど,低酸素が体重減少に関与する事実をあげることができる.

理由その 2 として,登山行動のうち,上りでは体脂肪が燃焼し,下りでは体内での糖の利用が促進され血糖値が下がることが報告されている[4].これは低い所でもみられる代謝現象であるが,高所では『理由その 1』の条件が相加する結果,一層顕著となると考えら

れる.

この事実はメタボタイプの糖尿病を持つ人にとって,登山が理想的な運動療法そのものであり,登攀の爽快感や美しい自然の中にいる楽しさもプラス要因となるなど一石三鳥の効果が期待できる.

(2) デメリット・注意点

登山または高所滞在がメタボタイプの糖尿病にとって薦められるスポーツであるが,これらがかえって悪影響を及ぼす場合がいくつかあるので注意する必要がある.

①登山が適しない糖尿病状態

血糖のコントロールが悪い人,すなわちHbA1cが8%以上,尿にケトン体が出たりするケトアシドーシスの状態,高血糖・低血糖を頻発する状態,風邪などの感染症や胃腸炎により食事が食べられないなど体調を崩している人(シックデイの状態という)は高所滞在や登山は避けるべきである.また,先に述べた糖尿病合併症が進行した人,たとえば高所では体脂肪分解亢進により遊離脂肪酸が増加するため,狭心症や心筋梗塞を誘発する可能性があるので,このような状態の人には登山は薦められない.

②登山における注意点

・食事の摂り方(血糖変動を少なくする):登山は運動強度が中等度で運動量が多いスポーツであること,また高所では血糖が低下する傾向がみられることから,登山行動中に低血糖をきたす頻度が高いので血糖測定と糖質を中心とした補食をこまめに行うのが原則となる.この際のインスリンの補給は,カーボカウンティング法に従って行うと血糖の調節はうまくいくと思われる.一方,血糖のコントロールが悪い状態で糖質の過剰な補給を行えば,登山中といえども逆に高血糖になる可能性もあるので血糖測定は欠かせない.また,山小屋に着いてからの食事は平地での生活の時と同様,日本糖尿病学会編集の食品交換表にならって指示エネ

ルギー量内で栄養素のバランスがとれた内容の食事が薦められるが，アルコールを過剰に飲むと低血糖，高血糖いずれにもなり得るので飲酒は最小限にとどめたい．

・水分の摂り方（脱水とケトアシドーシス）：登山中は体内より水分と塩分の著しい喪失をきたし，水分の補給を行わなければ脱水状態となる．「体重（kg）×登山時間（h）×5mL」の計算式でおおよその脱水量が算出される[4]．高血糖状態にあれば浸透圧利尿をきたすため，さらに多くの水分補給が必要となるので，血糖測定はこまめに行い血糖値をコントロールするよう心がけることが重要である．血中インスリンが不足し高血糖状態になると，すなわち糖質の利用ができない状態であるため，エネルギー源として体脂肪が動員され使用されるようになる結果，血中にケトン体が蓄積し血液は酸性に傾き体調が一気に悪化する（ケトアシドーシス）．このような場合はインスリン注射と補液が必要であり即刻下山しなければならない．

文 献

1) 厚生労働省健康局総務課生活習慣病対策室：平成18年国民健康・栄養調査結果の概要．pp36-42，2006．
2) 日本糖尿病学会編：糖尿病治療ガイド2008-2009．pp11-13，文光堂，2008．
3) 高桜英輔ほか：高所環境における肥満治療の研究．登山医学，18：101-106，1998．
4) 山本正嘉：登山の運動生理学百科．pp65-68，東京新聞出版局，2005．

[高桜英輔]

3. 呼吸器系の疾患

キーポイント

* 呼吸器は酸素を取り入れる器官なので，これが障害されると登山はたいへんになる．
* 慢性閉塞性肺疾患，間質性肺疾患と診断されている人は，専門医とよく相談する．
* 睡眠時無呼吸症候群・肺血管障害の人も要注意．

1）気管支喘息

　気管支喘息症状自体は高所では悪化しない[1]．空気密度が小さくなり抵抗が減ること，適度な刺激が気道粘膜の炎症を抑えるようにはたらくこと，日常のアレルゲンから遠ざかることなどによる．小児や成人の気管支喘息患者の高所でのトレッキング療法も行われているし，高所にリハビリ用の療養所を設けている国もある．ただし，寒冷な空気の気道粘膜への刺激は発作を引き起こしやすくする．バンダナやマスクを用意して，乾燥した冷気を吸わないように．気管支喘息と診断されている登山者は，普段服用している薬剤を登山中も継続すべきである．ピークフローメータを携帯して自己チェックすることも勧めたい．ステロイド系の薬剤は3,000mを越える高度では増量を考えるべきであるし，万一の発作に備えた対処法を含めて主治医と相談して確認しておくべきである．運動誘発性喘息と診断されている人はとくにそうである．日常的には服薬をしていない人も，経口薬品や吸入薬を用意しておくほうがよい．気管支喘息の人が登山をしてはいけない理由はまったくないし，喘息が急性高山病の危険因子（リスクファクター）であるという証拠もまったくない．ただし，安静時や軽運動で呼吸困難を感じる重症の人は，登山は控えておいたほうがよい[2]．

2）慢性閉塞性肺疾患

 軽症であれば軽いハイキングや登山は可能である．しかし，航空機内（2,000m 程度の高度）で動脈血酸素分圧（PaO_2）が 50mmHg を切ると予想されると搭乗が問題とされることを考えると，呼吸不全とみなされている人（PaO_2 が 60mmHg 未満）は登山などまず不可能である．準呼吸不全状態にあると診断されている人（60mmHg＜PaO_2＜70mmHg）は極力高い所に赴くことを避けるほうがよい．準呼吸不全状態でなくとも，ふつうの坂道を健常人と同じ速度で歩けない人も，2,500m を越す高度に行く場合には専門医に相談したほうがよい．気管支拡張薬投与後も一秒率が 70％ を割る人，一秒量が 1.5L に満たない人も専門医に相談したほうがよい．一秒量が 1.0L に満たない人はかなり厳しい．

3）間質性肺疾患

 肺線維症やサルコイドーシスなど間質性肺疾患と診断されており息切れなどの症状がある人には登山は勧められない．呼吸不全・準呼吸不全と診断されていれば 2）のとおり．％肺活量が 70％ を割る人も無理せず専門医に相談すべきである．膠原病の場合は肺高血圧を伴うこともある．この場合は，酸素吸入の用意に加えカルシウム拮抗薬（ニフェジピン）などの予防投与を考える．

 2）でも 3）でも，高所でのもっとも効果的な対処法治療法は酸素吸入である．登山ばかりか，現在ではごく普通のツアー旅行でもバスやケーブルで標高 2,500m にまで連れて行ってくれる．よくよく日程を確かめよう．

 これらの慢性呼吸器疾患患者で換気調節異常のある人はとくに危険であり，低酸素状態にさらすことは勧められない．国際線の飛行機の中の低酸素程度でも異常をきたすことがあり得る．標高 2,500m にバスで到着し歩き始めたとたん失神した例がある．思い当たる人は専門の呼吸器科医に相談すること．

もちろんこれらの疾患を持つ人にも適切な運動は必要であり有益でもある．空気の濃い平地で，必要なら酸素を吸入しながら体を動かすことが望ましい．

4）肺血栓塞栓症・原発性続発性肺高血圧症

登山のみならず過重な運動は勧められない．高所では高所肺水腫（HAPE）の可能性が高くなる．ワルファリンカリウム（ワーファリン®）など血液の凝固能を変化させる薬剤を使用している人が多いので，不慮の出血の可能性のある活動を僻地で行うことは適切ではない．

5）睡眠時無呼吸症候群

肥満者に伴う睡眠時閉塞性無呼吸患者は要注意である．高所では睡眠時無呼吸の頻度は変わらないとしても，それに伴う夜間の低酸素状態は悪化し，急性高山病（AMS），HAPE の原因になり得る．とくに，CPAP 使用者は CPAP が使用不可能な場所に赴くべきではない．その際でも圧の調整が必要になる．完全に治療してから登山をするのが望ましい．

6）自然気胸

いったん気胸を起こした場合は，胸部X線上完全に治癒したあとも2週間は様子をみる．また，自然気胸は繰り返し起こりやすい．専門医にてその基礎疾患があるかどうかを確認のうえ，リスクがあることを認識し，万一の際の救助活動を念頭において余裕ある登山を行う．

7）肺がんや肺結核の手術後

手術で片肺を切除した人もヒマラヤのトレッキングに出かける時代である（pp142～143 参照）．手術療法であろうが抗がん剤療法であろうが，登山直前の呼吸機能検査で2）や3）で述べたような異常がなければ登山を中止する何の理由もない．ただし，闘病で余力は落ちていよう．事前のトレーニングを十分につみ，余裕をもった

日程を考える.

8) 睡眠薬常習者

睡眠薬は一般に呼吸を抑制するようにはたらく. 標高2,500mでの睡眠中に睡眠薬を多用すると十分危険な低酸素状態がもたらされる.

文献

1) West JB, et al.: High Altitude Medicine and Physiology 4th ed. Hodder Arnold, 2007.
2) Luks AM and Swenson ER: Travel to high altitude with pre-existing lung disease. Eur Respir J, 29: 770-792, 2007.

[増山 茂]

4. 胃・十二指腸潰瘍

キーポイント

＊胃・十二指腸潰瘍には, 活動期と治癒期があるので, いずれの時期にあるかによって, 登山の程度を勘案すべきである.
＊登山中も服薬は継続する.

1) 概 要

胃・十二指腸潰瘍は, 胃粘膜から分泌される胃酸により胃または十二指腸の粘膜に潰瘍を生じる疾患であり, 両者を一括して消化性潰瘍と呼ぶ. 消化性潰瘍の原因は, 胃酸に代表される粘膜に対する攻撃因子と, 粘液, 粘膜血流などに代表される防御因子のバランスが崩れた際に発症すると考えられている. このような攻撃因子や防御因子のバランスは, 環境や体調, 経口摂取内容が変わることによりすみやかに変動することが知られており, これらが急激に変化し得る登山などでは十分に注意すべき疾患である. 一方, 胃, 十二指腸の粘膜は潰瘍が生じても有効な治療がなされたり, 環境が改善す

ればすみやかに治癒が促進される．すなわち，消化性潰瘍は常に一定の状態にとどまることなく，変動し得ることを念頭におかなくてはならない．

　潰瘍がどのような状態にあるかは内視鏡の所見に基づく分類が広く用いられている．活動期とは新鮮な大きな潰瘍がありほとんど粘膜再生がみられない状態，治癒期とは潰瘍辺縁から粘膜再生が起こり潰瘍が縮小してきている状態，瘢痕期は粘膜再生が完了して瘢痕により粘膜の引きつれが残存している状態をいう．

　消化性潰瘍を有する人が登山を行う場合にはこれらの分類のどの時期にあるかが問題になる．活動期の潰瘍を有している場合，負荷の多い登山ではストレスのために急速に増悪し穿孔，出血などの合併症を惹起する可能性が否定できない．したがって，このような場合は原則として軽い登山にとどめておくべきで，服用中の薬剤を継続する必要があるだろう．治癒期では活動期に近いものから瘢痕期に近いものまで種々の段階のものが含まれるので，担当医師に相談のうえ，登山の期間と強度を決定すべきである．その際も登山中は服薬を継続するのが好ましく，過労，精神的ストレス，低温，低酸素曝露などを避けるようなゆとりある計画をたてなければならない．瘢痕期では冬山登山のようなストレスの加わる登山は避け，しかもゆとりある日程の計画をたてれば多くの場合は可能と思われる．しかし，このような場合でも，事前に胃酸分泌抑制薬や胃粘膜防御因子製剤を携行し，心窩部痛，胸焼け，食欲不振，悪心などがみられたら，すぐに服薬を開始して下山を急ぐべきである．瘢痕期の潰瘍を有する場合でも，ヒマラヤなどの高所登山を行う場合は事前に潰瘍の最新状況を検索しておくべきである．なぜならば，穿孔や出血などの合併症が登山中に発症したら，国内登山とは異なり緊急の対応ができないためである．このような場合には，事前に内視鏡検査を受け，担当医師に登山の可否について相談すべきである．

近年，消化性潰瘍患者では，胃酸の存在する酸性条件下の胃粘膜でも生息することができるヘリコバクタ・ピロリ菌という特殊な細菌の感染率が非常に高いことがわかってきた．また，薬物治療で潰瘍が治癒した後もピロリ菌陽性例では非常に再発率が高いこと，および抗生物質などを投与してこの菌を除菌した例では潰瘍治癒後の再燃，再発率が著しく低率であることがわかってきた[1]．したがって，消化性潰瘍に罹患中あるは既往歴があり，国内外を問わずある程度のストレスのかかる登山を繰り返し行う可能性が高い場合には，ピロリ菌除菌を担当医師に相談することを考慮すべきである．

2）予防と対策

登山中の注意事項としては，まずゆとりある登山計画をたて，過労，脱水，それに続く経口摂取不良に伴う栄養状態悪化などのストレスを避けなくてはならない．肉体的ストレス以外にもパーティ内の人間関係の軋轢，不眠などの精神的ストレスも十分消化性潰瘍の増悪因子になる．経口摂取については，胃酸分泌を刺激する食品（コーヒー，肉類など）を避け，穀物や脂肪を中心とした食事を適量とることに心がける．また，胃粘膜防御因子を低下させる消炎鎮痛薬などの服用を避けるのは当然である．このような注意を払っても，不幸にして腹痛などの症状がでた場合には，お粥などの食事に切り替え，すみやかに下山すべきである．もし，突然の激痛で穿孔が疑われた場合や，吐血，下血（一般には黒色便）が認められた場合には安静を保持し，緊急に救助を呼ぶ以外にない．

文　献

1) 加藤元嗣ほか：Helicobacter pylori と消化性潰瘍．消化器外科，19：1957-1962，1996．

[内藤広郎]

5. 虚血性心疾患

キーポイント

＊登山禁止：不安定狭心症/急性心筋梗塞/高度リスクの安定労作性狭心症
＊登山許可：軽度リスクの安定労作性狭心症（登山可）/中等度リスクの安定労作性狭心症（ハイキング可，登山禁止）

1）概　要

　国際山岳連合（UIAA）の公認基準によれば，虚血性心疾患患者が高所へ行くことは原則的に禁忌とならない．「危険度の低い患者」は3,454mのユングフラウのような高所へ行っても心臓死の危険度は増加しない．一般的な勧告として「2,500mを超えると冠動脈の予備能が低下するので，負荷を減らす．海抜0mでの運動中に症状が出現しないなら3,000mまで行ける．」と記載されている．また，通常高所関連障害は増加しないが，ある報告によれば心不全患者では高所肺水腫発症の危険度が増すらしい．バイパス術や冠動脈インターベンション（PCI：血管の狭くなった部位で風船を拡げたり，ステントと呼ばれる金属の網でできた管を留置して血液の流れを回復させる治療）に成功した海抜0mでの運動耐容能が良好な患者は，高所でも問題がないようである．さらに，Westら[1]によれば高所曝露は冠閉塞発症の危険因子（リスクファクター）にはならないというエビデンスがあるらしい．しかし，オーストリアで2006年から2007年にかけ起こった死亡事故の原因のうち最多だったのは心疾患である[2]．近年日本では中・高年登山者の登山中の突然死の報告がしばしばみられ，多くは虚血性心疾患が原因であると考えられる．したがって，虚血性心疾患患者が登山に参加する場合，リスク評価を行う必要があると考えられる．

　虚血性心疾患は狭心症と心筋梗塞に分類される．前者は急性心筋

梗塞へ進展する危険性の高い不安定狭心症とそうでない安定労作性狭心症に分類される．不安定狭心症は安静時胸痛発作，胸痛発作の新規発症，症状の増悪したものを指し，登山参加は禁忌である．また，心筋梗塞は急性心筋梗塞と陳旧性心筋梗塞に分類されるが，前者の場合登山参加はやはり禁忌である．著者の施設では急性心筋梗塞患者のほとんどに PCI を施行するが，その後 6 カ月は登山のような負荷の強い運動は禁止している．6 カ月後の冠動脈造影で PCI を必要とする再狭窄がみられない患者には，トレッドミル負荷（ベルトコンベアの上を走ってもらい運動負荷をかけること）で狭心痛，心電図上の虚血性変化や重篤な不整脈を認めない強度までの運動は許可している．

2）リスク評価の方法

わが国には日本臨床スポーツ医学会のスポーツ参加基準[3]がある．それらを参考にして作られたリスク分類も，日本循環器学会の定めた「心疾患患者の学校，職域，スポーツにおける運動許容条件に関するガイドライン（2008年改訂版）」に明記されている．軽度リスクは身体活動が制限されることのない疾患で，症候限界運動負荷をかけても狭心痛，心電図上のST変化や重篤な不整脈を認めず，運動耐容能が10METs（METs＝運動時酸素摂取量/安静座位時酸素摂取量．10METsは安静時の10倍の酸素摂取を要する運動強度）以上，心エコーで左室駆出率（左室拡張期容積に対する1回拍出量の割合）が60％以上で，心不全症状がない場合である．中等度リスクは日常生活の普通の身体活動で疲労，動悸，呼吸困難や狭心痛が生じ，運動負荷試験にて5METs以下で狭心痛，心電図上のST変化や重篤な不整脈を認めず，運動耐容能が5METs以上10METs未満，左室駆出率が40％以上60％未満，胸部X線写真にて心胸郭比が55％以上または軽度肺うっ血所見を認め，脳性利尿ペプチド（BNP．脳性と名付けられているが，実は左心室で分泌される）が

基準範囲を超え100ng/mL未満の場合である．その条件を満たさない場合高度リスクに分類される．

3）登山参加許可条件

軽度リスクに分類された場合，運動負荷で安全が確認された強度以下の運動はすべて許容される．運動負荷試験で限界まで負荷をかけても狭心痛，心電図上のST変化や重篤な不整脈を認めなけば登山は許可してもよいと考えられる．中等度リスクに分類された場合，運動強度が強い（6.1METs以上）登山は許可できないが，運動耐容能または虚血徴候出現の60％以下の強度のハイキングならば許可できるであろう．高度リスクの場合ハイキングも許可することはできない．

虚血性心疾患の患者は，アスピリン（アスピリン®）を内服して山に登るべきである．UIAA公認基準では登山中のアスピリン内服を出血の危険性が増大するため推奨していないが，その副作用を患者がよく理解し，頭部打撲などの重傷の外傷（擦過傷程度なら問題はない）を受傷しないように注意しながらであれば，岩登りのような外傷リスクの高い形態を除いた登山は認めるべきではないかと考えられる．

4）症　例

男性．2001年6月17日74歳時，登山中に胸部絞扼感が出現．以後も登山中，階段昇降時に症状が出現するため，2002年4月1日著者の外来を受診した．4月21日入院時心エコー異常なし．4月22日心臓カテーテルを施行，左室造影にて左室壁運動異常なし，左室駆出率86％，冠動脈造影にて左前下行枝に90％狭窄が認められた．5月15日冠動脈形成術を施行，良好な拡張を得た．その後胸部症状はみられなかった．

2002年9月10日に心臓カテーテルを施行，左前下行枝のPCI施行部に長い75％狭窄が認められた．冠動脈径が2.5mmと細く，薬

剤溶出ステントの使えなかった当時は再度PCIを施行しても再々狭窄は必発と考えられたため，保存的に経過観察した．患者がしばしば旅行や登山に行ったことを事後報告するため，2004年7月6日にトレッドミル負荷心筋シンチ（運動負荷前後に心筋に取り込まれるラジオアイソトープを静注し，取り込み具合をX線フィルムに記録して心筋の虚血部位を見つけ出す検査）を施行した．10.2METsまで負荷を上げたところⅡ，Ⅲ，aVF，V4～V6のST低下が出現，心筋シンチで前壁の虚血がみられ，無理な登山をせぬよう指導した．2005年1月キリマンジャロ登山を希望したため，再度トレッドミル負荷心筋シンチを施行した．10.2METsまで負荷を上げたが陰性で，心筋シンチにて虚血は認められなかった．ゆっくり登ること，100％の生命の保証はできないことを本人が了承したため，登山を許可した．登頂はできなかったが，無事帰国した．2005年7月14日にもトレッドミル負荷試験を行った．10.2METsまで負荷をかけたが陰性であった．そのため同年10月のアイランドピーク（標高6,189m）登山を許可した．酸素ボンベは使用したものの，当時78歳の最高齢で無事登頂を果たした．

文　献

1) West JB, et al.: High Altitude Medicine and Physiology. Hodder Arnold, 2007.
2) 青山千彰：オーストリアにみるアルパインクラブの組織と役割．岳人，736：158-161，2008．
3) 村山正博：日本臨床スポーツ医学会学術委員会内科部会勧告．日本臨床スポーツ医学会誌，7：112-127，1999．

［上小牧憲寛］

6. 脳卒中後遺症

キーポイント

* 脳血管障害後遺症患者は,四肢の機能や体幹のバランスに障害があることが多いので,転倒や滑落に注意し,また無理のない登山計画をたてる必要がある.
* 脳血管障害後遺症患者は,高齢者であることが多く,何らかの慢性疾患を有していることを念頭に他の合併症にも注意する.
* 高所では脱水をきたしやすい.脳血管障害,とくに脳梗塞では脱水による血液濃縮のために血液の粘調度が増加し,脳梗塞を再発することがある[1].したがって,登山中はとくに脱水症状に注意し水分補給を心がける必要がある.
* 薬物療法中の場合は,どのような薬をいつからどのくらい服用しているかを書いたメモを身につけておくことが重要である.

1）概　要

　脳血管障害は,頭蓋内を灌流する脳血管の障害により生じ,脳出血,脳梗塞（脳血栓・脳塞栓）,くも膜下出血に分けられる（表Ⅳ－2）.まとめて脳卒中と呼ぶこともある.脳梗塞は,血栓や塞栓による脳動脈の閉塞であり,その閉塞した動脈より末梢の部分には血行がなくなるために,その灌流域の機能障害をきたし,半身の運動麻痺,感覚障害,歩行障害などの症状を呈する.脳血栓は,動脈硬化を基盤にその部分に次第に血栓が形成され,症状は次第に進行する.一方,脳塞栓では,弁膜症など心疾患や動脈硬化により生じた血管壁の血栓が血流に乗って脳動脈内に入り込んで脳動脈を閉塞するので,運動麻痺は急に出現する.脳出血では,出血によって生じる血腫が正常脳組織を圧迫・破壊することにより,頭痛や吐き気,運動麻痺が起こる.脳出血は高血圧による脳出血が多く,高血圧が長期間続き,動脈硬化の進行している場合に起こる.くも膜下出血は,脳動脈瘤や脳動静脈奇形の破裂が原因で起こる脳出血であり,

表Ⅳ-2　脳血管障害の分類

脳出血	くも膜下出血(脳動脈瘤や脳動静脈奇形の破裂による) 脳内出血(高血圧などによる)
脳梗塞	脳血栓(動脈硬化症) 脳塞栓(心弁膜疾患,心房細動による血栓などによる)

主症状は急激に起こり持続する強い頭痛をきたす．これらの診断には頭部CTスキャンやMRI検査が有用である．

治療は，くも膜下出血などでは外科的治療が考慮されるが，一般には内科的に対症療法を行い，その後リハビリテーションを行い，機能障害の回復をはかることが多い．

慢性期の脳血管障害後遺症としては，片麻痺など四肢の機能障害，ろれつが回りにくいなどの言語障害，視野障害，しびれなど感覚障害，認知症をはじめとする精神症状などがある．

(1) 運動麻痺

脳血管障害を発症して6カ月以上経過した段階で残存している手足の麻痺などの運動症状は，その後さらに回復することは難しいことが多い．しかし，後遺症として残った運動障害をもうこれ以上の回復は見込めないとあきらめてしまって放置すると，筋肉が萎縮して筋力は低下する．さらに関節が硬くなって固定してしまい，さらに運動制限が起こり運動能力が低下する．また，脳血管障害後遺症の患者は一般に体を動かすことが少ない生活となり，さらに障害が進むという悪循環に陥りやすい[2]．身体活動の低下は体力を低下させるのみならず，脳血管障害再発のリスクをあげる可能性もある．したがって，リハビリテーションの継続が脳血管障害患者の生活改善に重要であり，リハビリテーションによって筋力や関節の可動範囲を維持する必要がある．

(2) しびれと痛み

運動障害だけではなく，体半身や体の一部にしびれや痛みが残る

ことがある．感覚障害は，発症後一定期間を経過してから強くなることがあり，また体調や季節によって変動することもある．

(3) 視野障害と半側空間無視

視野障害としては半盲がある．半盲は右眼で見ても左眼で見ても，両眼で見ても視野の右半分，あるいは左半分が見えないという状態である．運動障害や感覚障害と異なり最初は本人が気づかず視野の半分が見えないために交通事故を起こしたり，見えない側の障害物にぶつかったり，ひげをそり残したりすることで初めてわかることもあり，注意が必要である．

(4) 頻尿と尿失禁

脳血管障害後遺症として排尿の調節障害が生じることがあり，排尿回数が増加する頻尿が特徴的である．排尿したばかりなのにすぐまたトイレに行きたくなり，トイレまで間に合わず失禁することもある．失禁の予防には一定時間ごとにトイレに行く習慣をつけることが大事であるが，心配な時は紙おむつを使用する．薬物療法として，抗コリン薬が用いられることもあるが，前立腺肥大症を合併していると抗コリン薬により尿が出にくくなることもあるので注意が必要である．

(5) 精神症状

脳血管障害後に夜間せん妄，うつ状態，不眠がみられることがある．夜間せん妄とは夜になると興奮して騒いだり，幻覚症状があらわれる状態であり，必要に応じて向精神薬が用いられる．うつ状態については，最近眠気やふらつきなどの副作用が少ない抗うつ薬が開発され用いられている．

(6) けいれん

けいれんなどのてんかん症状が脳血管障害後にみられることがある．てんかんのタイプによって抗てんかん薬を服用する．きちんと服薬し，定期的な脳波検査を行い薬の効果や副作用のチェックを受

ける必要がある．

2）脳血管障害の再発予防[3]（表Ⅳ-3）

（1）危険因子（リスクファクター）の管理

　脳血管障害を発症する危険因子（リスクファクター）としては，高血圧，糖尿病，喫煙，脂質異常症（高脂血症），肥満，大量の飲酒などがあげられ，最近は慢性腎臓病もリスクファクターと考えられている．好ましくない生活習慣によって生じると考えられる成人病を生活習慣病と呼ぶ．脳血管障害も生活習慣病の1つであり，生活習慣病の予防に関しては，適切な身体トレーニングを含むライフスタイルの改善が有効であることが知られている．運動する習慣を身につけるにあたって，強度の強い運動はコンプライアンスが悪いだけでなく（長続きしないということ），体内の糖質利用の比率が高まって脂肪の分解が抑制されるため，生活習慣病の予防にはむしろ好ましくないという考えがある．したがって，登山計画をたてる際には，きつくならないように配慮する必要がある．また，高血圧や糖尿病などを指摘されている場合は，普段から食生活や運動習慣などライフスタイルに注意するとともに，必要なら薬物療法もきちんと受けて，それらをよくコントロールしておく必要がある．

（2）抗血栓療法

①抗血小板療法

　脳血栓症の再発予防に抗血小板薬（アスピリン）などが投与される．アスピリンをはじめとする抗血小板薬の副作用でもっとも問題になるのは，出血と胃腸障害である．最近，とくに神経系の症状はないが，人間ドックの頭部MRI（脳ドック）や頸動脈エコー検査で異常を指摘される高齢者が増えている．このような場合に抗血小板療法を服用すべきかどうかは，主治医とよく相談する必要がある．

②抗凝固療法

　心房細動などによる脳塞栓の予防に経口抗凝固薬（ワルファリン

表Ⅳ-3 脳卒中の再発予防（2つの柱）

1. 危険因子（リスクファクター）の管理 ・高血圧，糖尿病，脂質異常，喫煙，大量飲酒，メタボリックシンドローム，慢性腎臓病 ・食事療法，禁煙，薬物療法
2. 抗血栓療法 ・抗小板療法：非心原性脳梗塞，すなわちアテローム血栓性脳梗塞，ラクナ梗塞 　［治療］アスピリン等…最大の副作用である胃腸障害は用量依存性 ・抗凝固療法：心原性脳梗塞すなわち心房細動，急性心筋梗塞，人工弁置換，左室血栓を伴った脳梗塞 　［治療］ワルファリンカリウム…出血リスク，治療域INR2〜3（目標値2.5）が推奨されている，ビタミンKを含む食品は避ける

カリウム）が用いられる．ワルファリンカリウムのもっとも重大な副作用は出血であり，プロトロンビン時間（PT）という血液凝固検査により，その国際標準比（PT-INR）が2〜3（目標値2.5）となるように内服量を調整する必要がある．ワルファリンカリウムはビタミンKに拮抗して抗凝固作用を発揮するので，納豆などビタミンKを含む食品は避ける．

発作性心房細動の患者が脳塞栓を発症するリスクファクターには，心不全，高血圧，高齢（75歳以上），糖尿病，脳卒中または一過性脳虚血発作（transient ischemic attack：TIA）の既往がある．リスクが高い場合はワルファリンカリウムなどの服用が必要なこともある[4]ので，主治医とよく相談する必要がある．

3）脳血管障害後遺症患者の登山の留意点（表Ⅳ-4）

脳血管障害後遺症を有する人の場合，発症前に比べて体力や筋力が落ちており，運動に際して疲れやすい状態（易疲労性）にある．さらに視野障害や四肢の機能障害，バランス能力の低下があり，登山中に転倒する危険性がある．アスピリンなどの抗血小板薬やワルファリンカリウムを服用している場合，軽度の外傷でも出血が止まりにくいことがある．薬物療法中の場合はどのような薬をどのように服

表Ⅳ-4　脳血管障害後遺症患者の登山の留意点

・高血圧，糖尿病，脂質異常症（高脂血症）など脳血管障害の危険因子（リスクファクター）があれば治療しておく．
・個々の身体能力に応じた無理のない山行計画を立てる．
・登山中は脱水に注意し，水分補給に心がける．
・体調に変化を生じれば，無理せず登山を中止し下山する．

用しているかを書いたメモを身につけておくことが重要である．

　また，ろれつが回りにくくなって声を上げて助けを呼びにくい場合も考えられる．したがって，登山計画をたてる際にはこれらの点に十分配慮してきつくならないようにする必要がある．

　高所では一般に尿量が多くなることが知られている．さらに，山行中は発汗で水分が失われる．脱水状態になると血液が濃縮されて粘調度が増して血管が詰まりやすくなるので，脳梗塞を再発することがある．また，脱水で心房細動が誘発されることもある．したがって，山行中は水分を適切にとるようにして脱水にならないよう心がける必要がある．

　脳血管障害後遺症患者が登山を行う場合は，危険を伴うことを自分自身が十分に認識しておく必要がある．登山についての目安は，通常の日常動作を補助なしでできること，筋力低下，感覚障害，言語障害があっても行動に制限がないことがあげられる[5]．また，脳血管障害発症にめまいを伴う小脳失調症状が残っている場合や，高度の頸動脈狭窄がみられる場合には登山は避ける．脳血管障害によるけいれんがみられる場合は，定期的に薬を服用し，抗てんかん薬の血中濃度が安定していることが必須である．さらに，病状を理解している人が必ず同行し，けいれん発作が起こった場合，場所によっては転落したりして命に危険な状態になることがあることを自覚して1人での行動は避ける．高所においてけいれん発作の頻度が上昇

するか否かについてはわかっていないが，低酸素，過呼吸が発作を誘発する可能性が考えられている[6]．高所で倒れていたところを発見した場合，同行者は高所脳浮腫としての治療を行う．

4）診断と治療のポイント

登山中にろれつが回らない，四肢に力が入りにくい，強い頭痛などの症状が出現した場合は，脳血管障害の再発を念頭におく必要がある．脳梗塞症状が一過性に起きた場合（一過性脳虚血発作）には水分を補給する．脳梗塞と確認できれば，アスピリンなど抗血小板薬を内服させるとよいかもしれないが，山中ではアスピリンが悪影響を及ぼす脳出血などとの区別は，実際には難しい．したがって，このような場合には，医療機関を受診させるために登山は中止して下山し，必要に応じて頭部CTなど精密検査を受けることが大切である．

文 献

1) Wilson MH, et al.: The cerebral effects of ascent to high altitudes. Lancet Neurol, 8: 175-191, 2009.
2) Rand D, et al.: How active are people with stroke?: use of accelerometers to assess physical activity. Stroke, 40: 163-168. 2009.
3) 脳卒中合同ガイドライン委員会編：脳卒中治療ガイドライン2004．協和企画，2004．
4) Goldstein LB, et al.: Primary prevention of ischemic stroke: a guideline from the AHA/ASA. Stroke, 37: 1583-1633.2006.
5) Angelini C and Gardini G: Guidelines for mountaineering for people with neurological disorders. Consensus Statement of the UIAA Medical Comnission, 2008.
6) Milledge JS and Kupper T: People with Pre-Existing Conditions Going to the Mountains. Statement of the UIAA Medical Comnission, Vol 13, 2008.

［橋本しをり］

7. 腎臓病

キーポイント

*急性・亜急性の腎臓病の場合，病状が固定するまでは登山は許されない．慢性の腎臓病の場合は，登山が可能な場合があるが，腎臓病に伴う高血圧・貧血・浮腫（むくみ）が良好にコントロールされていることが前提となる．水分に関しては，「欲しい時に欲しい分量」の飲水を行うべきである．

1）概　要

　腎臓病にも，急性の病態と慢性の病態とがある．急性の腎臓病には，急性糸球体腎炎，急性腎盂腎炎，急性腎不全などがある．これらは完全に治る（治癒する）場合もあるが，後遺症的な所見が残ってある種の慢性の腎臓障害と同様の病態に移行する場合もある．いずれにしても急性の腎臓病の場合，病状が固定するまでは登山は許されないと考えなければならない．

　腎臓病には，急性と慢性の中間的な経過（亜急性の経過）をとるものがあり，急速進行性腎炎，間質性腎炎，一部の糖尿病性腎症などがこれに該当する．いずれも重大な結果を招くことがある疾患であり，これらの場合も病状が固定するまでは登山は許されない．

　それでは，慢性の腎臓病を有する人については，どの程度の登山行為まで可能か．一般には「腎臓病になったら安静にする必要がある」と広く認識されている．とくに学童・中学生・高校生では，学校検尿などで慢性の腎臓病が発見されると，体育授業やいわゆる部活の制限など，医師から安静が指示されるのが普通である．1997年に日本腎臓学会が「腎疾患者の生活指導・食事療法に関するガイドライン」[1]を発行したが，これには臨床所見に応じた安静度の目安が当然のごとく明記されている．

　しかし実は，腎臓病患者の運動量が増大すると，それによって病

状が悪化したり治りにくくなったりするという，明確な医学的証拠はない．これを医学上の議論では「エビデンスがない」という．運動時には血液が筋肉に多く流れ，腎臓へ廻る血液が減少するのは事実である．また，運動時には血圧が上昇し，尿蛋白が出現したり増えたりする．同じ慢性の腎臓病の人を比べると，血圧が高かったり尿蛋白が多かったりすると，そうでない人に比べて以後の経過が悪い（これを「予後が悪い」という）ことがわかっているので，歴史的に治療として安静が勧められてきたのである．

安静を保つことによって，たとえば尿蛋白が減ったとして，そのために本当に経過がよくなる（予後が改善する）かどうかは，多くの実際の患者に参加してもらって，無作為振り分けによる前向きの介入試験，という形式の大規模な臨床医学試験を行わないと，厳密には決定できない．腎臓病治療としての「安静」に関してのこのような臨床試験は，全世界でこれまで一度も行われていないし，今後も行われないだろう．

近年，慢性の腎臓病は，疾患（慢性糸球体腎炎，腎硬化症，多発性のう胞腎など）ごとに区別せず，慢性腎臓病（CKD）として一括して医学的に検討されることが多くなってきた．CKDの患者は，全体として脳卒中や心筋梗塞を起こす危険性が高い．その病態を検討すると，いわゆるメタボリックシンドロームと同様の機序が関与していることがわかってきており[2]，実際にメタボリックシンドロームを伴っていない人でも腎臓の機能の数値と身体活動性とが明白に関連することが示されている[3]．また，透析を受けている患者についてすら，CTスキャンによる内臓脂肪の計測データを解析したうえで「運動の欠如は避けるべきである」と論じている報告もある[4]．

著者らは，CKD患者から運動をしていいかと質問されたら，高血圧・貧血・浮腫（これらは腎臓病に伴う症状・徴候である）が良

好にコントロールされている場合に限って，自由に運動してよい，と答えている．主治医の考え方によるが，高血圧・貧血・浮腫のすべてが良好にコントロールされている場合は，登山が許されることは十分あり得るので，簡単にあきらめずに腎臓病専門医に相談することである．

そのほかに腎臓病には，再燃と寛解を繰り返して漫然と長期にわたって経過する疾患がある．ネフローゼと慢性腎盂腎炎がこれに該当する．再燃の時期には登山の許可を求めるべきでないが，寛解の期間についてどう考えるかは，個々の病態や治療内容によって大きく異なるので，ここで簡潔に論ずるのは不可能であり割愛する．

2) 診 断

腎臓病は，他の臓器系の疾患に伴って起こることが多く，純粋な腎臓だけの病気はむしろ少ない．他の臓器系の疾患に伴って起こる腎臓病には，糖尿病による糖尿病性腎症，紫斑病，SLEをはじめとする膠原病による腎症などがある．こうした場合は，もとの疾患を持つ場合の登山における注意も，あわせてまた肝要であることは当然である．

3) 対策と治療・おもな症候別の対策

山登りを計画する前提として，(1) 血圧のコントロール，(2) 貧血の治療，(3) 浮腫に対する対策，が必要である．

(1) 血圧のコントロール

腎臓病を持つ場合もそうでない場合も，血圧が高い人は十分な降圧薬の服用を継続して，血圧が下がった状態で登山に臨むべきである．山行の際にも普段の降圧薬を持参すべきことは，あらためて記すまでもない．上記のCKDの場合，十分な血圧コントロールを得るまでには，治療に数カ月から数年かかる場合もある．血圧がいくつなら十分なコントロールといえるかは，医学上の議論の対象であり，ここで簡潔に論ずるのは無理である．

(2) 貧血の治療

貧血とは，血液中のヘモグロビン濃度が普通の人よりも低い状態のことであって，決して立ちくらみのことではない．貧血が高度になると，息切れや易疲労感（疲れやすいこと）などの自覚症状が出てくる．貧血の自覚症状のひとつに，立ちくらみがある．それで，立ちくらみのことを一般用語で「脳貧血」と呼ぶようになった．この用語は医師や看護師は使わない．「脳貧血」を略して「貧血」という人が出てきて，そのため貧血というと立ちくらみのことと勘違いするのである．

腎臓病に伴う貧血には，エリスロポエチン製剤というホルモン製剤の注射薬が有効である．腎臓病に伴う貧血の場合，「立ちくらみがない段階だから貧血の治療の必要性がない」という医師はいない．ヘモグロビン濃度のいくつの値を目標に治療がなされるべきかは，医学上の議論の対象であり，ここで簡潔に論ずるのは無理である．

(3) 浮腫に対する対策

ある程度の浮腫があらわれれば自分でもわかる．浮腫があらわれやすいのは，脛（すね）の前面，足の甲，足首，上まぶたなどである．

浮腫は，食事療法（減塩食）や利尿薬で治療する．しかし，どうしても治療によって，十分な浮腫の軽減が得られなかったり，浮腫の消失を追求し過ぎて体の他の面に支障が出たりすることもある．著者らは，自分で感じられる程度の浮腫が残っている場合には，登山はすべきではないと考えている．

4) その他注意すべき事柄

慢性腎臓病のある人は，医師から処方され普段内服している薬は，山行に必ず持参し，継続して内服するべきである．以下の2点を付記しておく．

(1) 鎮痛解熱薬について

登山に常備薬として鎮痛解熱薬（「NSAIDs」という系統の薬剤）

を持参することは多いと思われるが，もともと腎臓に問題のある人にとっては，鎮痛解熱薬（NSAIDs）の服用は危険な場合がある．主治医に確認しておくべきである．

（2）水分補給について

「欲しい時に欲しい分量」の飲水を行うべきである．口渇感があるのに飲水できなかったり，欲しくないのに飲水したりするのは，多くの腎臓病の人にとって危険である．とくに浮腫や高血圧の治療のために利尿薬を服用している人は，口渇感がある，つまり水分が欲しい時に，欲しい分量飲水できないと，重大な結果を招くこともある．

いわゆるスポーツドリンクの類いは，腎臓病を持つ人の補給用水分としては好ましくない．塩分の負荷になるからである．平均的な食生活を送っている日本人の場合，腎臓病の大半では塩分を控えたほうがよい．したがって水がもっともよい．

文 献

1) （社）日本腎臓学会編：腎疾患患者の生活指導・食事療法に関するガイドライン< http://www.jsn.or.jp/guideline/ >
2) Korantzopoulos P, et al.: Multifactorial intervention in metabolic syndrome targeting at prevention of chronic kidney disease–ready for prime time? Nephrol Dial Transplant, 22: 2768-2774, 2007.
3) Finkelstein J, et al.: Association of physical activity and renal function in subjects with and without metabolic syndrome: a review of the Third National Health and Nutrition Examination Survey（NHANES III）. Am J Kidney Dis, 48: 372-382, 2006.
4) Yamauchi T, et al.: Visceral fat syndrome in hemodialysis patients. Clin Exp Nephrol, 6: 105-110, 2002.

［若林良則・浜口欣一］

8．手術後の登山

> **キーポイント**
> *日本社会の高齢化に伴い悪性疾患または良性疾患で手術を経験する人が増えてきた．
> *登山家でも例外ではなく手術を受けた人は増加している．
> *悪性疾患で臓器を大きく切除した人でも，登山を諦めねばならないのは極少数である．
> *登山家は一般的に心肺機能が良好であり，手術にたえる予備力が大きい．手術後の合併症の発生の危険性も少ない．
> *手術直後より登山再開に備え，早期離床，早期リハビリテーションに意欲的に取り組めば，術後の回復は早く，合併症の発生も予防できる．
> *近年，小切開で内視鏡を使用しての手術が多くなり，術後の回復は早くなっている．
> *しかし登山再開後は臓器が切除されているので，そのハンディキャップに対して知識を蓄え研究し，注意深い対処が必要である．

1）比較的多い手術の臓器別の注意

①**胃**：多くは2/3切除で全摘出もある．全摘出のほうが当然回復は遅れる．食事は1口を20回ぐらいよく噛みゆっくり食べる．食べたものが急速に腸内に入るため，食後一過性に高血糖となり，それに対してインスリンの過剰分泌が起こりそのため低血糖を起こしやすい．行動中の間食を早めにし，食べやすい乾パン，クッキーなどを摂るようにする．また，消化力が低下しているので，夜に脂肪，タンパク質の多い食事を摂った時は，食後すぐ消化剤を服用したほうがよい．

②**胆嚢**：胆石などで胆嚢摘出を受けた人も多くなってきた．手術前より胃腸機能はよくなることが多く，肝臓や膵臓に異常がなければ特別の注意は不要である．

③**大腸**：盲腸，上行，横行，下行，S字結腸の手術例は下痢，軟便

になりやすい以外とくに注意することはない．直腸の手術をして人工肛門になった時は，その処置に習熟しておく必要がある．最近，人工肛門の装具は研究・改良されており，慣れれば日常生活，登山活動もほとんど支障がない．便袋がガスや便で充満すると股関節の運動が妨げられるので，早めに内容を出すようにする．

　岩登りなどでハーネスをつけると，ちょうど人工肛門の場所を圧迫するようになる．装具をつけたまま人工肛門を保護するプロテクター[注]があり，使用するとよい．

④**肺**：肺は左は2葉，右は3葉に分かれている．肺切除の大きさにより呼吸機能は著しく違ってくる．片肺全摘であれば呼吸機能は1/2となり，負荷のかかる山行は困難となる．1葉切除では25％程度の低下になるが3,000m級の登山は十分可能である．

　しかし，腹部内臓の術後に比べれば，登山に対するトレーニングは高度，速度など段階的に高めていく必要がある．

2）参考実例（腹部，胸部）
（1）H.K. 氏（手術時68歳）

　病名：十二指腸乳頭部ポリープ．手術は胃1/2切除，膵頭部切除，胆嚢摘出，術後腹部にはドレーン2本，頚部に中心静脈栄養施行．

　腹部内臓の大手術である．術後2日目に起立，5日目にドレーンをつけたまま室内で歩行練習，7日目より廊下40mの往復開始．段階的に回数増やす．37日目退院．自宅の階段の昇降を行う．術後2カ月目より低山登山開始，その後週1回のペースで九州の山を登り続けている．

　食事は低脂肪にして，低血糖の防止に行動食の回数を多くする．消化剤は必ず服用する．毎日，室内でのトレーニング（天突き体操，腕立て伏せ，スクワット，ストレッチ）などを実行．

（2）K.M. 氏（手術時69歳）

　病名：右肺中葉癌，手術は右肺中葉切除．

検診で発見された．手術後2週間で退院．その1週間後に登山を開始して標高950mに登り自信を持った．その後，毎週のようにスキー，山行．3カ月半目には富士山に登頂しスキーで滑降．術後1年半目，チベットの未登峰チュングローズ峰（5,980m）に登頂している．

2人の手術後の経過をみると，登山再開を目標に早期離床，早期トレーニングを開始しており，結局そのことが回復を順調にしている．

腹部の大手術を受けたH.K.氏の手術直後からの早期離床，訓練は一刻も早く登山を再開したいという執念がうかがわれる．

K.M.氏は，幸い肺機能低下がもっとも少なかった左中葉切除であったが，術後の積極的な山行は素晴らしい．70歳で5,980m（大気中の酸素濃度は平地の2/5程度）の初登頂に成功しているのは特筆すべきことである．そして，その後もチベットの未踏峰に登っている．

以上，手術を受けた人，これから手術を受ける人の参考になれば幸いである．

注）商品名はAusto-MATE, Stoma Cover：Tamworth Branch, 358 Peel Street Tamworth N.S.W. Australia 2340

[斎藤惇生]

9．がん

キーポイント

* 処置・治療されていれば，特別視しない．
* 手術などで摘出された部位によって運動能力に差がある．
* 治療によって栄養・水分などの摂取が十分できない人では，個々に対応する．
* がんの部位・状態で個人差が多く，同行者に医療関係者が必要．
* 鎮痛薬・抗がん剤などを服用している人は，必ず医療関係者に申告しておく．

がんの部位・進行度・治療法などで個人差があり，一概には述べ

られないが,基本的にはがんの経験者だから,登山はできないということはない.痛み・栄養・水分摂取・休養などに配慮し,医療関係者の同行があれば,経過観察を必要とする人たちでも登山は可能である.がんの治療が済み経過良好の人なら,一般の人と区別する必要はない.

最近,がんの経験者が外国の山へ出かけ,疼痛緩和,精神的不安に対する安寧を得て,好結果をもたらしたとの報告がある.われわれの施設でも,2006年秋から開始した登山者検診受診者137名のうち,がんの経験者は5名いたが,すべての人が検診上異常値はみられず,無事それぞれの登山を全うして帰国した.主治医に,登山計画や環境をよく説明して,自分のからだの状態の説明を求め把握して,登る山を決めればよい.

抗がん剤・ホルモン製剤などの服用中は,貧血や日焼けなどに配慮する必要な薬剤もあるので,担当の医師とよく相談する.

手術後の人でも,通常の運動が可能な場合もあるので,特別視することはない.胃や腸を切除した人は,栄養の摂取や貧血に配慮する.肺切除などの呼吸器の手術後は,運動することで酸素不足の状態になりやすいので,高度には配慮すべきである.

乳がんの手術後は,腕のむくみに気を付ける.ザックによる圧迫や重量物を提げることで,手術側の腕がむくみやすい.休憩時間に腕を上にあげ,血液のうっ滞を防止する.また日焼けや,花粉などから腕を守るために長袖のシャツを着用する.

がんの種類,進行度,治療方法などで個々の状態が異なる.主治医とよく相談し,説明を求めることが肝要である.

[関口令安]

10. 妊娠と登山

> **キーポイント**
> *妊娠に伴い身体能力は低下するので，日帰りで低山の山行，すなわちハイキング程度のものが望ましい．その場合でも流産，早産のリスクの少ない時期を選び，山行前に産科医による診察を受けるべきである．

1) 概　要

　以前は妊娠中は安静を保つのがよいとされていて，スポーツをするなどということは考えられないことであった．近年，妊娠経過が正常な妊婦については積極的にスポーツに参加する傾向にある．それは運動不足の解消，気分転換，体力の維持，持久力の獲得などのメリットが認識されてきたからである．

　妊娠により女性の身体は刻々と変化する．体重は増加し，腹部が妊娠子宮により増大する．その結果，バランスをとるため脊柱の弯曲は増強し，重心は移動する．また，関節の柔軟性が増す．心肺機能としては，循環血液量，心拍出量，換気量は増加する．以上より，運動能力は非妊娠時にくらべ減退するといえる．そのため，妊婦では過激な運動は不適切であり，運動する場合は平坦な所で行うのがよいとされている．したがって，一般的には登山は妊婦に適さないスポーツとされている．しかし，一概に登山といってもヒマラヤの高峰や冬山という過酷なものから低山のハイキング程度のものまで，幅広いものである．本項では，妊婦に適した登山というものを考え，その際，妊婦が留意すべき事柄についても記述する．

2) 登山に適切な妊娠時期

　一般にスポーツにより妊娠初期の流産を引き起こすことはないと考えられている．しかしながら，この時期は多くの場合は胎児自身の異常などによる流産のリスクがある．したがって，超音波検査に

より胎児が順調に発育していることが確認できて，胎盤が完成する妊娠15週以降に登山をするのがよい．また，前述のように，妊娠が進むと腹部がせりだし，そりかえるような姿勢となり，重心も変化するので，凹凸のある不安定な山道の歩行や下り坂は転倒しやすく危険である．したがって，腹部があまり大きくならない妊娠28週くらいまでが登山に適切な時期であろう．

3）登山の季節，気候

過酷な環境での登山は避ける．積雪期，真夏の炎天下での登山は好ましくない．

4）山の選択

山奥に入ってしまうと，何かあった時に適切な処置をとるタイミングを逸してしまうので，近郊のハイキング程度の日帰り登山にとどめておくべきであろう．また，高山での低酸素状態は，胎児への低酸素状態を引き起こすので1,500m程度の低山がよい．

海外のトレッキングは，高所である場合は酸素濃度が低く，胎児への低酸素状態を起こす危険があること，また低地であっても，医療事情が異なる外国でしかも山奥とあっては，産科的なトラブルに対して適切な対応をとることは困難であるので行くべきでない．

5）山行時の留意点

長時間の立位や持続的な歩行は子宮収縮を引き起こし流産，早産の危険があるので適切な休憩をとることが望ましい．また，登山中に子宮収縮を頻回に自覚した場合には，横になるなど十分な休養をとる必要がある．それでも，おさまらなければすみやかに下山して産婦人科医を受診する．重いザックを背負うことにより腹圧がかかり流産，早産の危険が増すので，5kg以内にとどめる．ゆっくり歩行し，悪路は避ける．不意の転倒により腹部を打撲すると外傷性の胎盤剥離のリスクがある．

表Ⅳ-5　妊婦運動の禁忌

絶対的禁忌
　1）活動性心筋梗塞
　2）先天性心疾患
　3）リウマチ性心疾患（クラスⅡおよびそれ以上）
　4）血栓性静脈炎
　5）最近の肺塞栓
　6）急性感染症
　7）早産の徴候，頚管無力症，多胎妊娠
　8）子宮出血，破水
　9）子宮内発育遅延または巨大児
　10）重症同種免疫
　11）重症高血圧
　12）妊婦検診を受けていない者
　13）胎児仮死の疑い

相対的禁忌
　1）本態性高血圧
　2）貧血または他の血液異常
　3）甲状腺疾患
　4）糖尿病
　5）妊娠後半期の骨盤位
　6）過度の肥満または過度の体重不足
　7）非活動的生活の既往
これら以外の禁忌は症例により医師が決める．

(米国スポーツ医学会，1980)

6）メディカルチェック

　妊娠経過が順調であっても登山の前にあらかじめ，産婦人科医の診察を受けておくべきである．その際，子宮収縮，性器出血の有無，睡眠，食欲，腰痛などが重要である．検査としては，通常の妊婦検診のほかに，超音波検査（エコー）により胎児発育，胎盤付着部，羊水量をチェックする．また，かならず子宮口の状態，感染性帯下の有無をチェックし，必ず子宮口が閉鎖していること，異常な子宮収縮がないことを確認しておく．

　表Ⅳ-5に示す合併症を有している場合には運動が禁忌とされている．これは登山の場合も同様である．

　結局，登山は個人の自由意思により行われるべきもので，自己が

責任を負うべきものであるが，その際に妊婦が留意すべき点について簡単に述べた．

文　献

1) 日本産婦人科医会学術研修部：研修ノート No.53 妊娠中のスポーツ．(社)日本産婦人科医会，1995．
2) Rodney AC: Altitude-related illness: advice to travellers. Can Fam Physician, 36: 1302-1305, 1990.

[加藤賢朗]

11．小児疾患

キーポイント

*児童の運動能力は，瞬発力の発達は早いが持久力，筋力に劣る．行程の難易度よりも長さに配慮すべきである．
*小児の生理的特性から，水分摂取，エネルギー摂取，寒冷対策を成人よりもこまめに行う．
*慢性疾患を有する場合，登山の可否の判断がもっとも大切である．かかりつけ医に計画の詳細を伝え，可能かどうかと登山中の注意点を聞いておく．

1) 子どもの発育と運動能力

子どもの特性でもっとも重要なことは，発育が急速であることである．発育には体の量的変化(体重，身長など)である成長と，機能的変化(運動機能，心肺機能など)である発達がある[1]．指導者が理解すべきことを表Ⅳ-6に示す．①個々人の発育のスピードの差が著しく，同じ年齢でも体格，能力に大きな差がある．②発育曲線が男女で大きく異なり，女子は小学校高学年から思春期に入り早く成人レベルに近づく．③個人の中でも体の成長と機能的発達が必ずしもバランスよく発育しない．体格のわりに体力のないことが多

表Ⅳ-6 子どもの発育の特徴

- 体の成長と機能的発達が急速であるが,個人差が大きい.
- 女子のほうが早く思春期を迎え,小学校高学年では男女の体格が一時逆転する.
- 身長,体重の増加と,機能的発達が必ずしもバランスよく発育しない.

表Ⅳ-7 子どもの生理的特徴

- 生理的な水分必要量が,体重当たりにすれば多い.
- 体温の喪失度が高く,基礎代謝量が相対的に多い.
- 体内のエネルギー蓄積量が相対的に少ない.

い.また,急激に身長が伸びる時,骨の発育に筋肉,腱の発達が追いつかないため,過激な反復運動によって容易に四肢筋,関節の障害をもたらす.個人差をみきわめた指導が要求される.

ハイキングは幼稚園児でも可能であるが,登山が可能になるのは通常小学生からである.小学生の運動遂行能力では,上手さ(たくみさ,技術)の体得には適し,瞬発性の能力は高いが,ねばり強さ(持久力),力強さ(筋力)の体得の至適時期ではなく,これらの能力も劣っている.したがって,登山にはまだ不向きな年齢であり,登山を計画する時も,行程の難易度よりも行程の長さに重きをおいて立案すべきであろう.

2) 子どもの生理的特性

子どもの生理的特徴を表Ⅳ-7に示す.年齢が小さいほど,①体重当たりの不感蒸泄量,尿量が多いため,生理的な水分必要量が多くなる,②相対的に体表面積が大きいため体温の喪失度が高い,また体重当たりの基礎代謝量(安静状態で必要なエネルギー)が多い,③皮下脂肪,筋肉を中心とした臓器内のエネルギー蓄積が少ない,などがあげられる.したがって,持久力を要求される登山は年少児童にとっては,大人が想像する以上に激しい運動である.行動中は,脱水症を避けるための水分摂取,疲労回復のためのエネルギー摂取

および寒冷対策に，ゆきすぎるくらいの配慮をするべきである．また，小児は精神的持久力も弱いので，高い目標を設定せず，随所に遊べるような時間を持って，余裕のある登山計画を立てたい．

3）慢性疾患を持つ子どもの登山

慢性疾患を持つ子どもの登山については，登山中の病気に対する対応よりも，登山に参加できるか否かの判断が大きな問題となる．心臓病や腎臓病の領域では，日本学校保健会が作成した学校生活管理指導表を参考に可否を決定する．これは，おもに学校での体育活動や行事への参加の目安を目的に作られたもので，主治医が記載して学校に提出する．しかし，登山は学校での運動とは異なり，体調不良となった時に医療機関に簡単にはアクセスできない状況であることを考慮して，より慎重に参加の是非を決定するべきであろう．学校生活管理指導表にない領域の疾患や，幼稚園児の場合は，計画の詳細を主治医に伝え，参加の可否と登山中の注意点を具体的に指示してもらう．家族登山でなければ，引率者は登山許可を書面で受け取っておいたほうがよい．以下におもな疾患について，登山の可否を中心に概説する．

（1）循環器疾患

学童の運動中の突然死は，外因死（事故）を除けば，心臓病が原因であることがもっとも多い[2]．心臓病を有する児童は，心臓手帳の交付を受け，運動の制限や不調時の対応などの連絡事項を記載してもらう．重症の疾患では，はじめから登山は不可能であるが，病名のみで登山の可否を判断してはならない．川崎病は，乳幼児の時に罹患し，5％程度の人が心臓に後遺症を残す．心筋を栄養する冠動脈に瘤や狭窄ができ，血液の流れが止まれば心筋梗塞を起こして突然死する可能性がある．しかし，後遺症を持たない人が大部分であり，病院で心臓の検査を受けて問題ない場合には登山も差し支えない．不整脈も種類は多岐にわたり，突然死をきたす可能性のある

不整脈や,運動で誘発される不整脈以外の大半の不整脈は問題なく登山ができる.いずれの疾患でも,事前に詳しい検査を受け,主治医の判断に任せるしかない.学童期には,起立性調節障害がよくみられる.自律神経失調症の1つで,たちくらみやめまいが起こりやすく,動かずに長く立っていれば気分が悪くなり,少し動くと動悸や息切れがする.横になって休めばすぐに回復するのであわてないようにする.

(2) 気管支喘息

喘息発作は頻回の咳,喘鳴(ゼーゼー),呼吸困難を呈するものであるが,乾燥した冷たい空気を吸うことで誘発されやすい.また,夜明けの時間帯に発作が起きやすい.山中では,起床時にいきなり冷気に曝されることが多いので,喘息発作が誘発されやすい環境と考えられる.寒い夕方にはマスクを着用するのも一法である.日常,薬物を使用していても喘息発作がコントロールされていない状態では,長い登山は難しい.また,日頃発作から遠ざかっている喘息児童でも,登山中の運動誘発性喘息には注意すべきである.急激な運動の始動によって呼吸数が増加することによって起きるが,一般に大きな発作につながることは少ないので,うまく配慮すれば登山を完遂できる.登山前の準備運動を十分に行い,ゆっくりと歩き始め,息がハーハーしないようにペースを守る.咳が出始めればすぐに休み,水分を摂り腹式呼吸をゆっくりと反復する.運動誘発性喘息は,インターバル運動では生じにくいので,小刻みに休憩することも大切である.喘息発作を治める吸入薬や内服薬を必ず携行する.そういった気管支拡張薬で発作が容易に軽快する子どもは,泊まりがけの登山も可能であろう.行動中は水分を十分に摂り,休息時間をたっぷり確保し,翌日に疲労を残さないことが肝要である.

(3) てんかん

脳波異常により,四肢のけいれんや意識消失が発作的に起こる疾

患である.病型はさまざまであるので,登山の可否について一律には判断できない.疲労や運動によって誘発されることもあり,治療中の例では長い登山は人里を離れることもあり慎重な判断が必要であろう.行程の簡単なハイキング程度にとどめたほうが無難である.症状が軽快し治療を終了して以後の期間であるが,一般に薬物投与終了後3年間の発作なしをもって治癒とみなされるので,その間は主治医の判断を仰ぎ運動制限の必要性を決める.いずれにしても,転落の可能性の高いルートは避けるべきで,ルートの難易度がポイントとなる.

(4) 糖尿病

子どもの糖尿病は,血糖値を下げるホルモンであるインスリンが突然枯渇して高血糖となる病気である.したがって,定期的なインスリン注射による補充が必要である.治療中は高血糖よりも,むしろ低血糖発作に対する注意のほうが重要である.低血糖発作では,頭がボーッとし動悸がして脱力感にみまわれる.ひどい場合は意識不明に陥る.不規則な食事や運動後にきたしやすいので,少しでも徴候を訴えたら,糖分(砂糖,ジュース,補食用ブドウ糖)を摂取させる.登山中もインスリン治療を継続しなければならず,血糖値も運動によって大きく変動し,長い行程は難しい.頻回の血糖値測定による血糖自己管理のできることが必要である.

文 献

1) 福田 潤:学校におけるスポーツ健康教育のすすめ方.福田 潤編,学校におけるスポーツ医学.pp16-24,文光堂,1996.
2) 原田研介:学童の突然死とその予防.日本小児科学会雑誌,99:613-616,1995.

[瀬戸嗣郎]

12. 小中高校生の集団登山における注意

> **キーポイント**
>
> *事前の健康診断によりハイリスク者をスクリーニングし、病状や治療状況により登山の可否を慎重に判定する.
> *ランニングや足慣らし登山により事前の体力づくりを行う.
> *靴擦れ防止のため、登山の際は履きなれた靴を使用する.
> *集団登山中に2割弱の生徒が何らかの症状を訴えており、頭痛、腹痛、悪心・嘔吐、外傷の順で多かった.
> *頻度は少ないが気管支喘息発作もみられるので、注意が必要である.

1) 概 要

長野県のほとんどの中学校では夏季休暇前後に集団登山を実施しており、各校の伝統行事となっている. その目的は、①自然とのふれあい、②規律ある集団行動の実践、③困難を乗り越える精神力の養成、などであり、山小屋で1泊し2,500m以上の高山を目指す学校が多い. 集団登山は学校教育の一環であり、最大限の安全を確保すべきである. しかし、平成に入ってからも2件の死亡事故（気管支喘息と落石）が発生しており、決して油断はできない. 引率者には事前の周到な準備と、疾病・事故発生の際の冷静かつ迅速な対応が求められる.

2) 登山前の準備

問診や健康診断により、登山の可否を判定する. 登山を断念する理由は内科的疾患が圧倒的に多く、コントロール不良の気管支喘息、先天性心疾患、腎機能障害、てんかん、糖尿病、高度の肥満などである. 治療により病状が安定している場合でも、主治医と連絡を密に取り、不測の事態に備え対処法を決めておく. 医師が同行する場合は十分な情報提供を行い、指示を仰いで携行医薬品を見直す. 学校集団登山は夏山シーズンを外して行われるため、山岳診療所が開

いていない場合が多く，必然的に携行医薬品も多くなる．**表Ⅳ-8**に医師が同行する際の標準的医薬品を示す．

集団登山への参加が決定したら，ランニング・ジョギングなどにより体力づくりを行う．文科系の部活に所属し，日頃運動に疎遠な生徒はとくに励行する．足慣らしのためにハイキング程度の登山をすることも勧められる．また，高所環境が生体に及ぼす影響や急性高山病の症状など，事前に学習しておくことが望ましい．

引率者は，疾病・事故発生時の対応マニュアルを作成し，周知徹底する．とくに登山続行か下山かの意思決定手順，消防・学校・親権者への連絡体制や，傷病者の搬送法，付添者の選定など，あらかじめ決めておく．

3）注意すべき疾患と対策

われわれは2001年から2005年にかけ長野県で実施された中学校集団登山において，疾病発生頻度を把握するため同行医師あるいは保健師に対しアンケート調査を行った．その結果，何らかの症状あるいは疾病を認めた生徒の割合は5年間の平均で17.2%であり，内訳をみると頭痛（4.16%），腹痛（3.36%），悪心・嘔吐（2.43%），外傷（1.73%），発熱（1.46%）の順で多かった（**図Ⅳ-2**）．頻度は少ないが過換気症候群（0.23%）や気管支喘息発作（0.19%）もみられた．これらの結果を踏まえ，以下に集団登山中に注意すべき疾患と対策をまとめる．

（1）車酔い

登山口までバスやタクシーを利用するが，カーブの多い山道を通るため，車酔いを起こす生徒が散見される．車酔いを起こすと体力・気力を消耗し，以降の登山に支障をきたしかねない．不安のある生徒にはあらかじめ抗ヒスタミン薬（トラベルミン®など）を服用させる．

表Ⅳ-8　学校集団登山の携行医薬品例（約200名の生徒を想定）

	薬品および器材	数量	備考
1. 抗生物質	サワシリン錠(250mg)	10錠	
2. 解熱鎮痛薬	PL顆粒	10包	
	ロキソニン錠(60mg)	10錠	
	カトレップ(パップ)	5袋	
3. 気管支拡張薬	サルタノールインヘラー	2本	
4. 消炎薬	プレドニゾロン錠(5mg)	5錠	
5. 消化剤，健胃剤	セルベックス(50mg)	10カプセル	
	ブスコパン錠(10mg)	5錠	
	プリンペラン錠	10錠	
止痢薬	ロペミン(1mg)	5カプセル	
整腸薬	ミヤBM(1.0g)	10包	
6. ステロイド軟膏	ロコロイド軟膏(10g)	2本	
非ステロイド軟膏	アンダーム軟膏(10g)	2本	
抗生物質軟膏	ゲンタシン軟膏(10g)	2本	
消炎剤軟膏	インテバンクリーム(25g)	2本	
7. 抗生物質点眼	タリビット点眼(5mL)	1本	
8. 点滴用剤	ソリタT3号(200mL)	3本	
	大塚生食(100mL)	3本	
	ソルメドロール(40mg)	5本	
	ネオフィリン(250mL)	2本	
	メチロン(25%，1mL)	3本	
9. 点滴セット		5セット	
注射器	2mL	3本	
	5mL	5本	
	10mL	5本	
注射針	18ゲージ	5本	
	23ゲージ	5本	
	26ゲージ	3本	
10. その他			
テーピングテープ		2本	捻挫等の際の固定用
駆血帯		1本	点滴用
酒精(アルコール)綿		適宜	点滴用
絆創膏		適宜	点滴用
消毒用イソジン液		1本	
包帯		3本	
ガーゼ		適宜	
ハサミ		1本	
ピンセット		1本	

注）表中の医薬品名は商品名での記載

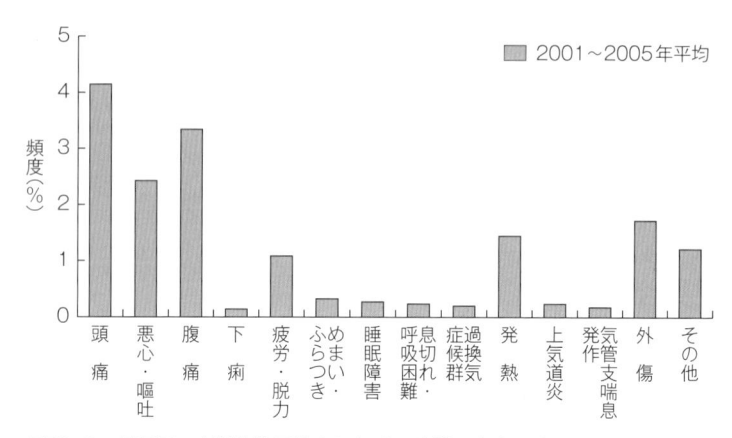

図Ⅳ-2　長野県の中学校集団登山における症状・疾病の内訳別平均発生頻度

（2）急性高山病

　急性高山病は，およそ標高 2,500m 以上の高所へ急速に登高した際に発症する高所順応不全である．主要症状は頭痛，消化器症状（食欲不振，吐き気または嘔吐），疲労および/または脱力，めまいおよび/またはふらつき，睡眠障害であり，その診断にはレイクルイーズ・急性高山病評価スコアが汎用される（**表Ⅲ-10～12**（p97）参照）．集団登山では，急性高山病に起因する症状が高頻度で見受けられる（**図Ⅳ-2**）．この場合，経過観察のみで改善することが多いが，頭痛が遷延する際はアスピリン（アスピリン®）やアセトアミノフェン（ピリナジン®）を経口投与する．重症例は下山させるしかない．急性高山病の予防と体力温存のため，コースタイム以上に時間をかけた登高が必要である．

（3）気管支喘息

　高所環境が気管支喘息を悪化させるというエビデンスはないが，運動や寒冷により喘息発作が誘発されることがある．罹患者をピックアップし，治療中であれば登山中も薬剤を継続する．発作に備え，

短時間作用型吸入β刺激薬（メプチン®，サルタノール®）は必ず携行する．喘息発作が発症した場合は，同薬を速やかに吸入させ，下山させる．経口あるいは注射の副腎皮質ステロイド薬を持参していれば，併用してよい．気管支拡張薬のテオフィリンは点滴静注が可能な条件下で使用すべきである．重積発作に移行すると生命の危険があるので，迅速な対応が必要である．

（4）過換気症候群

登高の際の頻呼吸や精神的ストレスにより，過換気症候群を発症することがある．本態は急性呼吸性アルカローシスであり，酸素欠乏ではない．休憩を十分とり，深呼吸をさせ気持ちを落ち着かせる．改善がみられない場合は，ペーパーバッグ法（大きめのビニール袋を口に当て，呼気を再呼吸させる）を試みる．

（5）発熱，上気道炎

ほとんどがウイルス感染である．山小屋で安静にし，身体を保温する．市販の冷却シートがあれば額に貼付する．症状が強い場合は，解熱鎮痛薬や総合感冒薬を内服させる．

（6）ハチ刺し症

集団登山中のハチ刺し症の報告は少ないが，ひとたびアナフィラキシーショックを起こすと生命の危険があるので注意を要する．ハチ刺し症は7～9月の夏季に好発し，ハチの種類はスズメバチとアシナガバチが多い．全身症状は蕁麻疹がもっとも多く，アナフィラキシーショックは1～2％といわれている．刺傷部は，毒抜き器があれば毒液を吸引したのち，冷水で洗い，抗ヒスタミン軟膏あるいはステロイド軟膏を塗布する．ショックの兆候がみられたら，一刻も早く医療機関を受診させる．アドレナリン注射液のエピペン®は携帯用のアナフィラキシー治療薬であり，ハチ刺し症にも効力を発揮する．アナフィラキシーの既往者や要注意者には，医師の指示を仰ぎ，同薬を携行する．

(7) 打撲, 捻挫

頻度としては4番目に多い. 登山道を走ることのないよう指導を徹底する. 患部は冷湿布などで冷やし, 捻挫の場合はテーピングなどで固定する.

(8) 靴擦れ, まめ

事前に靴を足になじませておく. 靴擦れは消毒して絆創膏を貼り, 水疱はつぶして消毒しガーゼを当てる. 登山を継続する際はガーゼを外し, 消毒のあと直接絆創膏を貼る.

文 献

1) 花岡正幸ほか：長野県中学校集団登山における疾病発生状況. 信州医学雑誌, 56：133-140, 2008.
2) 山口伸二ほか：中学校登山に関するアンケート調査-疾病の発生率について-. 登山医学, 20：53-56, 2000.

[花岡正幸]

Ⅴ 中・高年登山における注意

1. 中・高年登山と山岳遭難事故

キーポイント

＊中・高年登山者の山岳事故が増加しているが，中・高年者は，体力，登山経験などにおいて個人差が大きいので，各自の様態によって，登山計画を組むことが重要である．

近年，登山人口の高齢化が顕著となっている．それとともに，遭難事故にしめる中・高年登山者の増加が指摘されている．表Ⅴ-1に，2006年度と2007年度における全国の山岳遭難事故と登山者年齢に関する警察庁資料を示した．全国の山岳遭難事故における40歳以上の占める割合は8割となっており，65歳以上の割合は3割にのぼる．表Ⅴ-2は，山岳遭難事故の様態別の統計であるが，道迷いがもっとも多く全体の約1/3，ついで滑落，転倒，病気，疲労，転落など，加齢の影響を無視できない要因が山岳遭難の原因を構成している．若年登山者でみられた雪崩や気象遭難のような自然条件に由来する事故は，15％程度にとどまっている．

中・高年登山者は，大きくわけて次の3タイプに分類できると思われる．①若い時から山登りを継続してきた登山者，②若い時に登山していて中断，再開した登山者，③中・高年になって初めて山登りを始めた登山者．登山知識，登山技術，登山の経験の違いからくる登山計画そのものも，上記の3タイプの登山者ではそれぞれ異なるであろうし，山中での医学的な問題に対する取り組みも異なる

表V-1 年齢別山岳遭難者数

年齢	2007年度		2006年度	
	人数(人)	構成比(%)	人数(人)	構成比(%)
15歳未満	66	3.7	55	3.0
15～19歳	26	1.4	23	1.2
20～24歳	55	3.1	52	2.8
25～29歳	49	2.7	53	2.9
30～34歳	87	4.8	73	3.9
35～39歳	86	4.8	90	4.9
40～44歳	70	3.9	88	4.7
45～49歳	97	5.4	85	4.6
50～54歳	138	7.7	166	9.0
55～59歳	263	14.6	259	14.0
60～64歳	251	13.9	292	15.8
65～69歳	267	14.8	243	13.1
70～74歳	172	9.5	196	10.6
75～79歳	119	6.6	116	6.3
80～84歳	49	2.7	38	2.1
85～89歳	10	0.6	18	1.0
90歳以上	3	0.2	6	0.3
計	1,808		1,853	

(警察庁資料から引用)

表V-2 様態別山岳遭難者数

様態	2007年度		2006年度	
	人数(人)	構成比(%)	人数(人)	構成比(%)
病気	146	8.1	157	8.5
疲労	94	5.2	150	8.1
道迷い	628	34.8	714	38.5
転倒	257	14.3	204	11.0
転落	102	5.7	96	5.2
滑落	312	17.3	286	15.4
その他自然条件	269	14.9	246	13.3
計	1,808		1,853	

(警察庁資料から引用)

と思われる．若い時から中・高年期にいたるまで継続している登山者は，登山行動における自分の加齢変化を知っている点で安定した判断を下しやすい．一方，若い時に登山をしていたがいったん中断していて，中・高年期になって再開した登山者は，若い時の成功体験と現実との相違にとまどうこともあるようである．中・高年期になって山登りを始めた登山者は，自分の体力や経験の限界を模索しながら計画を組むであろうから，あまり無理をしないという点では安全であるが，山という自然条件の急激な変化には経験が乏しい．中・高年者の安全な登山を考える際には，人間の加齢変化に関する理解が有用である．

2．加齢と慢性疾患

キーポイント

＊高齢者は，加齢変化とは別に，何らかの慢性疾患を持っていることが多い．
＊中・高年登山者は，加齢による心身の変化を知っておいたほうがよい．

1）概　要

人の生涯の年代区分としては便宜上，40〜65歳を中年期，65歳以上を広義の老年期，75歳以上を狭義の老年期とする分け方が一般的である．ただし，老化の程度は個人によって大きく異なり，しかも時代とともにも変化しているので，年齢による区分はあくまで便宜的なものである．たとえば，1990年には，60歳以上で8,000mの頂に達した登山者は世界で3名しかいなかったが，現在では75歳でエベレストに登頂する人もでてきている．総じて，加齢に伴う心身の変化は，登山経験のありようとは必ずしも相関しない独立の現象でもあるので，中・高年登山を考えるにあたっては，まず，人

表V-3 高齢者の医学的な弱点（12の「I」）

- Immobility ……………………（動きがにぶくなる）
- Instability ……………………（バランス能力が低下して転倒しやすい）
- Intellectual Impairment …（記憶力や判断力の低下）
- Isolation………………………（孤独, 頑固になる傾向）
- Incontinence …………………（失禁, 排尿間隔が短くなる）
- Immunodeficiency……………（免疫力が低下する）
- Infection ………………………（感染しやすい）
- Inanition ………………………（低栄養）
- Impaction ……………………（便秘）
- Iatrogenesis……………………（薬剤の副作用や医学的処置で悪化する可能性）
- Insomnia ………………………（不眠, 夜間の途中覚醒の頻度がたかまる）
- Impairment …………………（障害）

＜視力, 聴力, 味覚, 嗅覚, 運動神経, 回復, 皮膚の保全など＞

の加齢現象の一般的な実態を知っておくほうが望ましいと考えられる．

　高齢者は，若・壮年者とは医学的に異なる面をもっているので注意が必要である．表V-3に，高齢者が若年者と比べて生理的に不利な点を示した．登山で重要な視力や聴力，身体バランスなどは若年期に比べて潜在的に低下しており，自分では必ずしも自覚していない場合も少なくない．また予備能力が低下しているために，通常の晴天時におけるルートコースでは問題なかったのが，雨に濡れたり歩行時間が予定よりも長くなるなど，過剰な負担がかかった場合，急速に衰弱しやすい．高齢者は身体バランスが低下しているので転倒しやすく，しかも転倒により骨折をきたしやすい．また，いったん身体の異常をきたすと，連鎖反応的に他の異常を引き起こしやすいのも高齢者の特徴である．感冒に続いて容易に肺炎を引き起こしやすく，発汗や下痢などによる脱水症状から意識障害となることもある（図V-1）．

　人間の加齢現象でもっとも重要なことは，体力，精神力，予備能力などに個人差がきわめて大きいことと，高齢者では一見健康そう

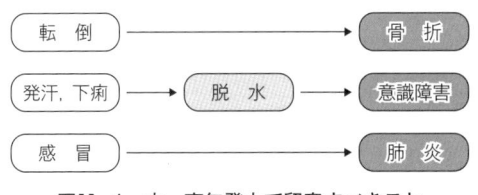

```
転倒 ─────────────────→ 骨折
発汗,下痢 ──→ 脱水 ──→ 意識障害
感冒 ─────────────────→ 肺炎
```

図V-1　中・高年登山で留意すべきこと

にみえても，多くの潜在的な慢性疾患を持っている可能性を念頭におくことである．

2) 診断のポイント

一般に，疾患は，肺炎やくも膜下出血などのように突然に症状があらわれる急性疾患と，必ずしも症状を伴うわけでないが潜在的に臓器に異常を認める慢性疾患とに分けることができる．通常，慢性疾患は，症状もなく医学検査などで発見され，医師から告知されるのが普通である．慢性疾患が山の中で発見される可能性はきわめて少ない．登山の過程では，急性の疾患を発症する可能性が常にあるものの，とくに中・高年者では，その背後に複合的な慢性疾患を持っている確率が高いことを念頭におく．

慢性疾患の多くは，すでに診断がなされて本人も自覚しており，治療中の場合も多いので，登山の前にはあらかじめ主治医と相談し，治療の継続方法や，注意事項を理解しておくのが望ましい．そのためにも，V-3で述べるメディカルチェックが有効と考えられる．表V-4に，代表的な慢性疾患をあげて，登山時の留意事項を示した．個々の慢性疾患の診断はすでに既知のことが多いが，登山という特殊状況では，加齢現象の特異性があらわれやすい．

表V-5に，医学の立場からみた高齢者の特徴を示した．まず，高齢者が若・壮年者と異なるのは，ひとりで複数の病気を持っていることと個人差が大きいことである．また，軽度な急性の症状でもなかなか治りにくく，登山の継続によってむしろ悪化にすすむ場合

表V-4 高齢者に頻度が高い慢性疾患と留意すべき点

1. 生活習慣病(治療を継続しながら登山を行う場合が多いが,山では検査値が変動する)
   - 肥満(登山では負荷になりやすい)
   - 高血圧(登山中は,血圧の上昇がしばしば認められる)
   - 糖尿病(治療中の場合,低血糖に対する注意が必要)
   - 脂質異常症
2. 循環器疾患
   - 虚血性心疾患(事前のメディカルチェックが望ましい,薬物必携)
   - 不整脈,心房細動(うっ血性心不全や脳梗塞の原因となる)
   - うっ血性心不全(登山には主治医との相談要)
3. 神経疾患(主治医との相談のうえ,同行者の介助が望ましい)
   - 脳血管障害後遺症
   - パーキンソン病
   - 認知症
4. 呼吸器疾患(主治医との相談要)
   - 慢性閉塞性肺疾患
   - 肺結核
   - 肺がん
5. 消化器疾患
   - 消化性潰瘍(治療を継続)
   - 消化器がん(主治医との相談要)
6. 腎疾患
   - 慢性腎不全(脱水による悪化を考慮して,事前に主治医との相談要)
7. 運動器疾患(状態に応じた登山計画の選択)
   - 関節リウマチ
   - 変形性関節症
   - 骨粗しょう症

表V-5 高齢者の医学的特性

1. ひとりで多くの病気を持っている.
2. 症状が非定型的であったり少なかったりするために,正確な診断が難しい.
3. 個人差が大きい.
4. 薬剤に対する反応が若・壮年者とは異なる.
5. 生体防御力が低下しており,疾患が治りにくい.
6. 多くの疾患が精神・神経症状で発症したり,途中からそれが加わったりしやすい.
7. 患者の予後が医療のみならず社会・環境的な面によって大きく影響されやすい.

も少なくない．高齢者の登山では，登山という特殊状況ともうひとつこれら加齢による医学的な特徴を理解しておくのが有用と思われる．

　登山中に高齢者が不調を訴えた場合は，ただちに対策を考える必要がある．高齢者では，感染や疲労，骨折などの異常により時に意識障害，異常行動などの精神症状を呈する場合がある．通常とは異なる行動をみた場合は，何か急性の異常が起こっている可能性を念頭においたほうがよい．比較的安定していた慢性疾患の増悪にも注意をはらう必要がある．

3）応急処置とその後の対策

　中・高年登山者の山中での応急処置に関する考え方の基本は，背景に加齢とそれに伴う慢性疾患を持った登山者が，急性の症状を呈した場合に，どのような対応をとるべきかということになる．医学的対応については各論で述べられているが，高齢者の場合，医学的対応と同時に登山行動上の対策が重要である．

　高齢登山者の処置に関する留意点を表Ⅴ-6にまとめた．リーダーは登山前に，高齢登山者の既往歴と治療中の病気を把握しておくことが望ましい．登山中に，高齢者に何らかの異常を発見したら，ただちに登山を中止して下山を考えるべきである．山中で異常を完全に治療してしまうことは困難な場合が少なくない．原因がわからないのでいろいろ思案したり，安静を保持して山中で様子をみるといった判断はできるだけ避けたい．下山するまでの間，十分な水分と糖分の補給が大切である．もしも，点滴などが可能であれば絶大な力を発揮する．また，発熱に対しては，座薬などの解熱薬を使用すると同時に水分補給を忘れてはならない．これらの対症療法を講じることによって，下山行動がよりやりやすくなる．下山途中から搬送が必要になる場合も考えて，あらかじめ携帯電話などで下からの応援を求めたり，下山後の収容態勢を整えることも重要であろう．

表Ⅴ-6 高齢登山者の処置に関する留意点

1. リーダーは，高齢登山者の既往歴や病歴を把握しておくのが望ましい．
2. 異常を発見したらまず下山を考える．
3. 安静を保持して山中でいたずらに時間を空費することを避ける．
4. 水分補給．
5. 糖分補給（3, 4に対しては，可能であれば点滴が有効）．
6. 解熱処置を行う際には，嘔吐する場合もあるので座薬が有用．
7. 搬送が必要な場合も少なくない．
8. 愛護的な説明が必要である．
9. 下山後の収容態勢を山中から考えておく．

高齢者は，自分の身体異常を自覚していない場合もあるので，愛護的な説明が必要である．過剰な激励は好ましくない．

4) その他の留意すべきポイント

高齢者では，慢性疾患のための薬剤を毎日服用している場合が多いので，登山という特殊環境下でもその服用は継続する必要がある．当然ながら，計画は十分余裕のある日程で作成し，緊急の事態に備えて常にエスケープルートは考慮しておく必要がある．登山過程における楽しみは，精神的な余裕をつくり，安全に対する注意力を高めるので，訓練的要素はできるだけ排除し，全員が楽しめるような計画が基本である．

3. メディカルチェックの意義

> **キーポイント**
>
> *登山前のメディカルチェックは，とくに中・高年登山では意義がある．
> *かかりつけの医師と相談し，海外登山などの場合は，「登山者検診ネットワーク」などを利用するのが有用と思われる．

若・壮年者の場合，特殊なヒマラヤ登山や，特別の病気を持っている場合を除いて，登山前にメディカルチェックを受けることはまれと思われる．しかし，慢性的な疾患を有する可能性の高い高齢者では，登山前にメディカルチェックを受けることは，登山をより安全に遂行するうえで意義があると考えられる．

通院中のかかりつけ主治医がいる中・高年登山者では，まずその主治医に相談するのが現実的であろう．検診チェック項目としては，まず，これまでにかかった病気の説明（既往歴）と現在治療中の病気に関する事項を医師に理解してもらう問診が重要である．さらに，血圧測定や心臓の聴診などの診察所見，心肺機能測定検査，血液検査などを総合して，登山時のリスク，注意事項などの医学的指導を受けておく（表V-7）．

日本の医療制度では，職場健診や市町村の成人健診などの一般健康診断と何か症状があって医師に受診する受療が公費負担や医療保険で保障されている．また，自費で受診するドック検診もあるが，これらはいずれも登山行為を想定していない．また検査医や主治医は必ずしも登山の実態を知らないことも多いので，医療指導の判断も確立したものはない．したがって，医師の見解を十分参考として，最終的には登山者自身とそのチームが登山の可否を決定することになる．

登山を想定した医療検診について，日本登山医学会が中心となっ

表V-7 メディカルチェックの項目

1. 既往歴や現在治療中の疾病に関する問診と相談
2. 理学的診察（体重，身長，血圧，脈拍，聴診など）
3. 心肺機能測定（心電図，運動負荷試験，胸部レントゲン，呼吸機能，心エコー検査など）
4. 血液検査（貧血，血糖値，腎機能，血清脂質，炎症反応などのチェック）
5. その他，特殊検査（併存疾患の性質やヒマラヤ登山の場合のオプショナルな検査）

て「登山者検診ネットワーク」（V-5に詳述）を企画試行している．ヒマラヤトレッキングなどの特殊な登山の場合には，「登山者検診ネットワーク」などを利用するのが有用と思われる．医学的検査所見と主治医の判断をもって，登山に詳しい医師のセカンドオピニオンを尋ねるのも現実的な対策と考えられる．メディカルチェックは，登山をより安全に遂行するために有効ではあるが，メディカルチェックが登山を100％保障するものではないことは十分に理解しておく必要がある．

4．中・高年登山者のための備忘録

キーポイント

＊中・高年登山者が，一般に理解しておいたほうがよいと考えられる医学的知見を，以下，10カ条としてまとめてみた．

（1）若い時に比して，スピードは確実に落ちている．決して急がないことが重要である．「競争」という概念は，社会的存在である人間の本能ではあろうが，中・高年者の登山にはふさわしくない．

（2）加齢とともに一般に低下する能力として，バランス力，筋力，瞬発力，持続力，予備能力があることを念頭におくべきである．

（3）加齢には，個人差がとても大きく，年齢のみで区分することができない．

（4）急性期疾患の一部を除いて，山登りに絶対禁忌の疾病はきわめて少ない．

（5）肥満は，重力に抗する山登りにおいて，大きなハンディキャップとなる．体重80kgの登山者は，体重60kgの登山者に較べて，最初から20kgの荷重プレミアムがついていることになる．ただし，肥満者は，長期の篭城の際には有利かもしれない．

（6）糖尿病治療中の登山者は，山では，エネルギー消費が膨大なので，低血糖にこそ注意すべきである．低血糖症状を感じたら，すぐに糖分を補給する．登山中は，「節食」しないほうがよい．

（7）高血圧や脂質異常症（高脂血症）の治療薬は，通常通り服用を継続する．登山中の一時的な血圧変化に対して，一喜一憂する必要はない．経験の乏しい医師が山岳診療所に勤務している場合に起こりがちな事態ではあるが，原則として，山中での特段の降圧は避けるほうがよい．異常な高血圧を認めた場合でも，30分ほど安静位を保ち，再度測定すると血圧は低下している場合が多い．

（8）山で発病する病気で，「絶対安静」を要する病態はほとんどないと考えてよい．安静を保つためにいたずらに時間を空費せず，ただちに，下山もしくはヘリコプターなどにより搬送する方策を講じるべきである．

（9）ヒマラヤトレッキングなどにおける動脈血酸素飽和度（SpO_2）の値は，隊員の健康状態を比較するのにたいへん参考になるものではあるが，個人差が大きいことも知っておくべきである．とくに，喫煙者や慢性の肺疾患を持つ高齢者では，平地における値も重要である．順化の速度にも個人差があるので，個人における経日的変化こそ参考とすべきである．

（10）失敗は，成功の母である．しかし成功体験は，失敗の父で

もある（堺屋太一）．とくに，若い時にさかんに登山をしていて，一時登山を休止し，中・高年になってから再開した登山者がともすれば陥りがちな盲点でもある．

［松林公蔵］

5．「登山者検診ネットワーク」のたちあげ

キーポイント

＊厚生労働省調べによると，全労働者の半数程度の人が定期健康診断結果に何らかの異常を認めるという．
＊この異常は，すぐに何か重大なことを引き起こすものではない．
＊しかし，ストレスフルな高所（低酸素，低圧，寒冷，乾燥など）という過酷な環境において，かつ，年齢が高ければ突然体調を崩すことはあり得る．
＊トレーニングすることと同様に大切なことは，高所登山出発前のメディカルチェックと専門家の意見を聞くことである．

1）背 景

近年わが国では中・高年登山者が増加し，1997年以降40歳以上の登山者が全登山者にしめる割合は70％を超え，山岳遭難者のうちの死者・不明者の90％以上が中・高年者で，要因として登山中の病気発生も少なくない．以来同じ傾向が続いており，このことは海外の高峰登山・トレッキングにおいてもみられ，中・高年者の疾病発症から死にいたるものあるいは突然死が増加している．

このような状況で，健康管理に関心の高い登山者やツアー登山・トレッキングを手がける旅行会社から，登山に際しての健康上の留意点について個別に専門的な助言が得られるシステム構築への要望が寄せられるようになった．これらを踏まえ，2005年度の第25回日本登山医学シンポジウムにおいて「登山者検診ネットワーク」の構想を提案，小委員会発足のもとに検討を行った．

2）登山者検診ネットワークとは

　中・高年者の安全登山推進を目的とするもので，対象は「標高3,800m以上の高所に滞在（宿泊）する登山・トレッキング」を目指す登山者とし，出発前の検診を所定の医療機関で受ける．問診および診察を行う日本登山医学会の医師は，その結果を判定して必要なコメントをする（英文併記）．これら医師，医療機関のネットワークの中で情報を共有し必要に応じて意見交換を行うことができる．

　以上のような構想で実行委員会をたちあげて構築した．

3）パイロットスタディー開始までの経緯

　日本登山医学会（JSMM）全会員に対するアンケート調査の結果，検診ネットワークの構築は中・高年者の安全登山のために必須であることが確認された．

- ・問診票，診断書（英文併記）のフォームを作成
- ・登録を希望する会員医師を確認し名簿を作成
- ・登山者（検診受診者）を送り出すツアー会社3社を決定
- ・首都圏において検診受診者を受け入れる7医療機関を決定
- ・受診者が負担する費用を決定

　パイロットスタディー（首都圏で最低1年間，必要に応じ延長）中は試行錯誤の結果，細目については修正もあり得るとのコンセプトにて2006年10月より開始となった．

4）検診のながれ

　登山・トレッキングに参加を申し込み，検診対象者となった登山者は，受け入れ医療機関のリストから選んだ医療機関に予約をして受診する．

　問診票に記入して検診を受け，追加の検査があれば受ける（健康保険適用）．この診察の中で登山と健康に関して医師に意見を求めることもできる．診断書は後日郵送されるのでコピーをツアー会社に提出する．健康チェックシートを受け取り出発へ．なお，市中の

低酸素体験施設を利用して高所体験あるいは高所トレーニングに準じたことを出発前に行うこともケースによっては勧める．

(1) 問診票：心房中核欠損症など生まれつきの心臓病はなかったか，血縁者に突然死した人はいないか，治療中の疾患名，服用中の薬の名前，生活習慣ではタバコ，アルコールの量，運動の内容（量，頻度など），登山歴では過去の最高到達高度，高所障害の既往があればその高度と症状，最近1年間の山行日数などを記入してもらい，行程中の最高高度，宿泊予定最高高度などを含めて健康診断書に医師が英文で転記する．

(2) 健康診断書：検査は通常の健康診断の項目に加えて，呼吸機能検査（肺活量，肺活量比，一秒量，一秒率），動脈血酸素飽和度（SpO_2）測定を必須としている．判定は健康状態と危険度に分けて行う．問診結果，診察および検査結果からその時点での健康状態を4つの段階にわけ，登山・トレッキングの危険度については，健康状態，過去の登山歴・高所障害歴，服薬内容，登山・トレッキング計画内容などを勘案し，3つの段階に分けて判定する（表V-8）．

治療を要すると判定された場合は，その時点で治療を優先させる．診察および検査結果より追加検査を要すると判断された場合は，呼吸器科あるいは循環器科専門医に依頼する．判定医はその結果を合わせて健康状態・危険度を判定し，かつ診断書のコメント欄にコメントを英文にて記載する．

(3) チェックシート（健康調査記録用紙）：登山者が携行する日誌で，自覚症状，SpO_2，脈拍数，その他を記入し，下山後に提出していただく．ネットワーク側で解析し登山者にフィードバックすることを目的としている．

5) 今後に向けて

実行委員会では定例的に会合を持ち，必要事項を検討している．追加検査を行う判断基準を別途作成，さらに，1年6カ月間の334

表V-8 健康診断書 判定欄

健康状態 health status		
優良	excellent	異常ありません．
良	good	心配ありません．生活習慣の改善に心がけ，治療中の病気については引き続き主治医の指示に従ってください．
可	fair	治療中の病気のコントロールが良好とはいえません．再検査を要する項目もあります．
不可	poor	診察に異常を認め，精密検査や治療を必要とする検査所見もみられ，受診が必要です．
危険度 risk		
少ない	low risk	
中等度	intermediate risk	
高い	high risk	

件の検証を踏まえて，健康状態・危険度判定の基準とすべく，20数項目の因子に重みづけをしてスコアリングすることを試みている．また，個人情報の取り扱いについては，受診者に文書で説明し同意を求めることとした．

開始から2年を経過し，2008年10月から受け入れ医療機関を首都圏から札幌，大館，仙台，日光，前橋，藤岡，横浜，黒部，大垣，京都の各市に拡大した．

● 「登山者検診ネットワーク」への問い合わせ先：

提携旅行業者幹事会社　アルパインツアーサービス株式会社

（担当：児玉，黒川）

東京都港区西新橋 2-8-11

Tel　03-3503-1911　e-mail　info@alpine-tour.com

文　献

1) 堀井昌子ほか：「JSMM登山者検診ネットワーク」パイロットスタデイー中間報告．登山医学，27：169-175，2007．

2）Burtscher M: Risk of cardiovascular events during mountain activities. In: Roach RC et al. eds, Hypoxia and the Circulation, pp1‐12, Springer, 2007.

［堀井昌子］

VI 国内登山に携行したほうがよい医療器材と医薬品

1．医師が随行しない場合

> **キーポイント**
>
> ＊登山では最少限の医薬品を携行するのが常識である．ケースバイケースによって適切な選択が必要である．

 医療器材と医薬品携行のポイントとして，①パーティ登山か単独登山か，②予定登山日数，③活動山域（岩登り・縦走・沢登り・冬山），の3点があげられる．これら3点の携行ポイントを踏まえ，**表Ⅵ-1**と**表Ⅵ-2**から準備すべき医療器材と医薬品を適時選択する．もちろん，種類と量は携行許容重量を加味する．

1）医療器材

 医薬品も含め，何も持たずに登山に出掛ける人は少ないと思われる．**表Ⅵ-1**の◎印のものは個人装備として常備携行するのが望ましい．

 包帯は4～6裂（7cm～4.5cm巾）のものが使いやすい．三角巾・四角巾は大判（Lサイズ）のものが切ってでも使えるのでおすすめである．バンダナでも代用できる．爪切り・とげ抜きは，よく旅行用の小型のものや五徳ナイフやアーミーナイフについているものを持参されるが，使いにくく役に立たない．指先で使うものでなく，手のひらサイズのものが実用的である．滅菌済みのガーゼや脱脂綿は，1回分ずつがパックになったものが市販されており便利である．ナイフは皮膚や爪を切ったりすることもあり先の尖ったよく切れる

表VI-1 医療器材の具体例

	1. 弾性包帯(3裂・4裂サイズ)
◎	2. 絆創膏付ガーゼ(カットバン各サイズ)
	3. 管状包帯(ストッキネット)
◎	4. 三角布・四角布(大判サイズ)
◎	5. 滅菌ガーゼ(四ツ折パック入り)
	6. 滅菌脱脂綿(中綿球パック入り)
	7. 綿 棒
◎	8. 絆創膏(布製:12.5m/m巾・25m/m巾)
	9. 眼 帯
	10. マスク
	11. レスキューシート
	12. 止血帯・止血棒
◎	13. 体温計
	14. ピンセット(13cm・18cm)
	15. とげ抜き
	16. 爪切り
◎	17. はさみ(万能型)
◎	18. ナイフ
	19. 拡大鏡(虫めがね)
◎	20. ペンライト(懐中電灯)
	21. 血圧計(聴診器)

(◎:常備品としておくことが望ましい)

ものを用意する．万能バサミは衣服・包帯・三角巾などの裁断を行うのに使う．

　体温計は現在，電池式のものが多いが，冬山では使えないことも多く，水銀式かアルコール式のものを用意したほうがよい．ペンライト(懐中電灯)は眼内・耳内・口腔内・鼻腔内そして皮膚の異物発見・除去用に使うので集光型のものが有用である．

　血圧計も電池式のものが増えているが，冬山ではしばしば使えない場合もある．聴診器と併用して水銀式のものが役に立つ．また，アネロイド式のものも使い方を知れば軽量で便利である．小型のパルスオキシメータを個人装備として携行するのも高所登山では一般化してきている．

表Ⅵ-2　携行医薬品例

1. **外用薬**
   ①消毒薬(イソジン・マキロン)
   ※②解熱鎮痛薬(ボルタレン坐剤・レベタン坐剤)
   ③貼付薬(冷湿布・温湿布)
   ④点眼薬(コンドロン・リンデロン・タリビット)
   ⑤点鼻薬(ザジテン・フルナーゼ)
   ※⑥皮膚用薬(リンデロンVG軟膏・レスタミン軟膏)
   ⑦口内用薬(イソジンガーグル・複合トローチ・アフタッチ)
   ⑧痔疾用薬(ボラギノール坐剤・軟膏)
   ⑨皮膚被覆薬(ノベクタンスプレー・ソフラチュール)

2. **内服薬**
   ①解熱鎮痛薬(セデスG・バファリン)
   ②感冒薬(PL顆粒)
   ※③鎮咳薬(カフコデ・リン酸コデイン)
   ④胃腸薬(ビオフェルミンR・コランチル・ロペミン・
   　　　　　プリンペラン・ブスコパン)
   ※⑤抗生物質・抗菌薬(タリビッド・セフゾン)
   ⑥抗ヒスタミン薬(ポララミン・ペリアクチン)
   ※⑦ステロイド薬(リンデロン・デカドロン)
   ※⑧精神安定薬(メンドン・セルシン)
   ※⑨睡眠導入薬(ハルシオン・ベンザリン)
   ※⑩利尿薬(ラシックス・ダイアモックス)
   ⑪ビタミン薬(アリナミンA・ポポンS)
   ⑫下　剤(コーラック・プルセニド・ラキソベロン)

注)表中の医薬品名は商品名での記載

　医療器材の中には破損しやすいガラス製や錆に弱い金属製,そして湿気に弱いガーゼ・包帯などがあり,密封パックなどを用意して持参するようにしたい.

2) 医薬品

　表Ⅵ-2のカッコ内は主として医師が処方する代表的な薬品名が記してある.医師や薬剤師に相談して同効の薬品を購入するようにしたい.感冒(風邪)薬・胃腸薬・下痢などは日常使い慣れたものを用意するほうがよい.※印の多くは医師の処方を必要とする.かかりつけ医と相談のうえ,実費で購入することになるが,1種類ず

つ薬品名，用量，服用方法などを密封パックに明記して用意する．
ヒートシールのものも含め医薬品に湿気は禁物である．乾燥剤を入れた密封容器にまとめてパックして持参する．

　内服薬の有効期限は通常2年間である．時々救急薬品を点検して古いものは処分して新しいものと交換する．小袋に交換日時を明記しておくと次回に便利である．

3）ポイント

　三角布，管状包帯，レスキューシート，血圧計などを準備・携行しても使い方を知らない人が多くみられる．山へ行く前に仲間と骨折や外傷を想定し，実際の使い方を練習しておく必要がある．とくに上肢・下肢の駆血法と骨折時の副子固定法は誰でもできるようにしておいたほうがよい．

　医薬品については日頃かかりつけの医師に相談するのが一番である．登山を趣味にしている医師に相談できればもっとよいであろう．医薬品の使用はあくまで自己の責任で使用することを肝に命じ，安易な服用は避けなければならない．「御守り」代わりに使わずに下山してくることが何よりであろう．

[滝　和美]

2．医師が随行する場合

キーポイント

＊病院内での治療と違い，使用できる薬品に限りがある．治療時には，病院へ運ぶまでの量を考えておくことが肝要である．

　医師が随行する場合は，侵襲的な処置を行える医療器材と医薬品が使えるということである．準備する種類や量は，医師が随行しない場合と同様の携行ポイントを基準にする．

表Ⅵ-3 医師携行医療器材

1. 滅菌手袋	11. 経口エアウェイ
2. 小外科セット(メス・持針器・止血鉗子・ピンセット・針付縫合糸など)	(No.2・No.3・No.4)
	12. 舌鉗子
	13. 打診器(打腱器)
3. 副子(サムスプリント)	14. 止血鉗子
4. 注射器	15. 開口器
(2.5mL・5mL・10mL・20mL)	16. 手動式吸引器
5. 注射針(25G・21G・18G)	17. 人工呼吸用マスク&バック
6. 点滴セット	(アンビューバック)
7. 駆血帯	18. 酸素ボンベ(2L・3.5L・10L)
8. 舌圧子	19. パルスオキシメータ
9. 静脈留置カニューレ	20. プレッシャー・バッグ
10. 聴診器	21. コールドパック

1)医療器材

随行することに慣れた医師は,何時もいくつかのものを携行している.著者自身,ヒマラヤトレッキングなどではアンビューバック,酸素ボンベ,気管内挿管セット,加圧治療バッグ(プレッシャー・バッグ)以外のものはほとんど持参している.2週間位の行程で医薬品も含め約4kgである.

表Ⅵ-3の多くのものが滅菌済みで1回分ごとにパックされ市販されている.しかし,損傷すると不潔になるので密封ナイロンパックなどで二重に包装する.これらの器材も一時的応急処置のためでしかない.本格的治療は下山して病院にかかることであることはいうまでもない.

日本でも3,000mクラスの山では急性高山病の発症が知られており多人数登山や山小屋ではアンビューバック,酸素ボンベ,気管内挿管セット,プレッシャー・バッグなどを用意して欲しいものである.

低酸素症状を診断するうえで,パルスオキシメータは軽量で非常に有用であり,急性高山病の予知や診断にも利用されてくると思わ

表Ⅵ-4　医師携行医薬品

---

1. 鎮吐薬(プリンペラン・ナウゼリン坐剤)
2. 鎮痙薬(ブスコパン・セスデン)
3. 鎮痛薬(ソセゴン・セダペイン・レペタン)
4. 解熱薬(メチロン・オペロン)
5. 抗ヒスタミン薬(クロルトリメトン・アタラックスP・レスミン)
6. 抗炎症薬(リンデロン・デカドロン)
7. 強心昇圧薬(ボスミン・エフェドリン・ノルアドレナリン)
8. 抗生物質・抗菌薬(ペントシリン・セファメジン・フルマリン)
9. 利尿薬(ラシックス・ソルダクトンA)
10. 抗不安薬(セルシン)
11. 降圧薬(アポプロン・アダラート錠)
12. 鎮静睡眠薬(ドルミカム・サイレース)
13. 抗狭心症薬(ニトロペン舌下錠・ニトロダームテープ)
14. 局所麻酔薬(1%キシロカイン・0.5%マーカイン)
15. 緩下剤(レシカルボン坐剤・グリカンチョー)
16. 消毒薬(アルコール綿・アルコールガーゼ・イソジン綿球)
17. 輸液製剤(ラクテック・ソルラクト・5%ブドウ糖液)

注)表中の医薬品名は商品名での記載

れる.

2) 医薬品

注射薬がほとんどであり,ガラスアンプルのものが多く,市販のアンプルケースなどを利用して破損を防ぐためのパックが必要である.表Ⅵ-4のカッコ内の医薬品は代表的なものであり,随行医師の使い慣れたものを用意していただきたい.

輸液製剤は近年,ソフトバック化しており200mLや500mLのものを用意する.

現場で困った経験として,駆血帯がなかったり,アルコール綿がなかったり,アンプルカッターがなかったりしたことがある.

[滝　和美]

3. 登山で有効な漢方薬

キーポイント

＊漢方は中国の伝統医学を基礎にして，用いられる薬品は植物，動物，鉱物の生薬である．
＊個体差，自覚，他覚症状より得られた「証」に基づき投与処方が決定される．
＊最近は疾患に対応しての処方も行われている．
＊作用は一般におだやかで副作用は少ない．
＊煎じた液剤の有効成分を凍結乾燥して顆粒化した製剤が造られ服用しやすい．
＊1回分がメタルパックで分包されていて携行に便利．食間服用が原則だが食後でもよい．

1）処方説明（表VI-5）

（1）**柴苓湯，五苓散**：体内水分の偏在を調整する．急性高山病の浮腫，頭痛，脳浮腫，肺水腫は水分の偏在であり，この2つの処方は予防・治療に効果がある．

　柴苓湯を入山1週前ぐらいより服用し入山後も継続するとよい．
　肝・腎の保護作用もある．急性胃腸炎の嘔吐，下痢も治す．

（2）**補中益気湯**：疲労，病後の回復などに使用される．重症の急性高山病，肺水腫の後，行動が続いて疲労した時に服用すると回復が早い．

（3）**芍薬甘草湯**：骨格筋，内臓の平滑筋双方のけいれんに効く．四肢のこむらがえり，筋肉痛の予防，治療に使用．即効性がある．こむらがえり癖のある人は連用するとよい．出発時の朝に服用すると予防になる．腹痛のすべてに効き，疾患，部位を問わない．

（4）**葛根湯**：感冒の薬として有名．うなじから背中にかけてこりを感じる「証」がある感冒によく効く．肩凝りにも応用される．エフェドリンを含む麻黄が入っているので頻脈になることがある．

表Ⅵ-5　登山に有効な漢方薬の処方と効能

処方名	効果のある疾患	症状
柴苓湯（さいれいとう）	急性高山病，肝腎病，急性胃腸炎	頭痛，むくみ，嘔吐，下痢
五苓散（ごれいさん）	急性高山病，腎疾患，急性胃腸炎	頭痛，むくみ，嘔吐，下痢
補中益気湯（ほちゅうえききとう）	疲労，衰弱	急性高山病後の疲労
芍薬甘草湯（しゃくやくかんぞうとう）	筋肉のけいれん・痛み，腹痛	こむらがえり，腹痛のすべて
葛根湯（かっこんとう）	感冒，肩こり	頚肩のこる感冒，肩こり
当帰四逆加呉茱萸生姜湯（とうきしぎゃくかごしゅゆしょうきょうとう）	凍瘡，凍傷，座骨神経痛	四肢手足の冷え，腰痛，神経痛
乙字湯（おつじとう）	痔，便秘	痔出血・痛，便秘
桃核承気湯（とうかくじょうきとう）	生理不順，打撲，痔，便秘	生理痛，皮下出血，痔の腫れ，便秘

（5）**当帰四逆加呉茱萸生姜湯**：身体の冷え，末梢の血液循環障害による疾患に効く．凍瘡（しもやけ），凍傷の予防に11月上旬より服用するとよい．凍傷治療後も半年ほど服用する．下半身の冷えから起こる腰痛，座骨神経痛にも効果がある．

（6）**乙字湯**：いぼ痔の出血，腫れ，痛みに効く．下剤の大黄が含まれており便秘にも使う．

（7）**桃核承気湯**：生理不順，更年期など女性に使われる処方だが，うっ血に効く．打撲，皮下出血，捻挫，痔の腫れに効果がある．早く服用したほうがよい．便秘にも効く．下痢しやすい人は服用しないほうがよい．

［斎藤惇生］

VII 登山における栄養をめぐる諸問題

1. エネルギーと水分補給

キーポイント

* 登山中に消費するエネルギーや,失われる水分は予想以上に大きい.一般的な登山の場合,エネルギー消費量(kcal)も脱水量(mL)も「体重(kg)×行動時間(h)×5」という式で概算できるので,これを参考に積極的に補給する.
* エネルギー源としてもっとも重要な栄養素は炭水化物である.行動中はこれを多く含む食物を,最低2時間ごとに補給する.
* 水分補給については,1時間ごとに脱水量と同じ量を補給する.長時間の登山では電解質の補給もあわせて行う.

1) エネルギー補給の意義

登山は他のスポーツと比べて,運動の強度はそれほど大きくない.しかし,運動時間が非常に長いため,トータルのエネルギー消費量はかなり大きくなる.したがって,登山中は積極的に食べて,エネルギーを補給することが重要である.

登山で身体を動かすためのエネルギーは,炭水化物と脂肪が混合して燃やされ,生み出されている.しかし,体内の脂肪貯蔵量は莫大なのに対して,炭水化物はごくわずかしかない.そのうえ脂肪は,炭水化物と一緒でなければ燃えない.このため,行動中に炭水化物の補給を怠ると,自動車のエンジンがガス欠を起こすのと同様,2～3時間程度で筋は疲労してしまう(シャリバテ).

炭水化物が枯渇すると,脳神経系のはたらきも低下し,バランス能力,敏捷性,思考力,意志力なども低下してしまう.登山中の事

故発生は,午前 11 時台と午後 3 時台に多いが,これにはエネルギー不足が関係している可能性がある.

2）エネルギー補給の方法

軽装で,コースタイム通りに歩く場合,行動中のエネルギー消費量は以下の式で概算できる.

エネルギー消費量（kcal）＝体重（kg）×行動時間（h）×5 ………①

たとえば,体重 60kg の人が軽装で 6 時間の登山をすれば,消費エネルギーは 60×6×5＝1,800kcal となる.

この式で求めたエネルギーの 2～5 割程度は,体内に貯蔵された脂肪でまかなわれる.したがって,残りの 8～5 割程度を,朝食と行動食とに分けて補給する.行動食の補給は最低でも 2 時間ごとに行う.体脂肪を利用する能力は,体力のない人ほど低いので,このような人では行動中に補給するエネルギー量を多くする.

炭水化物を多く含む食品としては,デンプン類（ご飯,餅,麺類,パン,イモなど）と糖類（砂糖,飴,チョコレート,キャラメル,ジュースなど）がある.デンプン類は遅効性の燃料で,長時間,安定したエネルギー供給を行える.糖類は即効性の燃料で,疲労した時に摂ると効果的だが,運動前に多量に食べるとかえって疲労を早めることもある.したがって,朝食にはデンプン類を十分に摂り,行動中にはデンプン類と糖類を組み合わせて摂るとよい.

長期間の登山や,高所登山・トレッキングの場合には,炭水化物に加えて,タンパク質,脂質,ビタミン,ミネラルという 5 大栄養素のバランスを考えた補給をする.ビタミンやミネラルは欠乏する可能性が高いので,サプリメントで補うとよい.また,高所では食欲が低下するので,日本の山以上に食べやすい食品を用意する.高所登山者へのアンケート調査結果では,とくにゼリー状食品の人気が高い.

3）水分補給の意義

登山は運動時間が長いので，エネルギー消費量と同様，脱水量はかなり大きくなる．長時間の運動時に，口渇感に任せて自由に水分補給をした時には，脱水量の半分程度しか飲まないとされている．したがって，水分補給は意識的に行う必要がある．しかし，登山界では昔から，登山中の水分補給をタブー視する傾向が強い．このような理由で，脱水が原因と思われる事故も多く起こっている．

体重の2％（60kgの人ならば1.2kg）の脱水が起こっただけで，持久性の運動能力は10％も低下する．暑い時期であれば，熱中症（熱けいれん，熱疲労，熱射病）の危険が増す．また，季節に関係なく，脱水により血液中の水分量が減ると血液の粘性が増し，血栓症が起こりやすくなる．また冬季には凍傷も起こりやすくなる．

4）水分補給の方法

軽装で，コースタイム通りに歩く場合，行動中の脱水量は以下の式で概算できる．

脱水量（mL）＝体重（kg）×行動時間（h）×5 ……………②

たとえば，体重60kgの人が6時間のハイキングをしたとすれば，脱水量は60×6×5＝1,800mL（1.8L）となる．①式と②式は簡単で形も似ているので，どちらも暗記しておくとよい．

脱水による障害を防ぐには，失われた水分と同量の水分を摂取するのが原則である．したがって，②式で求めた脱水量と同量の水分を行動中に補給する（その一部を出発前に飲んでおくのもよい）．行動中の水分補給は1時間に1回は行う．長時間の登山では，多量の水分を持って行くことになり，重量的な面で実行しにくい面もあるが，最低でも脱水量の7〜8割の量は補給すべきである．

暑い時期には，冷たい水を飲むほうが腸での吸収が早く，しかも身体の中心部から直接体温を下げられるために有効である．寒い時期には逆に，暖かい飲み物を飲んで身体を温めるようにする．

補給する水分は，真水，茶，ジュース，スポーツドリンクなど，好みのものでよい．ただし，長時間の登山で真水や茶だけを飲んでいると，体液の電解質濃度が薄まり，実際には脱水が進行しているにもかかわらず口渇感が止まってしまうという「自発的脱水」を招く可能性がある．これを防ぐためには電解質を含んだスポーツドリンクが適している．また，真水や茶を飲むのであれば，塩分を含んだ食べ物を同時に補給する．

　なお高所では，低酸素，寒冷（暑熱の場合もある），乾燥の影響で，日本の山以上に脱水に陥りやすい．高所で脱水になると，急性高山病を悪化させたり，凍傷，血栓症なども起こりやすい．食事に含まれる量も含めて，1日に4L程度の水分補給が必要とされている．

文　献

1) 山本正嘉：登山の運動生理学百科．pp45-72，東京新聞出版局，2000．
2) 日本山岳会高所登山研究委員会編：8000m峰登頂者は語る．pp11-12，59-72，日本山岳会，2002．
3) 増山　茂監修：登山医学入門．pp109-127，山と渓谷社，2006．
4) 樋口　満編著：新版・コンディショニングのスポーツ栄養学．市村出版，2007．

[山本正嘉]

2．サプリメント（栄養補助食品）

キーポイント

* すべてのサプリメントに，まだ十分な科学的裏付けがないといっても過言ではない．そのため，どれをチョイスするかは，最後は自己責任である．
* 摂取するタイミングが重要である．
* ある程度の抗酸化能，持久力の向上が，ともに期待できそうである．

1）概　要

　健康な人生を送るには，栄養のバランスがとれた食生活が重要であることは改めて述べるまでもない．登山の時の食事も，糖質を中心にしたエネルギー摂取，水分，ミネラルの補給などがバランスよくなされなければならない（前項参照）．本項では，このバランスがほどよくとれているという前提で，サプリメントの話しを進めたい．前もってお断りするが，おそらくすべてのサプリメントは十分なエビデンス（EBM：根拠に基づく医療）をまだ有していないようにみえる．たとえば，その効果が自明の理であるようなビタミンC，Eやアミノ酸でさえ，ネガティブデータが無視できないほど多く存在する．本項では，紙幅の関係で，サプリメントを酸化ストレスと持久力に関するものに大別し，その中から比較的信頼できるものをいくつか紹介したい．これは，"信じる者は救われる"よりはずっとEBMに近いと確信している．そのため，どのサプリメントをチョイスするかは読者のご自由であるが，その結果がネガティブになることはまずないと考える．一方，あまり効果がないと感じる読者が出現することは，上記の理由で強くは否定できない．"病は気から"で，そういった意味では，"信じる者は…"の格言が生きてくるかもしれない．

2）抗酸化サプリメント

　意外にも，酸素が少ない高所では活性酸素の発生が高まる．その他，エネルギー消費量，紫外線量，昼夜の温度差の増大や，虚血－再灌流（高度が上下するので吸気の酸素濃度も行動とともに増減し，あたかも全身の虚血－再灌流状態になり酸化ストレスを生じる）あるいは質の低下した食事など，登山に付随するさまざまな要因もそれを助長させる（図Ⅶ－1）．当然，登山という行動そのものが大きな活性酸素発生要因であるのはいうまでもない（とくに，下りのエクセントリック（伸張性）筋活動が要注意で，遅発性筋痛を生じ

高所滞在

- 低圧低酸素
- エネルギー消費量の増大
- 紫外線量の増加
- 寒冷＋昼夜の温度差の増大
- 虚血－再灌流
- 食事の質の低下，摂取量の減少
  ＋
- 運　動

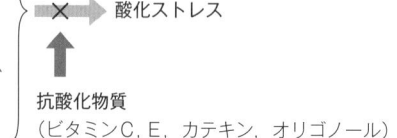

　　　　　　　　　　→✗→　酸化ストレス
　　　　　　　　　　　　↑
　　　　　　　　　　抗酸化物質
　　　　　　　　　　（ビタミンC，E，カテキン，オリゴノール）

図Ⅶ-1　登山と活性酸素発生要因

る原因となる）．そのため，より高くハードな登山では抗酸化サプリメントの摂取が望ましく，抗酸化能力が低下している高齢者の登山でもその効果が期待される．もちろん，その他の登山でも抗酸化物質を摂取することは一向に差し支えない．同様に，ポジティブな結果をもたらすであろう．登山において，食事から十分な抗酸化物質を摂ることは非常に困難である．

(1) ビタミンC，E

驚いたことに，水溶性であるビタミンC単独摂取は，とりわけすでに述べた下山のようなエキセントリック筋活動で，逆に活性酸素をより多く発生させ，より強い遅発性筋痛を起こす場合がある．登山では，脂溶性のビタミンEと一緒に摂取することがコツで，両者の欠点を補うことができる．1日当たりビタミンCは1〜2g，ビタミンEは100〜200mgと少し多めに摂取しても問題はない．ビタミンCの半減期は1時間と短いので，こまめに摂取したい（ビタミンEは16時間）．

(2) カテキン

お茶の渋味成分で，抗酸化作用で知られているポリフェノールの一種である．水溶性，脂溶性の両方の性質を持ち，運動時の酸化ストレスを軽減するほか，抗感染作用，抗生活習慣病効果（血圧，血

糖値，血中コレステロール値の改善）など種々の付加価値を有する．1日当たり600〜1,000mgでよいが，それ以上摂取しても副作用はほとんどみられない．カテキン添加のお茶では，水分補給を兼ねることができる．

(3) オリゴノール

楊貴妃が好んだことで有名な南国の果実・ライチのポリフェノールを，生体吸収率を高めるために細かく切断した（オリゴマーに変換した）低分子化ポリフェノールである（（株）アミノアップ化学）．水溶性であるが抗酸化作用は強く，とくに脂肪組織の酸化ストレスを抑制し，運動後の筋肉痛も軽減する[1]．1日当たり200mg（朝夕100mgずつ）が目安である．摂取後4〜6時間ほど高い血中濃度が持続する．クッキー（オリゴノール配合チアシード豆乳おからクッキー：5.6mg/枚）を行動中に食べると，血中濃度維持に寄与し，糖分補給にもつながる．

3) スタミナアップ・サプリメント

持久力に関するサプリメントは，オリンピックの金メダルに直結するため，抗酸化サプリメントと比較してより賑やかな状況になっている．しかし，マラソンやトライアスロン（計51.5kmのショート）は約2時間のレースであり，さらに長時間の登山のモデルとしてはあまり適当ではないかもしれない．アイアンマン（鉄人）レース（計226km）は8時間以上を要し（17時間以内で完走するとアイアンマンの称号が与えられる），通常の登山以上に時間がかかるケースが多いが，その代表的な補助食品であるカーボショッツ（エネルギー量：約117kcal，炭水化物：29.8g，脂肪・タンパク質：0）は即効持続タイプのエネルギー補給が目的で，最近は登山にも利用されるようになってきており，本項よりも前項に相応しいサプリメントである．ここでは，ある程度コンセンサスが得られていて，スタミナをアップさせる可能性があるサプリメント数種を紹介する．

（1）分岐鎖アミノ酸

分岐鎖アミノ酸（BCAA）とはバリン，ロイシン，イソロイシンを指し，その分岐構造が体内では合成できないことから必須アミノ酸の一種である．BCAA は運動時のエネルギー源になり，スタミナアップにつながるとともに，骨格筋のダメージを抑え，遅発性筋痛を緩和することが示されている．登山 30 分前～直前に 4～5g 摂取すると効果が期待できるが，登山は長丁場であるので，BCAA を含んだアミノ酸飲料を行動中に飲むのもよい．さらに，登山終了後 30 分以内（ゴールデンタイムといわれている）に他のアミノ酸や糖質と一緒に摂取すると，より効率的にスムーズな回復が期待できる．BCAA は脳へも作用し，疲労感を軽減するらしい．

（2）VAAM

引退した女子マラソンの高橋尚子選手が愛飲していたことでも有名な VAAM（スズメバチ・アミノ酸混合物：明治乳業（株））は，スズメバチの驚異的なスタミナ源である幼虫が分泌する液体の主成分（17 種のアミノ酸）を合成したものである[2]．持久力を向上させる作用があり，とくに登山で効果的なようである．BCAA と同じく，登山 30 分前～直前が摂取のベストタイミングであり，登山中，終了直後の補給も有効である．直前に 1,800～3,000mg を摂り，ヴァームウォーター（1,500mg）を登山中・直後に摂取するとよい．

（3）L-カルニチン

必須アミノ酸であるリシンから体内で合成されるビタミン様物質で，加齢とともに減少する．ファットバーナーとも呼ばれ，脂肪を燃焼させるのに重要な作用を有する．そのため，糖質を節約・温存でき，持久力向上につながる．体重 1kg 当たり 15～20mg／日が目安で，2～3 回に分けて毎日摂取することがポイントである．副作用は一般にみられない．とくに，登山の時には，出発 1 時間くらい前に摂取したい（1～3 時間後に血中濃度がピークに達する）．

(4) オリゴノール

抗酸化作用に加えて，相当なスタミナアップ，抗疲労作用が認められている[1]．たとえば，定期的に摂取している某大学陸上部員の多くが自己記録を更新しているように，登山でも大いに期待できそうである．摂取方法は，上記と同様である．

文　献

1) 大野秀樹：アスリートに対するオリゴノールの抗疲労効果．コーチング・クリニック，22(9)：44-48，2008．
2) 阿部　岳：スズメバチ研究とVAAMの発見．登山医学，23：19-36，2003．

[大野秀樹・木崎節子]

VIII 海外登山とトレッキング医学

[1] 高所医学総論

> キーポイント
> *高所医学とは，快適ならざる環境下（高所・低酸素・寒冷・脱水・日射・放射線など）で，いかに生体が生き延びているかを考える医学である．

1）高所医学とは：高所

"高所"といっても人により定義はさまざまである．ある人は3,000m以上を，ある人は5,000m以上をイメージするだろう．またある人は8,000mなければ高所でないというかもしれない．しかし，どの場合にも共通するのは，この言葉に"異常な状態である"というニュアンスを込めていることである．

"高所"とは，その地理的物理的特性（高度）がそこに赴く人々に医学的生理学的異常を与え得る所，と一応定義しておく．大体標高3,000m以上ということになろうが，標高2,400mでも肺水腫になる人もいる．地理学・物理学的というより，医学的な定義である．

2）高所医学とは：低酸素

図VIII-1の実線は空気中の酸素分圧（P_IO_2）である．地上では約150mmHg，エベレストの頂上（8,848m，大気圧（PB）=253mmHg）では約53mmHgである．ヘリコプターでエベレストの

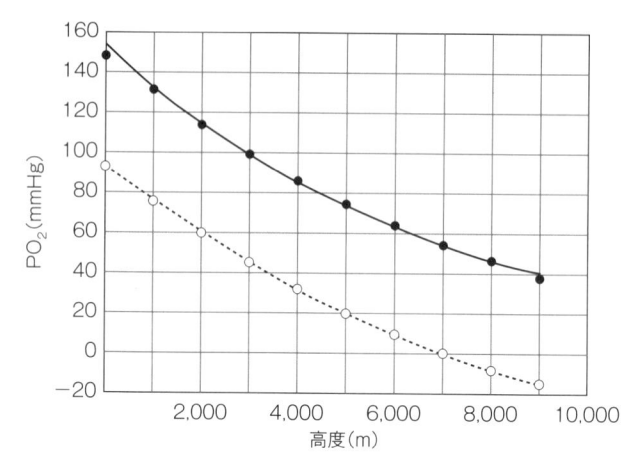

図Ⅷ-1 高度と酸素レベル
空気中（実線）と動脈（点線）の（理論的）酸素分圧

頂上に降り立ったとしよう．循環や呼吸や代謝に変化がまったくないとすると，図の点線に示すように，

$PaO_2 ≒ PAO_2 - 5 = P_IO_2 - PACO_2/R - 5 = (253-47) \times 0.21 - 40/0.8 - 5 ≒ -12 mmHg$

となり，理屈のうえでは血液中には酸素がまったくないことになる．こんなところでは運動どころか生存だって無理にきまっている．

8,848mが非現実的というなら4,000m，PB＝462mmHgにしよう．この高さにはエベレストのみえるホテルもあるし，それ以上の高さの峠だって世界中にはたくさんある．やはりヘリコプターで降り立つと，

$PaO_2 ≒ PAO_2 - 5 = P_IO_2 - PACO_2/R - 5 = (462-47) \times 0.21 - 40/0.8 - 5 ≒ 32 mmHg$

となる．動脈の酸素分圧が32mmHgしかありません，と病院でお医者さんに言ってごらんなさい．何を馬鹿なことをと笑われるか，即座にICUに担ぎ込まれるか，さもなくばもうすぐご臨終ですね

と宣告されるかのいずれかであろう．

"普通の医学"の結論はこのようなものである．

しかし，一部の特異な能力の持ち主はエベレストの頂上まで酸素補給なしに到達することができる．健康な人であれば4,000mの高さでも何日も滞在することができる．

"高所の医学"とは，酸素というヒトの生存に必須な材料が乏しくなった場合でも，ヘリコプターならダメだが歩いていけば生き延びることができるのはなぜかを考える医学である．もちろん，死なないまでもさまざまな障害はでる．これを高山病と呼ぶ．酸素が少ないので当然ではあるが，いったい細胞ではどういうメカニズムで酸素が使われるのか，臓器や組織ではどう反応しているのかは"高所"で実際調べなければ判らないことである．すべての臓器に低酸素による障害が見出される．またこういう慢性の酸素欠乏にどう対処したらよいかを考えるのも"高所の医学"の守備範囲である．

3）高所医学とは：寒さ

山の上は寒い．乾燥状態では約150m登ると気温は1℃ほど低下する．4,000m登れば26℃下がることになる．これは単純な物理法則であって，緯度とは無関係である．ただし，高緯度地方では夏と冬の気温差が大きい．赤道直下のキリマンジャロでは気温は年間を通じて安定しているのだが，冬のマッキンリーは厳しい．エベレスト頂上の平均気温を-40℃とみなしているが，冬期マッキンリーでは-50℃にもなる．ただ寒いだけではない．日中と夜間の温度差も大きくなる．照り返しのある氷河上であると，日中の+30℃から夜間の-30℃へと60℃の格差があり得る．また，風は寒さを増幅する．体感温度は低下する．これを風冷え効果という．エベレスト頂上の風速は150km/時に達することがある．

人は恒温動物である，というが，つまりは身体の細胞や組織で行われる生化学的反応を媒介する酵素の活性がある非常に狭い温度範

囲でしか保障されないということを意味する．体温が奪われると，全身の生化学反応が落ちる．筋肉は硬直し協調性を失う．心臓の刺激伝達は失調し，心筋の収縮力は落ち，心拍出量が低下する．寒冷に伴う利尿による循環血液量の低下もあいまって，組織とくに脳への酸素供給が阻害され，すべての脳の神経活動の低下が起こる．つまり，全身的には低体温症，局所的には凍傷という手痛いしっぺかえしを食らう．時には不可逆的な肉体的損傷を招くことになりかねない．これも高所医学の守備範囲である．

4）高所医学とは：乾燥・脱水

相対的湿度は山の上でも天候により変化する．雨や雪が降れば湿度が100%になるのは珍しくない．ただし，空気中に含まれる水蒸気の絶対量は高度と強い関係がある．高度というより気温がこれを決定する．20℃の飽和水蒸気圧は17mmHgである．つまり，20℃の空気は17mmHg分の水分を含み得る．ところが-20℃での飽和水蒸気圧は1mmHg．空気はたった1mmHg分の水分しか含めないのである．相対的湿度はどうであれ，高所の空気は常に"乾いて"いる．

高所ではだれもが呼吸が大きく早くなる．高度5,500mでのほんの軽い運動でも，呼吸によって肺から失われる水分は1時間当たり200mLと推定される．発汗による水分喪失も乾燥した空気のもとでは大きくなる．急激な水分喪失による脱水は血液を濃縮させ，血液を固まりやすくする．高所での脱水では地上での場合ほど強い口渇感をもたらすことがないので，登山者は意識して水分摂取につとめる必要がある．尿量を十分（1.5L／日）保つことも重要なので，高所登山者は1日最低3〜4Lの水分の摂取が必要である．

5）高所医学とは：日射・紫外線・宇宙線

空気の層が薄いこと，空気中の水蒸気量が少ないこと，いずれも太陽光線の空気中での散乱量を減らす．標高5,790mの晴れた日

の場合では，人体が吸収する日射量は海抜0mに届く日射量に比べ50%増加となっていた．とくに短波長の紫外線領域に影響が強くでやすい．地表面の反射も重要な要素である．通常では地表面の反射率は20%に満たないが，高所の雪や氷河では90%に達することがある．皮膚・目が障害を受けやすい．光学的遮蔽物（帽子やサングラス）は必携である．同じ理由で電離放射線被爆も増えると考えられている．

これらの高所環境のもたらす影響を考えるのが"高所医学"である．

[増山　茂]

[2] 高所医学各論

1. 高山病とは何か

キーポイント

＊高山病は，急性高山病と慢性高山病に分けられる．それぞれにつき国際的なコンセンサスが作られている．

1) 高山病の概念

エベレスト登頂者の8,400mでの実測によると，PaO_2＝24.6mmHg，$PaCO_2$＝13.3mmHgであった[1]．高所順化した登山家でも，PaO_2は富士山頂（3,776m）で45mmHg，エベレストBC（5,200m）で35mmHg程度しかない．高山病は主としてこの酸素の欠乏により引き起こされるさまざまな症候を指す．近年，チベットやアンデスなどでの高所旅行・トレッキングが容易になったため，日本人でも多くの事例を経験するようになった．もちろん2,500m

以上の日本の山でも起こる．また，この高所に定住している居住民にも当然長期的な影響がでる．

(1) 急性高山病 (acute mountain sickness : AMS)

低地居住旅行者が高山に赴いた時にみられる症状群を急性高山病と呼ぶ．重症化すると高所肺水腫，高所脳浮腫となる．これら用語の定義は1991年カナダのレイクルイーズで行われた第7回国際低酸素シンポジウムで世界的に統一された[2]．

①**急性高山病 (AMS)**：新しい高度に到達した際に起こる症状．頭痛はほぼ必発．かつ，以下の4症状のうち1つを伴う．消化器症状（食欲不振，嘔気または嘔吐），疲労および/または脱力，めまいおよび/またはふらつき，睡眠障害．

2,500mの高度に急激に登高すると25%の人に上記症状が3個以上あらわれる．4,000mの高度では半数以上の人が上記を経験し[3]，うち数%は重症化するとされる．

②**高所脳浮腫 (high altitude cerebral edema : HACE)**：重症急性高山病の最終段階．急性高山病患者に精神状態の変化か運動失調を認める．急性高山病症状がない時は，両者とも認める場合に高所脳浮腫とする．0.49%から1.8%の発生頻度報告がある[3]．

③**高所肺水腫 (high altitude pulmonary edema : HAPE)**：以下のうち少なくとも2つの症状がある．安静時呼吸困難，咳，虚弱感または運動能力低下，胸部圧迫感または充満感．また以下のうち2つの徴候がある．少なくとも一肺野でのラ音または笛声音，中心性チアノーゼ，頻呼吸，頻脈．

(2) 慢性高山病 (chronic mountain sickness : CMS)

標高2,500m以上に居住する人たちは，南米アンデスに3,500万人以上，アジアではチベット高原を中心に8,000万人以上いる．この中には高所への適応を喪失した群が人口の5〜10%もいるとされる．1928年南米で最初に報告された多血症・肺高血圧症を呈する

この群はその病態理解をめぐり混乱が続いてきたが、この概念を統一すべき世界的コンセンサスおよびその重症度を評価する青海CMS スコアが 2004 年中国青海省でまとめられた。長期的な高所適応不全は,成人にみられる多血症＋肺高血圧症を主症状とする群と,小児にも発症する多血症を伴わない重症の肺高血圧を呈する群という2つに分かれることになった[4].

①**慢性高山病（CMS）あるいは Monge 病（Monge's disease）**：2,500m 以上の長期間居住者にみられる高所適応不全. 多血症（女性：Hb≧19g/dL，男性：Hb≧21g/dL），高度な低酸素血症，中等度以上の肺高血圧症を伴い，肺性心へと進展する. 低地に下りれば軽快するが，高所に戻ると再発する.

②**高所肺高血圧症（high altitude pulmonary hypertention：HAPH）**：2,500m 以上に居住する小児・成人に発症する. 肺高血圧症（平均肺動脈圧＞30mmHg あるいは収縮期肺動脈圧＞50mmHg），右室肥大，心不全，中等度の低酸素血症があるが，多血症を伴わない（女性：Hb＜19g/dL，男性：Hb＜21g/dL）.

2）高山病の病因

高山病の病因は低酸素そのものである. 外界の酸素の不足に際し適切な換気の増加で反応できないと（低酸素換気応答が問題となる），血液の低酸素状態（低酸素血症）と（相対的）高二酸化炭素血症がもたらされる. 低酸素は，水電解質代謝ホルモン調節の失調を通じて体液貯留の異常をもたらし，細胞内から細胞外へと体液が移行する. 水電解質代謝異常による間質の浮腫が急性高山病の中心的病態であり，抗利尿ホルモン（ADH）や心房性ナトリウム利尿ペプチド（ANP）といった水分バランスに関係するホルモンが重要となる. また，アンジオテンシンⅡや一酸化窒素（NO），血管内皮成長因子（VEGF）など，肺血管の収縮感受性にかかわる物質も AMS の進展に関係する.

低酸素耐性には個人差がある．一方，CMSとHAPHの原因は，長期間の低酸素曝露に対する適応不全である．低酸素血症は，低酸素誘導転写因子1（HIF-1）を介して多くの遺伝子発現を制御する．このレベルでの失調がCMS発症に関連していると考えられる．高山病に関係する，あるいは低酸素環境での活動レベル保持にかかわるヒトの遺伝子として，アンジオテンシン変換酵素（ACE），血管内皮型一酸化窒素合成酵素（eNOS），血管内皮成長因子（VEGF），エリスロポエチン（EPO）などが注目されている．

3) 病 態

AMSの重症度評価のためには，前述の第7回シンポジウムでのレイクルイーズ・急性高山病評価スコアの使用がよい[2]．

急性高山病の症状の多くは軽度の脳浮腫によると考えられるが，頭蓋内圧の亢進から昏睡へと進んでいく徴候を見逃してはならない．頭痛薬でも治らない頭痛，吐く，周囲に無関心/寝てばかりいる，運動失調，無頓着/感情隠蔽などは注意すべき症状である．

HACEでは腱反射は弱く遅延する．複視に伴う眼瞼筋麻痺があり得る．CT，MRIは診断を容易にする．すべての症状が悪化の一途をたどり，立位を保持できないほどの運動失調があらわれると致命的となる．この時点ではHAPEを合併していることが多い．

HAPEになれば上記症状はさらに重篤化する．起座呼吸，頻脈，頻呼吸となりチアノーゼがあらわれる．聴診ではラ音を聴取し肺高血圧を反映してII音は亢進する．心電図上右室負荷をみる．心不全により，頸静脈怒張，浮腫があらわれる．軽度の体温上昇がある．血圧は正常かやや上昇する．胸部X線写真では，限局性あるいは広範性の肺水腫像をみる．気管支肺胞洗浄液のタンパク質濃度は著しく高く細胞成分も著増する．

急性高山病は，個人に再現性がある．高齢者ほど頻度が高く程度も強い．また，慢性疾患保持者はリスクが高い．ただし，登るスピー

ドを抑える．事前に高度を経験しておくことで症状を軽減することができる．AMSのある高血圧患者は，ない人に比べ正常時も血圧が高く，肥満者のAMS頻度は非肥満者のそれより3倍も高い[3]．予防するためには，体を鍛える，体調を整えることも大切である．また，アルコール・睡眠薬などは避ける．

アセタゾラミド（ダイアモックス®）は，飛行機などで高所に到着する場合や急速に高度を稼ぐ必要のある場合，高所でいつも調子が悪くなる（とくに睡眠障害）人には，予防薬として使用することがある．

CMSの患者は息切れ・動悸，睡眠障害，チアノーゼ，静脈の拡張，知覚障害，頭痛，耳鳴りなどを訴える．これらの症状を数値化して重症度を判定するのが青海CMSスコアである[4]．これらの症状は低地に降りれば消えてしまうのだが，戻ってくると再発する．

4) 診断と鑑別診断

AMSは発症するのが特殊な状況下であるので診断は難しくない．積極的に他の疾患を考えられない時はAMSと考える．重症度評価は上記レイクルイーズ・急性高山病評価スコアによる[2]．ただし，寒冷乾燥した空気による乾性咳は高山ではよくみられる．食事の変化による消化器症状はどこででもあり得る．高所肺水腫に高熱を伴う場合肺炎と紛らわしいことがある．意識障害が高血糖性あるいは低血糖性であったとの報告がある．脳内出血による神経原性肺水腫も報告されている．低地で慢性疾患を持つ人では，高所では症状が増強されることに注意する．高齢者での脳血管障害・心筋梗塞・肺動脈血栓塞栓症・解離性大動脈瘤の破裂による突然死例が高所でも報告されている．これらは低酸素状態が関係しているのではあろうが，急性高山病とはいえない．

5) 治療と予後

AMS治療につき，国際山岳連合医療部会（UIAA MedCom）の緊

急処置提言は参考になる[5]．中等度のAMSではそれ以上の高度に進むことを取りやめ休養とする．頭痛には解熱鎮痛薬（アスピリン・アセトアミノフェンなど）を服用する．重症化が考えられる場合は，下山が最善の方法である．低酸素血症の改善のためには酸素投与を行う．それができなければ加圧治療バッグ（プレッシャー・バッグ）の使用を考える．

　低酸素で抑制されている呼吸を刺激するためには，アセタゾラミド（ダイアモックス®）などを使用する．高所での肺高血圧症（HAPE）の改善にはシルデナフィル（レバチオ®）の使用が近年評価されている．ニフェジピン（アダラート®など）の効果も古くから確認されている．事情が許せば一酸化窒素（NO）吸入も考える．HACEでの脳浮腫改善に，デキサメタゾン（デキサメサゾン®）が使用されている．

　CMSの最善の治療は，低地に降りることである．かなわない場合は，瀉血が行われる．ダイアモックス®投与も有効である．

文　献

1) Grocott MP, et al.: Arterial blood gases and oxygen content in climbers on Mount Everest. N Engl J Med, 360: 140–149, 2009.
2) Hackett PH and Oelz O: The Lake Louise consensus on the definition and quantification of altitude illness. In: Sutton JR, ed., Hypoxia and Mountain Medicine, pp327–330, Queen City Printers, 1992.
3) Tian-Yi Wu, et al.: Who should not go high. High Alt Med Biol, 8: 147–157, 2007.
4) Leon-Velarde F, et al.: Consensus statement on chronic and subacute high altitude diseases. High Alt Med Biol, 6: 147–157, 2005.
5) UIAA Advice and Recommendations < http://www.theuiaa.org/medical_advice.html >

［増山　茂］

2．高所肺水腫

キーポイント

＊標高 6,000m 以上の高山で発症する高所肺水腫は，低地移送することが地形・気象上困難であることが多く，症状が重症であり救命率が低い．また，標高 6,000m 未満の山への登山者やトレッカーの増加に伴い，高所肺水腫が増加している．
＊治療としてもっとも大切なことは，できるだけ早く，できるだけ低い場所へ下りることである．
＊高所障害を防ぐための原則は以下の3項目である．①1日であまり高く登り過ぎない，かつ早く登り過ぎない．②最初のうちは身体を動かし過ぎない．③泊まる高度を前日より450m 以上高くしない（climb high-sleep low の原則）．

1）概　要

　山森の調査によれば，1952年から2008年までの56年間に，ヒマラヤにおける遭難死した登山者数は274人である．死亡事故の直接原因を分析すると，雪崩などの気象要因による遭難死が128名（46.7%）であり滑落が82名（29.9%），疲労凍死を含めた急性高山病などの高所要因による遭難死は46名（16.7%）であり，残る18名は行方不明者である．また，近年急増している標高6,000m未満の山への日本人登山者やトレッカーの遭難死は69名に達しており，この内29名（42%）が急性高山病であり，23名（33%）が雪崩などによるものである．ヒマラヤの高所でみられる高所肺水腫と日本の3,000m前後の登山中に起こるものとの違いは，①低地移送することが地形，気象上から困難であることが多い，②ヘリコプターなどの救助体制が整備されていない，③症状が重症であり，低地に移送しても容易に改善しない，④いったん高所順化していても，さらに高所に到達すると高所肺水腫を発症する，などである．これらの理由で，標高6,000m以上の高所で高所肺水腫が発症すると救命率は低い．

2）診断のポイント

山森の集計したヒマラヤ登山の日本隊遭難の記録から高所肺水腫の典型例を以下に示す．

【症例1：MS　32歳　男性】

1972年春，ダウラギリⅣ（7,661m）の初登頂を目指して，A県山岳連盟9名でコーナボン氷河に入り，3月23日3,450mにBC建設，4月26日6,200mに第4キャンプを建設．27日夜から横になると咳がでて，夕方の交信で同僚のK隊員の2人とも高所障害になっていると報告された．28日M隊員，K隊員とシェルパが第5キャンプ予定地を探した．29日両隊員は第4キャンプで休息した．30日K隊員は，M隊員が左足は靴をはきスパッツもつけていたが，右足は内靴だけでテントに寄り掛かっていたのを発見し，M隊員を寝袋に入れた．正午ごろ口いっぱいに泡を吐き，突然息を引き取った．17時55分第3キャンプから医師が到着し，死亡を確認した．K隊員も咳や痰の他，顔面に軽度の浮腫があり，独りで歩ける状態ではなかった．翌日仲間とともに下山を開始して4日後にBCに着いたが，下降するにつれ諸症状は急速に改善した．

　高所肺水腫の最初の症状は咳であり，さらに高度を上げて進行すると休息していても息切れがあらわれ，次第にごろごろした荒い呼吸となり，泡状の痰，血の混じった痰をだし，強い呼吸困難や胸部の圧迫感を訴え，体温の軽度上昇などがみられる．これらの症状は夜間に急速に増悪する．脈拍数110拍／分以上，呼吸数30回／分以上は進行している状態である．パルスオキシメータで測定される動脈血酸素飽和度（SpO_2）も急速に低下する．胸壁に耳をつけるとごろごろとした荒い呼吸音を聞くことができる

3）応急処置とその後の対策

　高所肺水腫の治療としてもっとも大切なことは，①できるだけ早

く，できるだけ高度の低い場所へ下山することである．300mくらい下山させるだけで症状が劇的に改善することがある．②酸素吸入が有効である．酸素が十分あれば，最初の数時間は6〜10L/分，症状の改善がみられたら2〜4L/分に減量する．③薬物療法としてとして，アセタゾラミド（ダイアモックス®500mg/日），カルシウム拮抗薬（ニフェジピン10〜20mg経口6時間毎，または同徐放錠20mg投与），副腎皮質ステロイド薬（デキサメタゾン8mg経口または静注，その後6時間毎4mg追加投与）が使用される．それぞれの薬剤には副作用があることを留意しておく．

また，低地移送が困難の場合，重症な患者を下山させる前または，搬送のためのヘリコプターを待っている間には，加圧治療バッグ（プレッシャー・バッグ）の使用が有効である．この装置は軽量（6.6kg）であり，足踏みポンプで加圧環境を作り，患者がバッグの中に入ると，劇的に症状が改善することがある．改善が一時的に得られても早くに下山をさせることを優先する．

4）急性高山病予防のためのヒマラヤ救助協会のトレッカーへの提言

(1) 急性高山病の症状をよく理解しておき，行動中早期に自覚することが大切である．
(2) 急性高山病の症状があらわれたら決してそれ以上登ってはいけない．
(3) 急性高山病の症状が悪化するようならすぐに下山する．
(4) 急性高山病患者と同じ言語を話せるメンバーが付き添って下山させる．

詳細は，ヒマラヤ救助協会webサイト（http://www.himalayanrescue.com/）を参照されたい．

文 献

1) 山森欣一：ヒマラヤ登山遭難の記録（1952年-2008年＝56年間），日本登山医学会評議員会での報告書，2008．
2) 日本山岳会高所登山研究委員会：重篤な高山病の体験．日本山岳会高所登山研究委員会編，日本人8000m峰登頂者へのアンケート調査．pp18-19，日本山岳会，2002．
3) Franz Berghold: Practical recommendations for altitude-acclimatization. In: Ohno H, et al. eds., Progress in mountain medicine and high altitude physiology, pp305-311, Press Committee of the 3rd World Congress on Mountain Medicine and High Altitude Physiology, Matsumoto, 1998.
4) Ward MP, et al.: High altitude Pulmonary edema. In: Ward MP et al. eds., High Altitude Medicine and Physiology, pp388-411, Chapman & Hall Medical, 1995.

［小林俊夫］

3．高所脳浮腫

キーポイント

* 高所脳浮腫は，低酸素による脳浮腫が原因であり，急性高山病の重症型と捉えられる．短時間で死にいたるので，早く察知して，一刻も早い対処が必要である．
* 急性高山病症状である頭痛等が激しくなるととともに，運動失調や行動異常，幻覚などの意識変容といった神経症状が少しでも出現すれば，高所脳浮腫を疑う．
* ただちの下山（少なくとも500〜1,000m以上）とともに副腎皮質ステロイド薬（デキサメタゾン）の投与が有効である．下山までの応急処置としては，酸素投与や加圧治療バッグも効果的である．

1) 概　要

　高所脳浮腫は，急性高山病の重症型と捉えることができ，急性高山病と同様の頭痛，疲労感などに加えて，運動失調や行動異常，幻覚などの意識変容といった神経症状が急速に進み，昏睡より死にい

たる重大な病態である．低酸素による脳の浮腫が原因であるが，その原因として，脳血管の浸透性の亢進による細胞外液の増加とともに，脳細胞障害による細胞内浮腫が考えられている．前者が主要と考えられておりその原因として，内皮細胞増殖因子や一酸化窒素（NO）の関与，低酸素と過度の運動による脳血流の調節異常などがいわれている．急性高山病の症状が悪化，または改善せず，神経症状の徴候が少しでもみられたら，高所脳浮腫を疑い，一刻も早い対処が必要である．

　病理機序や進行過程において，急性高山病と高所脳浮腫は連続したものと捉えられているが，その根拠は下記のとおりである．高所脳浮腫症例の脳 MRI の所見では，脳梁や放線冠といった白質の浮腫を主に示すことから，血管性浮腫（細胞外浮腫），つまり，血液−脳関門の破綻が主要な機序で，細胞内浮腫は高所脳浮腫の後期に伴うと考えられている[1]．高所脳浮腫の回復例 MRI にて，脳梁部にヘモジデリン沈着が証明された報告があり，小出血を伴っていたことも推測されている[2]．急性高山病症例においても，最近の脳 MRI の信号の詳細な分析により，軽度の細胞外浮腫を伴っており，高度の急性高山病においては軽度の細胞内浮腫も伴うことがわかってきた[3]．したがって，高所脳浮腫の治療の目的は，脳容積の縮小と血液−脳関門の破綻をブロックすることであり（酸素供給，ステロイドなど），二次的な虚血を予防することであるといえる．急性高山病と高所脳浮腫の連続性とともに重要なのは，高所肺水腫と高所脳浮腫が合併することがしばしばあることである．高所脳浮腫の症状を伴わない高所肺水腫の症例においても，すでに，脳圧の亢進をきたしているとする報告がある[4]．すなわち，高所肺水腫により体内低酸素が急激に悪化する場合，高所脳浮腫に移行しやすいという，両者の密接な連続性があるといえる．

　高所脳浮腫の対策として，予防や早期発見がもっとも重要であり，

下記の危険要因を留意すべきである．①急速な高所移動（飛行機，車，強行な計画），②過去の高山病（急性高山病，高所肺水腫，高所脳浮腫）の既往，③脱水の存在，そして，④4,000m以上の高所での行動が，高所脳浮腫発症のリスクといえる．高所脳浮腫は，急性高山病における軽い浮腫が重症化した病態であると考えられる．急性高山病は高所肺水腫や高所脳浮腫に急速に移行し得る重大な医学的状態であることを常に認識し，レイクルイーズ・急性高山病評価スコアによるチェックシートなどを用いて，どんな症状や徴候も，隊のリーダーにこまめに報告することが重要である．急性高山病が持続したり悪化する時には，神経症候を見逃さないことがもっとも重要で，致死的な高所脳浮腫の予防や早期発見につながる．

2）診 断

急性高山病症状が，24〜36時間前に先行する場合が多い．普通の鎮痛薬では効果の乏しい頭痛，食欲低下，悪心，嘔吐，めまい，光を嫌う，物が二重に見えるといった症状が起こる．活動力の著しい低下，引きこもり，易怒性，理不尽な行動なども生じる．急性高山病から高所脳浮腫への移行を察知することはしばしば困難であるが，失調や行動異常，幻覚，錯乱などの意識変容，傾眠などの意識低下といった神経症状が少しでも出現すれば，高所脳浮腫を疑って，一刻も早い対処が必要である．

チベット青蔵鉄道の作業員にみられた高所障害の調査においても，高所脳浮腫の初期症状は，運動失調であることが確認された[5]．運動失調による歩行のふらつきや協調運動障害が初期症状として多いことがわかっていても，頭痛を伴いテントで休んでいる状況では，本人が怒りっぽくなるとともに，異常がないと主張する傾向があり，そういう時は見逃されやすい．次のいくつかの検査を行って，運動失調による協調運動やバランスの障害をチェックすることが必要である．

①目をつぶって，人差し指で自分の鼻を触る動作を素早く繰り返すことができるかどうかで，手の運動失調がないかどうかをみる（指鼻試験）．②片足のつま先と他足の踵をくっつけながら，直線上を歩けるかどうかで，足の運動失調をみる（つま先踵試験）．③直立して，手をおろしたまま，立っていられるかどうかで，体幹の失調がないかをみる．④簡単な計算ができるかをチェックしてみる．これら①～④のうち，どれかができないか，あるいは困難であるようなら，高所脳浮腫を強く疑う．

進行すれば，激しい頭痛，失調の進行による歩行や座位保持困難，意識障害をきたし，治療がなされなければ，数時間から1～2日以内で死にいたる．呼吸困難や肺呼吸音の異常もしばしば伴い，高所肺水腫を合併することも多い．すなわち，急性高山病と高所肺水腫と高所脳浮腫を同時に合併し得ることを知っておく必要がある．高所肺水腫により体内低酸素が急激に悪化する場合，高所脳浮腫にいたる経過が急激で，頭痛を伴わない場合もまれにあるので注意を要する[6]．

高所脳浮腫に対する検査としては，血液検査においては，特異的な所見はない．胸部レントゲンにて，高所肺水腫の合併の証拠が確認できる．髄液検査では，圧の亢進がみられるが，細胞や生化学所見は正常である．頭部CTにて，脳浮腫による大脳の低吸収域と脳室の圧排がみられる．脳MRIでは，脳浮腫の所見が白質の中でもとくに，脳梁にT2高信号所見として認められるのが特徴である．

以下の病態は，高所脳浮腫と同様な症状を示すため，鑑別が必要である．極度の疲労，脱水，熱中症，代謝障害（低血糖症，糖尿病性ケトアシドーシス，低ナトリウム血症），脳血管障害（脳梗塞，脳出血），てんかん，一酸化炭素中毒，脳腫瘍，髄膜脳炎，中毒（薬や植物）などがある．

3）対策と治療

　高所脳浮腫が疑われた場合，本人を決してひとりで放置してはいけない．短時間に重症化し，異常行動や意識障害をきたす可能性があるからである．もっとも重要な処置は，高所肺水腫と同様に，ただちに低地に降ろすことである（少なくとも500〜1,000m以上）．一刻も早く下山することがもっとも大切であり，様子をみたり，翌朝まで待ってはいけない．並行して，酸素吸入を行い，座位にし，暖める．副腎皮質ステロイド薬（デキサメタゾン）の投与がもっとも有効な治療法であり，最初に8mg投与，その後，6時間ごとに，4mgごとの投与を繰り返す．筋肉，静脈注射，または，経口投与を行う．経験的に，アセタゾラミド（ダイアモックス®）250〜500mg/日が有効とされているが，科学的エビデンスにはいたっていない．下山がすぐに不可能な場合や救助を待つ間に，加圧治療バッグ（プレッシャー・バッグ）の使用も効果的である．2psiの加圧ができるので，輸送せずにある程度の下山をするという効果が得られる．しかし，応急処置にすぎない．下山と上記の処置により，素早い回復を期待できる場合が多いが，回復が数日から数週間遅れたり，下山と治療にかかわらず死にいたるケースもある．

文　献

1) Peter H, et al.: High-altitude cerebral edema evaluated with magnetic resonance imaging: clinical correlation and pathophysiology. JAMA, 280: 1920–1925, 1998.
2) Kallenberg K, et al.: Microhemorrhages in nonfatal high-altitude cerebral edema. J Cereb Blood Flow Metab, 28: 1635–1642, 2008.
3) Schoonman GG, et al.: Hypoxia-induced acute mountain sickness is associated with intracellular cerebral edema: a 3 T magnetic resonance imaging study. J Cereb Blood Flow Metab, 28: 198–206, 2008.
4) Fagenholz PJ, et al.: Evidence for increased intracranial pressure in high altitude pulmonary edema. High Alt Med Biol, 8: 331–336, 2007.

5) Wu T, et al.: Ataxia: an early indicator in high altitude cerebral edema. High Alt Med Biol, 7: 275-280, 2006.
6) Thomassen O and Skaiaa SC: High-altitude cerebral edema with absence of headache. Wilderness Environ Med, 18: 45-47, 2007.

［奥宮清人］

[3] 高所登山・トレッキングの一般的な注意

キーポイント

＊高所という環境のリスクと持病など各自のリスクを認識する．
＊水分の補給が肝心．
＊酸素，パルスオキシメータ，プレッシャー・バッグなど対策機器の準備．
＊ポーターの健康管理もトレッカー，登山者の責任．
＊オーガナイザーの質を問う．

1) 突然死のリスク

　高所登山，トレッキングでの代表的なリスクであった急性高山病は，そのメカニズムは完全には解明されてはいないものの，ある程度の対処法は確立している．ヒマラヤなどでは，重症であれば要求される早期の下山(ヘリコプターによる救助)も可能になった．海外の高所を目指す中・高年者が増えたいま，怖いのは「突然死」である．

　「突然死」とは「発症から24時間以内の予期しない内因性死亡」と定義されており，日本人では1,000人に0.5～1.0人が該当するとされている．年間5,000人の日本人が海外の山の高所に出かけていると推測されているが，事実，年間数名が突然死している．日本国内での登山，ハイキング中の突然死の約8割が心臓疾患であり，心筋梗塞がほとんどである．その3分の2は重症の不整脈(心室細動)で死亡したとされる．都市部で発症し，救急外来に運ばれれば7割

は救命できるといわれているが，海外の山や辺境の地では通信，輸送手段が限られており，救命率はかなり下がる．

心筋梗塞の危険因子（リスクファクター）は，脂質異常症（高脂血症），高血圧，糖尿病，高尿酸血症，肥満，喫煙であり，さらにリスクを増加させる因子としては，過労，睡眠不足，脱水，アルコール，コーヒー，ストレスがあげられる．海外の高所での突然死の要因は，心臓疾患や脳血管疾患だけでなく，肺塞栓症など国内より多様性があるのではないかと指摘されている[1]．

事前の健康診断は必須である．そこで，日本登山医学会の主導で海外トレッキングに出かける人を対象に登山医学専門医が共通の検診を行い，高山という特殊環境を考慮してアドバイスするという「登山者検診ネットワーク」が設立された（詳細はV-5（pp170〜174）参照)[2]．

各専門医が必要とする検査項目をすべて網羅するのは，検査時間，費用の面で現実的ではなく，現在行われている検査項目が十分ではないかもしれないし，事前の検査ですべてのリスクが回避できるわけでもない．しかし，この一歩が登山者の高齢化に伴う突然死の対策の始まりである．

残念ながら，ほとんどの死亡例は病理解剖されていない．しかし，従来の「肺水腫」，「脳浮腫」が死因とされている例も，状況から判断して心血管系の障害によるものである可能性がある．また，高齢化に伴い，高血圧，糖尿病，痛風，心臓疾患など慢性疾患をかかえたまま海外の高所にでかける人々も多い．もはや高齢や慢性疾患を持っているということで，海外の高所トレッキングや登山を禁忌とするのは現実的でなく，いかにそれらのハンディキャップをコントロールできるかが重要である．

2）持病のコントロール

冒険スキーヤーの三浦雄一郎氏は，70歳でエベレストに登頂し

た際に不整脈・心房細動を発症し，サポートの医師団からは登山もスキーもあきらめるよういわれたが，「もう一度エベレストの頂上に立ちたい」という一心でいくつもの病院を回った．アメリカまででかけ専門医の診断を受けたが，「これほどひどい状態で，しかも70歳でエベレストを登ったというのは心臓の不整脈世界記録だ」とまで驚かれている．しかし，ついにカテーテルアブレーションでの治療をすすめる医師と出会い，2度の手術を経て75歳で再度エベレストに登頂成功した．登頂時は次男の豪太氏が同行し，超小型の心電図計まで携行して体調を管理する体制を整えた．定期的に測定された心電図計などのデータは通信衛星端末で日本にいるサポートの医師に送られ，解析されるというシステムであった．

2006年には1型糖尿病患者がエベレストの登頂に成功しているが，この際にも事前に徹底した血糖値の管理システムを構築していた[3]．

両例ともに単にチャレンジの精神だけで突撃したわけではなく，綿密なバックアップ体制をとっているのである．年配の登山者には山での飲酒，喫煙を楽しみにしている人も多い．心臓疾患をかかえながら，チョモランマのベースキャンプ，標高5,200mに車で到達したその日に焼酎を飲み，かつ人に勧める豪傑（？）もいるが，加齢も含めハンディを背負った人の高所トレッキング，登山はそれなりのリスクが生じ，社会的な責任もある．事前のメディカルチェックは当然のことなら，現地での自己管理も求められる．ハンディを認識し，具体的に高所では持病がどのような影響を受け，どのような症状を発し，具体的な対処方法があるかなどを詳しく主治医から聞いておく必要がある．

3）Global standard～海外の常識～

2006年，南米最高峰のアコンカグアでは，続けて起きた中・高年登山者の「突然死」に対応するために，キャラバン途中のコンフ

ルエンシア（標高 3,300m）とベースキャンプであるプラサデムーラス（標高 5,000m）で，50歳以上の登山者，トレッカーに対して公園事務所の医師によって血圧，動脈血酸素飽和度（SpO_2）の測定，問診がなされていた．高血圧症でも適切にコントロールされているとみなされれば，入山許可が出る場合もあるが，英語が通じない地元医師とコミュニケーションがとれないまま下山命令が出された登山者，トレッキング・グループもあった．自分の疾患を英語で説明できなければならず，また服用している薬剤も日本の商品名では通じないので，一般名を英文でしめさなければならないのである．海外で地元の医師や通りがかりの医師に治療を受けることも多い．自分自身のメディカルチェックのデータと服用している薬は英文で説明できなければならないだろう．

また，急性高山病予防に不可欠な薬としてアセタゾラミド（ダイアモックス®）を勧めている日本の医学系学会もある[4]．そのためか，中・高年登山者やトレッカーの間では，いまや高所での魔法の薬として，飲まないと登れぬとさえ思い込まれている節もある．しかし，ISMM（国際登山医学会）のガイドラインでは，ダイアモックス®を急性高山病の予防薬としては例外を除き決して勧めていない[5]．

海外の医師や山岳ガイドもダイアモックス®の予防的服用には賛成しない人が多い．急性高山病予防には水分補給がなにより肝心で，ダイアモックス®は利尿作用があり，コーヒーなども含めて脱水を誘引するものはできる限り排除しようという考えのようである．ダイアモックス®に頼ろうとする日本人中・高年登山者は日本特有の現象かもしれない．ダイアモックス®を服用すると運動能力が26%も落ちるという研究すらある[6]．

ある日本人登山者はキリマンジャロ登山のためにダイアモックス®を処方してもらおうと，インターネットでみつけた急性高山病予防のためのダイアモックス®を処方してくれるクリニックを訪れ

たところ，高所登山によいといわれ，加えて副腎皮質ステロイド薬（メドロール®）を処方されたという．ヒマラヤなどの超高所で仕事をする欧米の山岳ガイドは，デキサメタゾンなどの副腎皮質ステロイド薬を携行していることもあるが，あくまでも万が一の緊急治療用である．急性高山病予防で副腎皮質ステロイド薬を服用することは推奨されていない．

ダイアモックス®の作用メカニズムも，欧米では体液を酸性に傾かせて呼吸中枢を刺激し換気量を増やすとされているが，日本では利尿効果によるものと信じている医師もいるようである．急性高山病の原因は浮腫であり，その予防や治療には利尿薬という考えに基づいていると思われる．主治医から予防薬としてフロセミド（ラシックス®）を服用せよと勧められたケースがある．またダイアモックス®の処方を頼むと，より効果があるとラシックス®を処方された人もいたが，海外の医師や山岳ガイドにとっては信じ難いことらしい．

エベレストなど有名な山ではベースキャンプに多くの登山隊が入ることもまれではなくなった．1996年のエベレスト大量遭難では各登山隊の医師たちが協力して救助活動を行った．今後も日本も含めた各国の医師たちは，共通のガイドラインに沿った対処，治療を行うことが大切であろう．

4）水分補給

運動中に水分摂取が重要なことは現代のスポーツ界では常識である．高所では空気が乾燥しており，また激しい呼吸から呼気中に失われる水分も多い．脱水が血液の粘度を強めることから，高齢者には血栓症のリスクが増えることが怖い．高所ではのどの渇きが要求する水分摂取だけでは不十分とされる．1日3～4Lの水分摂取が必要とされている．

最近，ペットボトルの水を持参する人が多いが，大量のプラスチック投棄となる可能性があるので，環境保全の面ではペットボト

ルでの持ち込みは好ましくない.煮沸した湯が一番安全ではあるが,薪の消費を増やすというので,KEEP(Kathmandu Environmental Project)では,環境へのローインパクトな方法として,生水にヨード添加をすすめている[7].日本人旅行者が飲み水の消毒に使用している次亜塩素酸は,ジアルジアなど原虫の嚢子には効かないため,欧米人の間ではヨードが使われている.またウイルスの除去はできないものの,フィルター式の浄水器も使われる.

ザックの中に入れたバッグからチューブを通して水を吸うハイドレーション・バッグも日本で使われるようになったが,高所登山ではチューブの水が凍りつき,そのままでは使用できない.ハイドレーション・バッグをザックの中にいれずに,バッグにストラップをとりつけ,羽毛服の下に装着する.防寒用にネオプレーンのカバーをつけたホースも衣類の中に入れておき,使う時だけホースの口を取り出す方法が最近とられている.

5）急性高山病対策機器

急性高山病対策としては,酸素ボンベ,SpO_2を測定するパルスオキシメータ,プレッシャー・バッグと呼ばれる加圧治療バッグの携行は,プロの間ではすでに常識となっている.パルスオキシメータより聴診器のほうが確実に診断できるという意見もあるが,よほどの経験がないかぎり,それも医師でないものが聴診から肺水腫を判断するのは難しい.確かに単純にパルスオキシメータの数値だけでは判断できないので,医師の判断が求められることがある.最近では衛星携帯電話の携行が一般化しており,公衆電話回線がないところでも,世界中の医師の判断をあおぐことができる.高齢化に伴い,慢性疾患などが原因になっている可能性がある.自己判断ではなく,専門医の指示を受けたい.たとえば,医療従事者でないものが酸素吸入を指示しても,医療行為として認められず,保険金が出ない場合もあるが,衛星電話で指示を受けて使用すれば,その限り

ではないだろう．

6）ポーターの健康管理

シェルパなど高地民族は，最近ではロッジ経営など楽な仕事を選ぶようになり，ポーターなどの体力的に苦しい仕事は避けるようになってきた．このため，低地民族が仕事を求めて高所にあがり，不十分な衣類と装備で5,000mの高所を30kgもの重荷を背負う傾向がみられる．低地民族は高所適性に欠け，当然，急性高山病，雪眼，凍傷などのリスクが増えることになる．病に倒れ，その場で解雇されたあげく，トレイルで死亡してしまう悲惨なケースもみられる．トレッカーや登山者が直接的に雇用している場合は当然であるが，トレッキング会社を通じている場合でも，ポーターの健康管理の道義的責任はあるので，ガイドなど責任者にポーターの取り扱いについて確認する必要がある[8]．

7）オーガナイザーの選択

高齢化に伴い，登山，トレッキング・ツアーに参加する高齢者が増えている．高所では，急性高山病対策のノウハウ，SpO_2を計測するパルスオキシメータやプレッシャー・バッグの準備，そして緊急時の対応など，個人では対応できないことも多い．そこで海外のトレッキングや登山を組織するオーガナイザーの選択が重要となってくる．中にはチベットを訪れるツアーの募集案内に急性高山病のリスクを明示していなかったり，リーダーがプレッシャー・バッグの扱い方を熟知せず携行しているグループもある．アメリカのドキュメンタリー番組で，日本人山岳ガイドが組織したエベレスト公募隊が医薬品を持参していないという例を，シニカルに紹介していたこともあった．オーガナイザーの質をチェックするスタンダードの設定は，国際山岳連合医療部会（UIAA MedCom）でも検討されている．

最近，資格のない個人，山岳会，ハイキング・グループの中で，海外トレッキングや登山ツアーを一般募集しているのをみかける

が，旅行業法に抵触しているケースが多い．旅行業法では観光庁長官への登録がないものが，報酬を得て一般からツアーの募集を行うことを禁止している．山岳会主催の場合も全国組織で会員数が多い場合は一般募集とみなされる．登録業者の組織するものであれば，旅行業約款の特別補償規定などで，参加者自身も守られる．

中・高年登山者には加齢，持病とハンディは多いかもしれないが，それらを克服しながら海外の高所を目指すのも，ひとつのチャレンジであり楽しみでもある．各自の夢・目標を設定し，その実現を果敢にしかし周到な備えで目指してもらいたいものである．

文　献

1) 増山　茂監修：登山医学入門．p108，山と渓谷社，2006．
2) http://www016.upp.so-net.ne.jp/JSMM2006/JSMM/tozansha_kensin_net.htm
3) http://www.breeze2.jp/simplify/
4) 篠塚　規：天国に近づく！！高山病の旅行医学．Mebio，18：104-108，2001．
5) http://www.ismmed.org/np_altitude_tutorial.htm#treatment
6) 山内武巳：体液変化．宮村実晴編著，高所-運動生理学的基礎と応用-，p194，ナップ 2000．
7) http://www.keepnepal.org/others/water.htm
8) http://www.ippg.net/

[貫田宗男]

[4] 高所トレッキングの注意

キーポイント

＊海外高所トレッキング（登山遠征）において，とくに開発途上国に行く時には，日本にない感染症（たとえば，マラリアやデング熱など）が存在する可能性があるので，急性高山病のみならず，そ

れらに対しても，注意する必要がある．
* 地域によっては，予防接種が必要，または予防接種をしたほうがよい地域があるので，事前に準備する必要がある．
* 海外トレッキング（登山遠征）は，異文化理解への配慮が必要である．
* 現地で適切な医療を受けようとした時，先進国および開発途上国を問わず，医療費が高額なことが多いので，事前に旅行保険に入っておくことが重要である．

日本の最高峰は，標高 3,776m の富士山であり，登山やトレッキングにおいて日本でこれ以上の高所にいくことはないので，日本で急性高山病において死にいたるケースはまれである．本項での高所トレッキングとは，おもに海外でのトレッキングおよび登山遠征を想定して述べる．

1）一般的な注意

出発前の超多忙スケジュールは避ける．過労，ストレスは，免疫力を低下させ，病気になりやすくなる．旅行自体も気温，湿度の変化，飛行機による気圧の変化など，体に負荷がかかりやすい．ネパールのヒマラヤにおいても，日本人トレッカーは急性高山病になりやすい，というデータがでている[1]．出発前は，十分休養をとるように心がけるべきである．

2）トレッキング，登山地域における現地の医療情報・医療施設情報の収集

海外でのトレッキングおよび登山遠征では，表Ⅷ-1に示したwebサイトや図書を参考にして，現地の医療情報などを事前に把握しておく必要があると思われる．

また，事故や病人がでた時に備え，インターネットなどで外国人の旅行者や現地邦人などが利用している医療水準の高い病院などを把握しておくようにする．現地日本大使館の住所や電話番号なども把握しておく必要があると思われる．

表Ⅷ-1　海外トレッキング・登山遠征における医療情報収集ガイド

(1) インターネット
日本語
・海外旅行者のための感染症情報 ……… http://www.forth.go.jp
・外務省在外公館医務官情報 ………… http://www.mofa.go.jp/mofaj/toko/medi/index.html
・外務省海外安全ホームページ ………… http://www.anzen.mofa.go.jp/
・厚生労働省感染症情報 ……………… http://www.mhlw.go.jp/bunya/kenkou/kekkaku-kansenshou.html
・労働者健康福祉機構海外勤務
　健康管理センター（JOHAC）………… http://www.johac.rofuku.go.jp/
・国立感染症研究所 …………………… http://idsc.nih.go.jp/disease/vaccine.html
　感染症情報センター
英　語
・WHO International Travel and Health… http://www.who.int/
・GLOBAL HEALTH NETWORK ……… http://www.pitt.edu/
(2) 参考図書
・荻原理江監修：地球の歩き方・旅のドクター．ダイヤモンド社，1998．
・海老沢功：旅行医学 第2版．日本医事新報社，2003．
・WHO：International Travel and Health.
(3) 現地の医療施設情報
・外務省在外公館医務官情報 ………… http://www.mofa.go.jp/mofaj/toko/medi/index.html
・外務省海外安全ホームページ ………… http://www.anzen.mofa.go.jp/

3) 時差への対応

4～5時間以上時差のある地域を，航空機で急激に移動すると，一過性の心身機能の不調和状態が出現し，これを時差症候群（時差ぼけ）と呼ぶ．東方飛行のほうが，西方飛行に比べて，程度の重いことが確認されている．時差ぼけ予防として，松果体ホルモンのメラトニンの服用が議論されたこともあったが，現在あまり注目されてない．

4) 宿泊場所によって病気への危険度が変わる

開発途上国では，宿泊施設の良否で病気になる危険度は大きく異なる．トレッキングや登山遠征では，その前に体調を崩さないように，平地では中級クラス以上のホテルに滞在することが勧められる．

すなわち、病気を媒介する蚊が入ってこない（できれば、エアコンがある．マラリアやデング熱予防に重要），ノミやダニがいないといったところに注意する．

5）食べ物と飲み物への注意

開発途上国では，生水，生野菜は食べないようにする．果物は丸ごと買う（カットフルーツは包丁が汚染されている危険があるので、避けたほうがよい）．トレッキング（登山遠征）が主目的なので，その前に体調を壊してしまい計画を断念することのないように慎重に行動しよう．すなわち，暴飲暴食，普段食べ慣れていないものを避けるようにする．

また，信仰する宗教の違いによって，食べ物への配慮が必要な場合がある．たとえば，ヒンズー教国では牛が神格化されているため牛肉を食べてはいけない，イスラム教国ではブタが不浄なため豚肉を食べてはいけない．

飲み水に関しては，ミネラルウォーターや煮沸した水を飲むようにする．煮沸時間は，平地では煮沸してから5分間とし，高度が1,000m上がるごとに1分間追加すればよい．煮沸できない時には，塩素やヨードを用いて消毒する．家庭用漂白剤（5〜7％次亜塩素酸ナトリウム剤．ハイターなど）を水1Lに1滴加えれば，日本の水道水の塩素濃度を上回る．ただし，有機物が多く含まれている時は，不十分なので30分間放置した後に，わずかな塩素のにおいが残っていることを確認する．ヨードチンキ（2％ヨード液）は，水1Lに4〜5滴加えて15分間放置する．ヨードのにおいが残っていても無害である．塩素は，寄生虫卵やアメーバシストを殺滅できないが，ヨードは多くの，寄生虫卵に有効である．また，鳥インフルエンザ流行地域では，トリにも注意を払う必要がある．このような知識はぜひ必要であり，現地チームメンバー（ガイドやポーター）への配慮も必要である．

6）服装への注意

　高所では紫外線が強いので，帽子，サングラス（眼の保護のため）を着用するようにする．また，長袖，長ズボンは過度の日焼けを防ぎ，水分蒸発を防ぐほか，病害動物（蚊，野犬，毒蛇など）からの防御に有用なことが多い．トレッキング中には，もちろん汗をたくさんかくので，吸湿性のよい緩やかな服装をするようにする．また，トレッキング前の街中を歩く時の服装には，現地での宗教上の配慮が必要である．すなわち，イスラム教国では，女性ではノースリーブ，ミニスカートは避ける．仏教でも，お寺参りの時などは同様である．

7）行動への注意

　衛生的には，川や湖などでの水浴びを避ける（住血吸虫症などの予防）．また，素足で大地を歩かないようにする（破傷風，鉤虫症などの予防）．

　旅で開放的になりトレッキング後などに，現地の女性や男性と親しくなり，異性と性交渉を持つと，AIDS といった性感染症（sexually transmitted diseases：STD）に罹患する可能性があるので注意を要する．これは，先進国，開発途上国ともに要注意である．

　日本と現地国との経済格差を考慮にいれ，現地スタッフ（ガイド，ポーターなど）への給料やチップの額を設定する必要がある．日本の経済基準のみで設定すると，混乱を招くことがあるので注意を要する．

8）異文化への理解

　トレッキングツアーではなかったが，グアテマラで一般旅行者が現地人をカメラで写そうとし，現地人の怒りを買い，その場で写真を撮ろうとした人が襲撃され殺されるという痛ましい事件があった．これなどは，現地人が写真を撮られると心を盗まれると考え，写真を撮られるのを忌み嫌っているという異文化への理解の欠如からもたらされた悲劇である．トレッキングといっても，高所に登る

前は低地を歩き，現地人と接触する機会もあるかもしれないので，異文化への理解として事前に現地人の風俗，習慣，とくに"してはいけないこと"をよく学んでおく必要があると思われる．

9）旅行保険の重要性

日本では，外国人患者に医療保険の有無を確認せず治療を開始し，治療終了後，医療費が高額で払えない医療費の未払いが問題になっている．外国では医療保険または，現金で支払い可能であることを証明しないと治療を開始してもらえず大変なことになるので，旅行保険には絶対加入しておくことが必要である．

10）環境の差異

たとえば，ボリビアにトレッキングに行く場合，ラパス空港が4,050mなので，飛行機を降りた時点ですでに急性高山病に注意を要する必要がある．チベットのラサ（3,600m）でも同様である．

11）予防接種の準備

海外トレッキング（登山遠征）時に，必要な予防接種は，滞在する地域によって異なる．先進国，開発途上国いずれも，破傷風菌は世界中の土壌に存在する．トレッキング中にけがをしたり，事故にあったりする可能性があるので，破傷風トキソイドの接種は勧められる．開発途上国へトレッキングに行く時には，飲食物摂取が原因となるA型肝炎ワクチン，感染者との性交渉や輸血などが原因のB型肝炎ワクチンは，不意な交通事故に遭遇し，緊急輸血が必要となるかもしれず，ぜひ接種しておいたほうがよいと思われる．狂犬病ワクチンも開発途上国では，犬に対する衛生管理が行き届いてないので接種しておいたほうが安全である．また日本脳炎ワクチンも汚染地域では接種しておいたほうが安全である．黄熱病ワクチン接種の証明書がないと，入国許可がおりない国もあるので，注意を要する．どんな予防接種が必要かについては表Ⅷ-2，およびどこで予防接種可能かは，厚生労働省検疫所webサイト（http://www.

表Ⅷ-2 地域別推奨ワクチンの目安

地域	A型肝炎	B型肝炎	髄膜炎	黄熱	狂犬病	腸チフス	日本脳炎	破傷風
アジア	◎	○			○	△		○
大洋州	○	△	○		○			○
中東	◎	○			○	○		○
北米					△			
中南米	◎	○		○	○	○		○
欧州	○	△			△			○
アフリカ	◎	○	○	○	○	○		○

◎：予防接種を強く推奨，○：リスクに合わせて接種するべき，△：リスクが局地的にある場合には接種したほうがよい

forth.go.jp/tourist/vaccine-intro.html）を参照されたい．

以下に，代表的な開発途上国のトレッキング地域ごとについて，必要と思われる予防接種を列挙する．

（1）ネパール（ヒマラヤ）：A型肝炎ワクチン，B型肝炎ワクチン，狂犬病ワクチン，破傷風トキソイド，日本脳炎ワクチン

（2）パキスタン（K2，ナンガパルバットなど）：A型肝炎ワクチン，B型肝炎ワクチン，狂犬病ワクチン，破傷風トキソイド

（3）中国（天山山脈，チベットなど）：A型肝炎ワクチン，B型肝炎ワクチン，狂犬病ワクチン，破傷風トキソイド

（4）タンザニア（キリマンジャロ）：入国に際し黄熱病ワクチンが義務づけられている（イエローカード）．ただし，A型肝炎ワクチン，B型肝炎ワクチン，狂犬病ワクチン，破傷風トキソイド，ポリオなどを受けておくと安心である．交通事故の輸血時，AIDS感染に注意を要する．また，マラリア，住血吸虫症などにも注意を要し，マラリアに対して予防内服を検討する必要がある．

（5）ボリビア（アンデス）：A型肝炎ワクチン，B型肝炎ワクチン，狂犬病ワクチン，破傷風トキソイド

（6）先進国（アメリカ，カナダ，ヨーロッパなど）：A型肝炎ワク

表Ⅷ-3　開発途上国旅行中のリスク

旅行者下痢症	200〜600
マラリア(西アフリカ)	30
インフルエンザ	10
デング熱	10
動物咬創	5
マラリア(東・中央アフリカ)	2
A型肝炎	0.4
腸チフス(インド)	0.3
B型肝炎	0.05
腸チフス(インド以外)	0.03
HIV感染症	0.02
事故による死亡	0.01
コレラ	0.003
日本脳炎	0.001
髄膜炎菌感染症	0.0006
ポリオ	0.0003

・旅行者1,000人当たりの1カ月に発生する患者数を示した.
・リスクは渡航地や旅行形態により変化する.
・死亡の一番多い原因は感染症ではなく,交通事故などによる外傷である.
(国立国際医療センター戸山病院渡航者健康管理室(トラベルクリニック)ステファン博士らによる研究(Journal of Travel Medicine, 2008)に基づき作成)

チン,B型肝炎ワクチン,狂犬病ワクチン,破傷風トキソイド

12) 開発途上国で問題となるおもな疾患

　ステファン博士らによる研究に基づき,開発途上国での旅行のリスクを,旅行者1,000人当たりの1か月に発生する患者数でまとめたのが,表Ⅷ-3である.開発途上国で問題となる疾患を原因別に列挙する.

(1) 食べ物が原因

①旅行者下痢症(traveller's diarrhoea):旅行中に急性下痢症を起こす病気の総称.赤痢,サルモネラといった細菌性のものや,ロタウイルスといったウイルス性のもの,ジアルジア,アメーバ赤痢

といった寄生虫疾患によるもののほか，食事，水，気候，疲労など感染症以外の要素が原因（全体の1/4を占める）のこともある．

対策：開発途上国では，生水，生野菜は食べない．カットフルーツ，アイスクリーム，氷，生のフルーツジュースなども避けたほうがよい．果物は，丸ごと買う．下痢をした時は，何が原因かをつきとめるとともに，水分補給が必要である．下痢による脱水のため，電解質バランスがくずれるため，ポカリスエット顆粒®，ソリタT3顆粒®などを持参するとよい．

②**ジアルジア症**：病原体は，ランブル鞭毛虫という原虫である．熱帯，亜熱帯の衛生環境が劣悪な地域に多い．原虫のシストが，汚染した手や飲食物から経口感染する．感染してから，発病まで1～3週間といわれている．症状として，下痢，腹部膨満感がある．下痢は，黄色水様便で悪臭を放つ．おならも出やすい．

対策：抗トリコモナス薬（メトロニダゾール）を服用する．服用時の注意事項として，内服時は絶対に飲酒をしない．併用すると心停止を起こす危険がある．また，メトロニダゾールの副作用として，肝機能障害，めまいがあるので注意を要する．

③**アメーバ赤痢**：赤痢アメーバと呼ばれる原虫が病原菌．原虫のシストが汚染した手や飲食物から経口感染する．感染から発病までの時期は，数日から数年に及ぶものまでさまざまであり，感染経路を特定できないこともある．症状は，下腹部不快感，血便，テネスムス（排便しても便意が続く）など．重症化すると直腸潰瘍，肝膿瘍などになる．

対策：初期治療には，抗トリコモナス薬（メトロニダゾール）を服用する．服用時の注意事項として，服用時は絶対に飲酒をしない．また，メトロニダゾールの副作用として，肝機能障害，めまいがあるので注意を要する．

④**A型肝炎**：A型肝炎ウイルスが病原体である．40年ほど前，日

本にも一般的に存在したが，その後の衛生環境の改善で減少した．現在では，A型肝炎に免疫を持っている30歳未満の日本人は1%しかおらず，8割以上が抗体陽性となるのは，50歳以降の年齢層となる．

　全身倦怠，腹痛，下痢，嘔吐，微熱などの初期症状ではじまるため，最初，風邪と間違われることもある．発熱後，数日して黄疸症状が出現，白い便，コーラ色尿が出現してくるので診断がつく．

　対策：経口感染なので，飲み水，食べ物に注意．予防としては，A型肝炎ワクチンを予防接種する．

⑤**腸チフス**：海外旅行者で，近年感染する例が増えている．致死率は10%で，適切な治療を行えばそれほど重症にならないが，日本では，感染症法の三類感染症に分類されているため，診断が確定すると隔離収容され治療を受けることになっている．発熱は階段状に上昇して，高熱のわりに脈拍は少ない．腹痛，便秘などの症状を伴い，重症化した場合，腸出血，腸穿孔を起こす．

　対策：乳製品，豆腐などが感染源なので，食べる時は注意を要する．潜伏期は1〜2週間だが，進入した菌量によって変化する．抗生物質製剤（アンピシリン，クロラムフェニコール），ST合剤やニューキノロン系抗生物質製剤で治療される．予防として腸チフスワクチンは，実用化されているが，日本では手に入りにくい．

⑥**コレラ**：日本では感染症法の三類感染症に分類されている法定伝染病で，コレラ菌が排出されないのを確認できるまで，1週間から10日は隔離される．世界中どこにでも分布している．海産魚介類の飲食に注意を要する．また，胃切除後の人，胃潰瘍で胃酸中和薬を定期的に服用している人は，胃酸が少ないため，コレラ菌が増殖しやすいので注意を要する．感染後，数日から3日程度で発病することが多い．コレラの下痢は，米のとぎ汁様の白色水様便で多量なため，脱水状態になりやすく早期診断，治療が必要であるが，脱水

症に対する自己治療も必要である．

対策：脱水状態にならないために，とにかく水分補給が大切である．水分のみならず，電解質の補給も重要で，ポカリスエット顆粒®，ソリタT3顆粒®など，水で溶かしたものを飲むようにする．もしこれらの持ち合わせがないような場合，開発途上国では，経口補水塩（oral rehydration salt：ORS）が，薬局で買えるので，それで代用可能である．

（2）蚊が媒介する病気

①マラリア：マラリア原虫を媒介しているハマダラカに刺されることで，マラリア原虫は，吸血時に侵入し発病する．三日熱，四日熱，卵形，熱帯熱マラリアの4種類があるが，熱帯熱マラリアは，重症化し致死例もあるため悪性マラリアともいわれている．吸血時に侵入したマラリア原虫は，肝臓で増殖し，赤血球内に移ってさらに増殖を繰り返す．潜伏期は，1週間から1カ月くらいで，熱発作は，感染した赤血球が破裂した時に起こる．この発熱周期は，三日熱と卵形マラリアで48時間，四日熱マラリアで72時間と定期的にあらわれやすいが，熱帯熱マラリアでは，一定でないため注意を要する．マラリアでは，肝臓と脾臓の腫脹が認められる．熱帯熱マラリアでは，黄疸と腎不全，血液凝固異常，昏睡といった悪性の経過をたどって死亡することがある．マラリアの初期症状は多彩なので，どんな症状でもマラリア汚染地域では，まずマラリアを疑う必要がある．

対策：まずハマダラカに刺されないようにすることが大切である．夜間の外出は控える，長袖の着用，忌避剤の塗布，蚊取り線香，蚊帳の使用などを考慮する．

予防内服には，抗マラリア薬（クロロキン，プログアニル，ドキシサイクリン，メフロキンなど）が使用されるが，日本で予防内服として処方されているのは，メフロキンだけである．副作用もあり，予防投与に関しては，専門医の診断を仰ぎ慎重に行う必要がある．

治療としては，悪性以外のマラリアに関しては，クロロキンのほか，ファンシダール®などが用いられる．熱帯熱マラリアでは，これらの薬剤に対する耐性マラリアが世界的に増加しているため，アルテスネート®，マラロン®といった抗マラリア薬がよく用いられる．

②**デング熱**：デングウイルスが病原体で，ネッタイシマカにより媒介される．東南アジア，南西太平洋，アフリカ，中南米に多い．症状は，蚊の吸血後，5～8日後から発熱，頭痛，筋肉痛，全身倦怠感等が生じる．発熱3～4日後では，赤い斑状発疹がみられることもある．初感染より再感染で出血傾向が認められ重症化することが多く（デング出血熱），死にいたるケースもある．

対策：マラリアと同様に防蚊対策が必要で，治療としては抗炎症薬などの対症療法のみである．デング出血熱の時は，早期に適切な輸液が重要である．

③**日本脳炎**：感染症法の四類感染症に分類されている．日本脳炎ウイルスが病原体．ブタの体内で増殖し，ブタを吸血したイエカによって媒介される．発病するのは，100人に1人の低い割合である．感染後1～3週間で，発熱（高熱）し，頭痛，嘔吐，意識混濁といった脳炎症状が出現する．後遺症（運動麻痺など）を残すことも多い．

対策：汚染地域に行く時は，予防接種をすること，蚊に刺されないようにすることが大切である．

④**黄熱病**：黄熱ウイルスが原因である．アフリカおよび中南米に広く散発している．日本では，感染症法の四類感染症に指定されている．ネッタイシマカが媒介し，ヒトからヒト，ヒトからサルに病原ウイルスを媒介する．蚊にさされた3～6日後，突然，頭痛，発熱，嘔吐がみられる．その後出血傾向が出現し，感染者のおよそ50%が死にいたる．

対策：予防は，黄熱病ワクチンの予防接種で，接種後10日間か

ら10年間有効であり，国際予防接種証明書（イエローカード）が発行される．汚染地域では，イエローカードなしででは入国を許可しない国もあるので注意を要する（たとえば，タンザニアなど）．日本では，検疫所で黄熱病予防注射をしてもらえる．事前予約制なので，予約してから行くようにしよう．

(3) 水浴びによる感染

①ビルハルツ住血吸虫症：中近東，アフリカ，マダガスカル地域に分布．淡水（川や湖など）に棲息する貝に寄生した幼虫は，セルカリア（感染型幼虫）となって，日中に貝から水中に放出される．そこに水浴びに来たものがあれば，水中で皮膚を貫いて侵入する．感染数時間後に皮膚炎が生じる．治療を受けずに2時間以上経過すると，虫卵が泌尿器系を冒して，無痛性の血尿を生じるようになる．この状態を放置すると，慢性泌尿器感染症，膀胱の石灰化，卵管閉塞による不妊などの後遺症をもたらす．

　対策：不用意に川や湖で水浴びしないこと．プラジカンテル（ビルトリシド®）という特効薬がある．副作用として頭痛，悪心などがあげられる．

(4) 素足歩行による感染

①破傷風：世界中に広く分布するが，とくにアフリカ，東南アジア，中南米でよく患者が発生している．外傷（運動中に物を踏んだ場合や交通事故など）により，破傷風菌の芽胞が体内に入ることで，発生する．日本では感染症法の五類感染症に分類されている．受傷後4日頃より，発生するが，数週間後にみられることがある．まず，傷口近くの知覚異常，突っ張り感，あるいは全身倦怠感があり，そのうち硬直感が出現，最後に腹を突き出すようにして全身を弓なりにけいれんさせて，7割が死亡する．

　対策：外傷直後に，ただちに破傷風の抗毒素を注射すること．開発途上国で信頼できる病院がみつからない時は，日本大使館に相

談するとよい.

②鉤虫症：おもにズビニ鉤虫，アメリカ鉤虫が原因．感染のルートは，汚染された野菜などから虫卵が経口摂取されること，感染型幼虫が皮膚を貫いて体内に侵入することが考えられる．開発途上国で，裸足で地面を歩くと，感染する可能性があるので注意を要する．腹痛，嘔吐，下痢，便秘といった消化器症状がみられる．慢性化すると，貧血症状がみられる．

対策：むやみに，裸足で歩かないこと．生野菜を食べないこと．治療として駆虫剤を服用すること．

(5) 動物が媒介する病気

①狂犬病：狂犬病ウイルスが病原体であるが，これを媒介するのは，イヌだけでなくサル，カラス，リス，コウモリなど他の哺乳動物からも感染の危険があるので注意を要する．ふつうは，感染した動物に噛まれることで感染するが，まれにその他のケース（コウモリの糞塵を吸入して感染した例もある）もあるので注意を要する．感染から発病まで，2〜8週間といわれている．初発症状は，頭痛，発熱などで，しばしば噛まれたところの知覚異常，放散痛がある．発病後，唾液，涙，汗が過剰に分泌され，二次感染の危険が高いので注意を要する．

対策：動物に噛まれたら，その動物が狂犬病かどうかの判明をまたず，念のため狂犬病ワクチンを注射しておいたほうが賢明である．狂犬病は，一度発病したら，100％死亡するこわい病気である．動物に噛まれてからも，この狂犬病ワクチンは有効である．もし，ワクチンがみつからない場合，日本大使館に相談してみよう．

(6) 鳥インフルエンザ

発生状況：2003年11月以降，2009年1月24日時点の鳥インフルエンザ（H5N1）の発生国および人での発症状況をWHO／各国政府の正式な公表に基づいてまとめたのが図Ⅷ-2である．

232　Ⅷ　海外登山とトレッキング医学

図Ⅷ-2　鳥インフルエンザ（H5N1）発生国およびヒトでの発症事例（2003年11月以降）
（2009年1月24日時点（2009年1月26日更新資料，厚生労働省健康局結核感染症課））（出典：WHO・OIEホームページ）

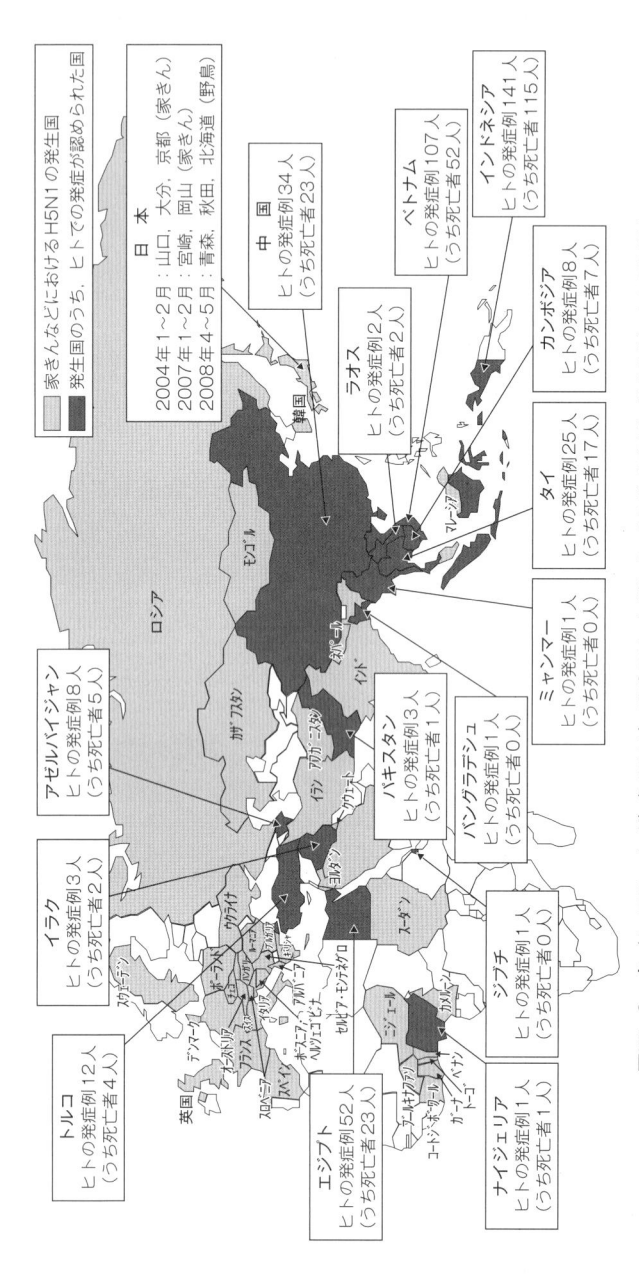

凡例：
- 家きんなどにおけるH5N1の発生国
- 発生国のうち，ヒトでの発症が認められた国

日本
2004年1～2月：山口，大分，京都（家きん）
2007年1～2月：宮崎，岡山（家きん）
2008年4～5月：青森，秋田，北海道（野鳥）

中国　ヒトの発症例34人（うち死亡者23人）
韓国
ラオス　ヒトの発症例2人（うち死亡者2人）
ベトナム　ヒトの発症例107人（うち死亡者52人）
カンボジア　ヒトの発症例8人（うち死亡者7人）
インドネシア　ヒトの発症例141人（うち死亡者115人）
タイ　ヒトの発症例25人（うち死亡者17人）
ミャンマー　ヒトの発症例1人（うち死亡者0人）
バングラデシュ　ヒトの発症例1人（うち死亡者0人）
パキスタン　ヒトの発症例3人（うち死亡者1人）
アゼルバイジャン　ヒトの発症例8人（うち死亡者5人）
イラク　ヒトの発症例3人（うち死亡者2人）
トルコ　ヒトの発症例12人（うち死亡者4人）
エジプト　ヒトの発症例52人（うち死亡者23人）
ナイジェリア　ヒトの発症例1人（うち死亡者1人）
ジブチ　ヒトの発症例1人（うち死亡者0人）

鳥インフルエンザに感染しないために次のことに注意する必要がある．

①野鳥からの感染防止：野生の鳥は，インフルエンザウイルス以外にも人に病気を起こす病原体を持っている可能性があるので，次のことに注意を要する．

・衰弱または死亡した野鳥，またはその排泄物をみつけた場合は直接触れないこと．もしも触れた場合には，速やかに手洗いやうがいをすること．
・とくに，子どもは興味から野鳥に近づくおそれがあるので注意しよう．

②海外での感染防止：とくに，鳥インフルエンザが流行している地域に行かれる人は注意が必要である．

・不用意に鳥類に近寄ったり触れたりしない（とくに，家きんが飼育されている場所，生きた鳥を販売している場所や食用に鳥を解体している場所には立ち入らない）．
・鳥の解体や調理をしない．もしも鳥を扱った場合には必ずよく手を洗う．
・十分に加熱された鳥肉，卵などを食べる．
・日本に入国する際，発熱や咳など体調に異状がみられたら，検疫所の健康相談室に申し出るようにしよう．

まとめ

海外高所トレッキングにおいては，①現地の保健衛生状況，②時差の問題，③現地のインフラ状況（水，電気，交通，電話，郵便，インターネット状況，その他），④現地の医療施設の状況，⑤経済格差，⑥環境の差異，⑦文化の差異，⑧宗教の差異，⑨その他，などについて考慮する必要がある．

海外旅行者人口は増加しており，1986年には551万6,193人であったのが，1996年には1,669万4,769人となり，この10年の間

で約3倍に増加した．しかし，2003年に新型肺炎SARS（重症急性呼吸器症候群）の影響で約1,330万人にまで落ち込んだが，その後2004年に1,683万人，2005年には1,740万人と大きく回復している．先進国（たとえば，ヨーロッパ・アルプスやアメリカ，カナダのロッキー山脈など）へのトレッキングおよび海外遠征などでは，日本とあまり変わらない衛生感覚で問題ないが，開発途上国でのトレッキングの場合，衛生状況が悪く，行動にかなり注意する必要がある．せっかく，海外トレッキング（登山遠征）を計画したのなら，以上述べたことを考慮に入れて，ぜひ安全で楽しいトレッキング（登山遠征）を実行したいものである．

文　献

1) 荻原理江ほか：ネパールヒマラヤにおける日本の医学的貢献について．登山医学，13：83-86，1993．

[荻原理江]

[5] 旅行中飲料水の安全確保

キーポイント

* 運動中の代謝熱を適切に放出するためには，1時間当たり300mLを給水することが望ましい．
* 水分と電解質の補給にはスポーツドリンクを4倍に薄め，1つまみの天然塩を加える．
* 海外でプラスチック容器入りの飲料水を選ぶ際には，箱から直接取り出し水面高が同じものを選ぶ．
* 塩素剤の滴下により安価で安全な飲料水を造ることができる．
* 飲み終わった飲料水容器のラベルは必ずはがし，再充填水と区別が可能にしておく．
* 容器開封後は一両日中に消費する．糖質を加えた場合には当日内

に消費する.
＊現地の氷は生水と同じ.「アルコール飲料で消毒」は不可能.

1）人体と水

　年齢や体格などにより多少の変動はあるものの，体重のおよそ60%が水分である．体重60kgの人の場合，身体の水分量はおよそ36Lとなる．このうち約27Lが細胞中に，約9Lが細胞周辺に，そのうち約4.8Lが血流にある．血流外にある水分は，血液に水分を補給，あるいは過剰分を吸収する貯水槽のはたらきをしている．血流によって循環する水分量が減少し続ければ，やがて血圧の低下やめまいを生じ，脱水が軽減されなければ，さらにショックや腎臓・肝臓・脳などに損傷をもたらす．脳細胞は脱水の影響をもっとも受けやすい細胞のひとつである．体内の水は，①物質を溶かし，②体内の各部位に物質を運び，③代謝によって発生した熱を発汗によりコントロールしている．体重の3%の水分が失われると，運動能力や体温調節能力が低下するといわれる．脱水による運動機能の低下を避けるためには，失われた水分と電解質を補う必要がある．運動強度や暑熱順化の程度にもよるが，補水に1日4〜8L以上も必要となる場合がある．

2）運動と水（補水の重要性）

　運動時における水分補給（補水）の意義は以下のことがあげられる．

（1）体温調節

　激しい運動，すなわち骨格筋に強度の収縮が長時間にわたって求められる場合，代謝熱の産生が増すことにより体温の上昇を招く．体温よりも十分に環境温度が低い場合には，外気温への放熱に期待ができるが，環境温度が体温と同等あるいはそれ以上になると，皮膚からの汗蒸散以外に方法がなくなる．体温の上昇を抑える手段と

しての発汗を確保することが，運動の継続を保証する手段となる．1時間当たり300mLの水分を何回かに分けて飲むことを原則とする．脱水状態を知る手がかりとしては，排尿の回数と尿の色も目安となる．

(2) エネルギーの補給

登山のように長時間にわたって運動が続けられる場合，補水のためにスポーツドリンクを用いることがある．しかし，日本で市販されている代表的なスポーツドリンクを例にとると，1L中には約70g程度の糖質が含まれており，そのエネルギー量は300kcalほどになる．補水のすべてをこうしたスポーツドリンクで賄う場合，登山(運動)による消費エネルギーをはるかに上まわる摂取エネルギーになるので注意が必要である．世界保健機関(WHO)が推奨する経口補水塩(ORS, 2006年3月23日改訂の最新formula)では，1L用ではNaClが2.6g，糖質が13.5gとなっていることから，補水を目的とする場合にはスポーツドリンクを4倍程度に薄めても差し支えない．

(3) 電解質(ミネラル分)の補充

過剰発汗(時に嘔吐・下痢)などにより脱水状態に陥ると，水分のほかにも電解質(とくにナトリウムとカリウム)が失われる．したがって，脱水には電解質の欠乏を伴う．電解質が不足した場合，細胞内の貯水槽から血液への水分移動に支障をきたす．このような際に，スポーツドリンクを補水として用いれば，自然に電解質(糖質も)の補給もできるが，ORS成分との差を認識する必要がある．4倍に薄めたスポーツドリンクに，1つまみの「天然塩(海水成分)」を加えれば理想的なORSができあがる．

・市販品…………NaCl：0.5g，KCl：0.2g，糖質：69.0g
・ORS(WHO)…NaCl：2.6g，KCl：1.5g，糖質：13.5g

日本からスポーツドリンク(粉末)を持参しなくても，現地(都

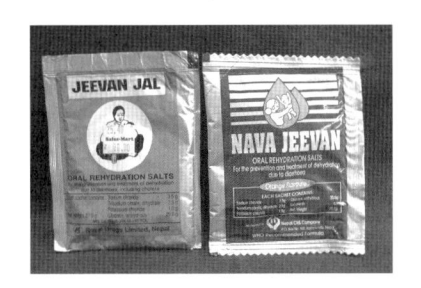

写真Ⅷ-1　ネパール製経口補水塩（ORS）

市部）で WHO 推奨の経口補水塩が容易に入手できる（ネパールでは 1L 希釈用 1 袋が 20 円弱，写真Ⅷ-1）．

3）水の入手（途上国における事例）

飲料水には次の要件が求められる．①有害（毒）物質が存在しないこと，②病原生物が存在しないこと，③硬度（カルシウム・マグネシウムなど）が一定量以下であること，とされている．詳しくは WHO の web サイト「飲料水の衛生と健康（英文）」を参照されたい．

この要件からみると，日本はどこの蛇口（公共水道）からでも，出てくる水を安心して飲むことができる世界でもまれな国である．日本と同様な水質が保証される国は北欧と一部の先進国のみである．日本の常識は外国（とくに開発途上国）では通用しない．ある開発途上国の都市部では，水道の蛇口から 1mL 中に 10^5 個の細菌で汚染された水が出てくるといわれている．とはいうものの，最近では開発途上国であっても浄水処理装置が外国の援助によって整備され，給水を開始する時点では WHO の規準に則った水処理がなされている．しかし，その後の給水システムが不備であるため，下水や雨水が混入することにより，最終末端の蛇口に到達した時点では飲用に適さない水質になってしまう．現地に定住しているわけではない旅行者は，あらゆる場合と場所において食事（食べ物・飲み物）に細心の注意を払わなければならない．

山岳域において，湧き水を飲料水にすることは可能だろうか．最近では日本でも地元の人が保証しない限り，湧き水を不用意に口にすることは控えるほうが賢明とされる．澄んでいるとか冷たいからなど，目視と水温によって飲用の可否を判断することはできない．これは海外においても同様である．ネパールにおいて，現地の人が飲料水として汲みにきている清らかで冷たい湧水を検査したところ，多数の大腸菌が検出されたことがある．かなり山奥まで牛・山羊・羊などを放牧していることも原因であろう．また，近年の温暖化により，高所の氷雪が融けることにより，以前なら融け出すことなど予想もしなかった場所に埋めた排泄物が顔を出し，現地の人たちが使う水源の汚染につながっている現実がある．

　国際山岳連合医療部会（UIAA MedCom）が監修した「山岳域における水の消毒」によれば，「安全な水」を山中で得るためにいくつかの方法が提示されている．加熱（沸騰）すれば安全な水を造ることができるが，燃料の入手という制約があり山岳域では現実的ではない．氷雪を用いる場合でも，融かしただけでは安心できない．浄水フィルターを使用する場合には，フィルターの性能と清掃管理に注意を払わなければならない．大人数のパーティでベースキャンプに滞在するのであれば，「トランク型浄水装置」を設置する方法もある．ニューメディカ・テック社製（大阪府吹田市）の浄水装置は20 kgほどあるが，肩にかけて持ち運びが可能である．山岳域では電源の確保が問題となるが，1トンの飲料可能な水を造ることができる．価格は約100万円．

　比較的に容易で確実な「安全な水」の製造は，塩素剤（次亜塩素酸ナトリウム）の滴下である．厚生労働省検疫所が推奨している手法では，水1Lに塩素剤（次亜塩素酸ナトリウム6%の製品，ピューラックス®）を3滴ほど入れ，よく混ぜ合わせたのち30分ほど放置しておくことで，飲料水として用いることが可能であるとしている．

写真Ⅷ-2　店先に無造作に置かれた飲料水容器

厚生労働省検疫所は「消毒用の塩素剤は現地で購入」としているが，現地における薬液の保存状態を考えると日本から持参することを勧める．ネパール・カトマンズ郊外で入手した井戸水，水道水，湧き水（いずれの水にも大腸菌の混入あり）をこの手法による殺菌を試みたところ，飲用に差し支えない「安全な水」を造ることができた．塩素剤の価格や簡便さからみて，海外で安心して飲める水を造るために勧められる方法である．塩素の臭いが気になるようであれば，レモン果汁を数滴たらせば臭いは気にならなくなる．

　飲料水を自作しない場合には，通常の場合「ペットボトル（プラスチック容器）入りの飲料水」を購入することになる．購入に際しては次のような点に注意しなければならない．店に陳列してある容器は，長時間にわたり十分に陽があたっていることが多いので（写真Ⅷ-2），店の倉庫からカートン（段ボール箱，写真Ⅷ-3）のまま出してきてもらい，目の前で箱を開封して購入することが望ましい．日本製のペットボトル口栓の密栓度は抜群に高いが，諸外国のそれは概して緩く，座金ごと取れてしまうものも多い．そのため輸送中の扱いによって水漏れが発生し，未開封の証明となるシールがキャップ部分に残っていても水面高に差を生じているものはざらである．カートンに滲み（水漏れの痕跡）がないことを確認することも必要だが，水面高がなるべく一定の容器を選んで購入することが

写真Ⅷ-3　店の倉庫に積まれた飲料水箱（1箱12本入り）

写真Ⅷ-4　ラベルに記された「安全宣言」

望ましい．

　プラスチック容器入りの飲料水の水質だが，概して品質に懸念のある飲料水ほど「安全性」を大きく謳っている．ネパールで販売されている飲料水のほとんどのラベルには，表現は多少異なるものの，「商品名○○は天然の透き通った湧水を用い，アメリカの技術による最新の高度な逆浸透技術で処理されており，紫外線とオゾンによって殺菌している．病原菌は存在しない．」と表示されている（写真Ⅷ-4）．最近は安心して飲めるボトル入りの飲料水が増えてきたが，すべての製品がその工場で製造しているものとは限らない．空ボトルはリサイクルするためなのか，子どもたちが小遣い稼ぎに集めている．容器をリサイクルして中身は製造工場ではなく現地で，という危険性もある．その点からもカートンから直接取り出して製

写真Ⅷ-5　カトマンズ国際空港に設置されている給水器

品を入手するべきである．公共施設（空港など）に設置されている給水器（写真Ⅷ-5）の水は，本当にその製造メーカーから直接運んできたものかどうか確かではなく，雑菌が検出された例もあるので口にしないほうが賢明である．

　飲み終わった容器の処理にはひと工夫が必要である．とくに現地の人たちと行動をともにしている場合，プラスチックボトルは彼らにとっても便利な飲料水の運搬容器になる．もし彼らが山中に分け入り，澄んだ水を容器に入れたとしたら，購入したプラスチック容器入りの飲料水との区別はつかなくなる．ローカルウォーターとの混在を防ぐために，飲み終わった容器は必ずラベルをはがして廃棄する習慣をつけなければならない．もし，空のボトルに自作の安心できる水を入れるのであれば，麦茶パックなどを利用して着色によって水の区別をすることが望ましい．

　また，現地の人たちは当たり前に行うことなので制止することは難しいが，プラスチックボトルを「液体運搬用具」にしてはならない．容器に食品（飲料）以外のものを入れておいたために，重大な事故（中毒）になったケースがある．そのためにもラベルの付いている容器は安心して飲める飲料水，ラベルが付いていない容器は内容のいかんにかかわらず原則として手にしない，というルール作り（用心深さ）が必要である．

4）水の保管

　未開封のボトルに入った飲料水は，製造から6カ月程度は保存がきくと表示されているものが多い（日本では通常2年）．しかし，開発途上国の製品の多くには製造年月日が記されていないものもあるので，6カ月目がいつなのかはわからない．ボトル1本（1L）の水を何日もかけて飲むことはあまりないと思うが，開栓したら原則として一両日中には飲みきったほうがよい．また，糖質を含むスポーツドリンクやORSを混和した場合，同日中に飲みきることを目安とすべきである．ボトルに直接口をつけて飲み，ザックにボトルを入れて背負い，日中持ち歩くこと想定すると，場合によっては日射により水温が細菌の増殖に至適な温度にまで上昇するので注意が必要となる．果汁などが入った飲み物の場合も同様の取り扱いをすべきである．

5）諸注意

　どんなに暑い季節でも現地では原則として氷を口にしてはならない．購入するボトル入りの飲料水品質で氷を作るか，水を一度沸騰させたうえで氷を作って提供する店は限られている．滲みのついていない布製テーブルクロスがかけられたレストランの氷なら大丈夫，という目安もあるようだが，安全のためには遠慮したほうが賢明である．

　日本薬局方「消毒用エタノール」は飲料ではないし，アルコール（飲料）を飲んでも殺菌消毒にはまったくならない．登山中においてはアルコール摂取はマイナスにしかならない（利尿作用による脱水，適切な判断および身体運動能力の低下，末梢血管拡張による熱損失など）．

文　献

1）浅野勝己, 田中喜代次編著：健康スポーツ科学. pp240-241, 文光堂,

2004.
2) 世界保健機関＜http://www.who.int/water_sanitation_health/dwq/en/＞
3) 松林公蔵監修：登山の医学ハンドブック．pp180-182，杏林書院，2000.
4) 夏井正明，夏井裕明：ネパールにおける市販ミネラルウォーターの水質について．登山医学，17：57-62，1997.
5) 夏井正明，夏井裕明：海外旅行中に飲用する「水」の安全性について．登山医学，22：101-105，2002.
6) 厚生労働省検疫所＜http://www.forth.go.jp/tourist/useful/04_water.html＞
7) Luca Morganti : Sodium hypochlorite generation for household water disinfection a case study in Nepal, MIT Nepal Water Project Report, Cambridge, 2002.
8) 夏井正明，夏井裕明：プラスチック容器で飲料水を保管する際の注意点．登山医学，24：69-72，2004.

[夏井正明]

[6] 海外遠征に携行すべき薬剤選択

キーポイント

＊使用してもよい薬剤（使用頻度の高い薬剤）：急性高山病の治療薬（アセタゾラミド），高所脳浮腫の治療薬（デキサメタゾン），高所肺水腫の治療薬（ニフェジピン），凍傷の治療薬（プロスタグランジン製剤），鎮痛薬，消化器症状治療薬，抗生物質，口内炎治療薬

＊使用を避けることが望ましい薬剤：睡眠薬，ループ利尿薬，経口避妊薬

1) 概　要

海外遠征に携行すべき薬剤は多数あるが，国内登山に携行すべき医薬品と重複するので，Ⅵ章を参照されたい．本項では，海外遠征

にとくに用意すべき薬剤に関して記した．急性高山病治療薬のアセタゾラミド，高所脳浮腫治療薬のデキサメタゾン，高所肺水腫治療薬のニフェジピン，凍傷の治療薬についてはかなり詳しく書いたが，治療の基本はまず低地に降ろすこと，酸素を投与すること，加温であり，薬剤投与は二の次であることは銘記すべきである．それぞれの疾患の項（Ⅲ-［4］-1，Ⅷ-［2］-1〜3，Ⅷ-［7］）を参照されたい．

2）各 論
（1）アセタゾラミド

高所での薬剤の使用方法，誤用の避け方に関する情報は国際山岳連合（UIAA）勧告「山での薬剤使用」に記されている．その中には，山岳スポーツにおける反ドーピングの記載もあり，急性高山病（AMS）防止のためにアセタゾラミド（ダイアモックス®）を無制限に使用することも批判されている．基本的には患者救済の医学的理由がなければ使用すべきではないと書かれている．

アセタゾラミドは炭酸脱水酵素のはたらきを抑制して近位尿細管での $CO_2 + H_2O \Leftrightarrow H_2CO_3 \Leftrightarrow H^+ + HCO_3^-$ の反応を抑制し，尿中への H^+ の排泄が抑制され尿はアルカリ性に，血液は酸性に傾くし，血液中の CO_2 分圧は上昇する．さらに循環している赤血球の炭酸脱水酵素活性を低下させることにより，CO_2 輸送システムの不均衡を生じ，組織 CO_2 分圧の上昇と呼気中 CO_2 の低下をきたす．その結果，頸動脈小体と大動脈小体を通じて脳幹の呼吸中枢が刺激され呼吸が促進され，動脈血酸素飽和度（SpO_2）が上昇する．もともと肺気腫の患者に用いられたが，同様の呼吸促進効果をねらって急性高山病の治療薬としても使用されている．また脳の脈絡叢の脳脊髄液産生を抑制し，頭蓋内圧を低下させる[1]．したがって，高所脳浮腫にも効果があるかもしれないし，急性高山病の症状を緩和すると考えられる．250mg錠を1日2回内服するが，感覚異常のような副作用

を軽減するためには125mg（0.5錠）を1日2回内服してもよい．

（2）デキサメタゾン

デキサメタゾン（デカドロン®）は高所脳浮腫（HACE）の第一選択薬として認められている．脳静脈血栓症や脳浮腫に伴って症候性てんかんの全身けいれんを起こした患者にデキサメタゾンを注射したことがあるが，約10分後にけいれんはピタッと治まった．2008年三浦隊のエベレスト遠征時に三浦豪太氏が高所脳浮腫にかかった際もデキサメタゾンを大腿部に筋注して約5分後にもうろうとした意識が回復した．毛細血管の透過性を低下させ，浮腫の発生を防ぐことが作用機序のひとつと考えられるが，それでは投与後5分から10分で効果が出現することが説明できない．実際，デキサメタゾンの作用機序は不明である[2]．

UIAA勧告には「デキサメタゾンは寒冷曝露後も有効，暑熱曝露後にも効果はあるが，完全に安全なわけではなく，約30℃以上で輸送した際は1シーズンに1回取り替える」と記載されている．8mgを6時間毎に静注または筋注するが，初回の投与量はもっと多くてもよい（最大40mg）．アンプルの中身を飲むことも可能である．

（3）高所肺水腫（HAPE）の治療薬

ニフェジピン（アダラート®など）は高所肺水腫の第一選択薬である．強力な血管拡張作用がみられ，肺動脈圧を低下させることが作用機序と考えられる．高所肺水腫の患者6人にニフェジピン10mgを舌下させ，その後6時間毎に20mgの徐放薬を経口投与したところ，標高4,559m地点で酸素なしで運動をさせたにもかかわらず，症状が改善，SpO_2が上昇，肺胞－動脈酸素分圧格差が低下し，レントゲン写真上水腫が消失した[3]．舌下投与を行うと急速に吸収された時に過度の低血圧をきたすので，現在は禁忌とされている．UIAAはニフェジピンのカプセルは即効性なので，舌下どころかそ

の内服も禁止し，代わりに徐放薬を内服すべきと定めている．

ED治療薬のシルデナフィル（バイアグラ®）が高所肺水腫予防に効果的との報告がみられる[4]．治療効果に期待が寄せられているが，エビデンスに乏しい．硝酸剤と併用すると降圧作用が増強することがあり，強烈な頭痛といった副作用もみられるため，国際山岳連合医療部会（UIAA MedCom）はその使用を推奨していない．

（4）凍傷治療に用いる薬剤

凍傷を予防するためにアスピリン（アスピリン®）を内服するという話をときどき聞く．またWilkersonは，凍傷受傷後鎮痛とトロンボキサンやプロスタグランジンの遊離を抑えることを目的としてアスピリンを内服することが有効であると述べている[5]．ところが，UIAA勧告には「アスピリンは出血の危険性を増大させるので，登山の際には使用すべきでない」と記載されている．それにしたがえば，アスピリンの予防的使用は控えるべきかもしれない．しかし，中・高年者の高所登山ではしばしば虚血性心疾患の発生がみられ，その際には亜硝酸製剤（ニトログリセリン，硝酸イソソルビド）とともに抗血小板薬のアスピリン内服が強く勧められる．アスピリンは高所登山にも携帯すべきである[6]．プロスタサイクリンⅠ2誘導体イロプロストの凍傷に対する有効性は認められている[7]．ただし，わが国ではイロプロストは市販されていないので，ベラプロストナトリウム（ドルナー®，プロサイリン®）を常用量で内服すればよいであろう．著者が凍傷を受傷した際には，帰国後プロスタグランジンE1製剤のアルプロスタジルアルファデクス（プロスタンジン®）を点滴され，併行して同製剤のリマプロストアルファデクス（オパルモン®，プロレナール®）を内服した[8]．ただし，これらの薬剤も抗血小板作用（血小板凝集能・粘着能抑制）が強いので，十分な監視の下で使用する必要がある．

(5) 鎮痛薬

　前述の UIAA 勧告の「山での救急薬品の使用」の項には「山に行く医師のいかなる救急箱にもモルヒネのような強力な鎮痛薬を携帯しなければならない」と記載されている．しかし，規制の強いわが国から海外へモルヒネを持ち出すことは現時点では不可能である．医師随伴であれば塩酸ペンタゾシン（ペンタジン®，ソセゴン®）の錠剤か塩酸ブプレノルフィン（レペタン®）坐剤を持参すべきだが，麻薬拮抗薬のナロキソンを添加されている前者でさえも呼吸抑制の副作用がみられるので，できれば医師の監視が及ぶ範囲で使用すべきである．激しい疼痛でなければ，それらの強力な鎮痛薬を用いる前にアセトアミノフェン（アンヒバ®，カロナール®）やジクロフェナク（ボルタレン®）などの解熱鎮痛薬を用いるべきであるが，副作用の消化性潰瘍に注意すること．

(6) 消化器症状治療薬

　高所順応の済んでいない高度に上がるとしばしば消化吸収不良症候群にかかる．酸素不足のために消化管のはたらきが妨げられることが原因と考えられる．そのような場合には消化酵素薬（ジアスターゼ®，その他の消化酵素配合薬）を内服するとよい[9]．また，急性高山病の症状としての吐き気，嘔吐に対してはドンペリドン（ナウゼリン®）などの制吐薬の坐薬が有効である．高所では下痢に苦しむことも多い．ビフィズス菌（ラックビー®，その他）などの乳酸菌製剤を内服することが勧められるが，塩酸ロペラミド（ロペミン®）や市販薬の正露丸などの腸管運動抑制薬はなるべく使用しないほうがよいと考えられる．下痢に伴って肛門周囲にびらんが起こることも多い．そうなると痛くて尻を拭くこともできなくなり衛生上も問題となる．ジフルコルトロン・リドカイン配合剤（ネリプロクト®）などの痔疾患治療薬の軟膏を塗布するとよい．なお，消化性潰瘍によると思われる消化管出血例もみられるので，H2 受容体

拮抗薬（ガスター®など）やプロトンポンプ阻害薬（オメプラール®など）はストレスの強い海外遠征には是非持参したい．

（7）抗生物質

UIAA勧告では抗生物質による治療中の登山は禁止されている．もちろん，抗生物質を必要とするような体調で登山を行うことは危険であるし，たとえばテトラサイクリンには光線過敏症の副作用があるので，日差しが強い高所では使用しないほうが無難である．ただし，これは高所登山に抗生物質を持って行くなということを意味しているのではない．抗生物質が必要な状況に陥ったら，登山を続けさせずに下山させるということである．高所登山中に虫垂炎にかかり死亡した例もあるし，肺炎にかかる可能性もある．それらの感染症にかかった場合，早急に病院へ搬送する必要があるが，搬送中に抗生物質を投与することは救命率を高めると考えられる．

（8）口内炎治療薬

高所では強い紫外線と乾燥のためにUVカットのリップスティックを使用しても口唇が荒れ，熱い飲み物などが飲めなくなることがある．副腎皮質ステロイド含有の口内炎治療剤が症状をいくらかは緩和してくれる．軟膏タイプのデキサメタゾン（デキサルチン®）や塩酸クロルヘキシジン配合剤（デスパ®）が塗布しやすい．

（9）睡眠薬

「睡眠薬を常用しているため，高所登山にもそれを持参したいが大丈夫か」という質問をしばしば耳にする．高所で睡眠薬を内服すると睡眠中の呼吸抑制が助長されてSpO_2が自然な睡眠の時以上に低下し，急性高山病が重症化する危険性があるため，基本的には禁忌であると考えられる．高所では睡眠の浅さや不眠がかえって睡眠時の呼吸抑制を抑えて，急性高山病の重症化を防ぐ結果となることもあり得る．不眠に耐えることも高所登山成功の鍵となり得る．どうしても使用するのであれば，超短時間作用型のトリアゾラム（ハ

ルシオン®），酒石酸ゾルピテム（マイスリー®）かゾピクロン（アモバン®）が無難であろう．裏技として抗ヒスタミン薬の塩酸ヒドロキシジン（アタラックス®）やジフェンヒドラミン（レスタミン®）がある．アレルギーの治療薬だが副作用の眠気は強烈である．

（10）利尿薬

　高所では下肢や顔，あるいは全身の浮腫の出現がしばしばみられる．それに対しフロセミド（ラシックス®）のような強力な利尿薬を用いた話をときどき聞く．高所での浮腫の発生機序は解明されていないが，ストレスホルモンと考えられるアルドステロンや抗利尿ホルモンによって起こるという意見がある．その場合，体液が貯留しているので利尿薬が有効である可能性もある．他方，低酸素曝露により肺動脈圧が上昇した結果[10〜12]，その上流の体静脈の圧も上昇して血液の環流が妨げられ，末梢に浮腫が生じる可能性もある．その考え方に従えば，原因は体液貯留ではないので安易な利尿薬の使用は控えるべきである．というのは，高所では低酸素換気応答によって換気量が増大しているため不感蒸泄が増え脱水に陥りやすく，利尿薬は脱水を増悪する危険性があるからである．強力なループ利尿薬であるフロセミドは使用せず，もっと作用の弱いアセタゾラミドを内服したほうが無難であると考えられる．

（11）経口避妊薬

　UIAA勧告には「経口避妊薬は血栓症と肺塞栓症の危険性が高所では格段に増加するので，注意して使用すべき」と記載されている．しかし「経口避妊薬は高所では禁忌」と書き換えるべきと考えられる．国内での日常生活においてそれを内服していたところ血栓性静脈炎にかかり入院した40代女性の例があるからである．脱水症に陥る可能性の高い高所ではその危険性はさらに高くなるし，肺塞栓症が続発する危険性もある．避妊方法としてはコンドームなど他の方法を選択すべきである．なお，低酸素に曝露すると異常な精子

の割合が増加し，下山後も1カ月はその状況が持続する[13]．男性登山家が高所登山後すぐに妻を妊娠させて生まれた子どもが障害を持っていた例がある．男性は高所滞在中や帰国後数カ月間は避妊すべきであるし，女性も高所での避妊は必須である．

文 献

1) Laux BE and Raichle ME: The effect of acetazolamide on cerebral blood flow and oxygen utilization in the rhesus monkey. J Clin Invest, 62: 585–592, 1978.
2) Levine BD, et al.: Dexamethasone in the treatment of acute mountain sickness. N Engl J Med, 321: 1707–1713, 1989.
3) Oelz O, et al.: Nifedipine for high altitude pulmonary edema. Lancet, 2: 1241–1244, 1989.
4) Kleinsasser A and Loeckinger A: Are sildenafil and theophylline effective in the prevention of high-altitude pulmonary edema? Med Hypotheses, 59: 223–225, 2002.
5) Wilkerson JA（栗栖　茜訳）：低体温症と凍傷－ふせぎ方・なおし方－．pp166–167，山洋社，1989．
6) 増山　茂監修：登山医学入門．pp50–53，山と渓谷社，2006．
7) Groechenig E: Treatment of frostbite with iloprost. Lancet, 394: 1152–1153, 1994.
8) 金田正樹：凍傷の経過と治療．臨床スポーツ医学，20：240–243，2003．
9) Hackett PH（栗山喬之訳）：高山病－ふせぎ方・なおし方－．pp19–21，山洋社，1994．
10) Rotta A, et al.: Pulmonary circulation at sea level and at high altitudes. J Appl Physiol, 9: 328–336, 1956.
11) Sime F, et al.: Hypoxemia, pulmonary hypertension, and low cardiac output in newcomers at low altitude. J Appl Physiol, 36: 561–565, 1974.
12) Groves BM, et al.: Operation Everest II: elevated high-altitude pulmonary resistance unresponsive to oxygen. J Appl Physiol, 63: 521–530, 1987.
13) Okumura A, et al.: Changes in male reproductive function after high altitude mountaineering. High Alt Med Biol, 4: 349–353, 2003.

［上小牧憲寛］

[7] 高山病の治療

キーポイント

* 高山病患者対策として有効なのは「予防」と「下山」だけ．現場において有効な「治療」法はない．
* その下山に際しても、できるだけ患者を歩かせない方策を工夫する．
* 下山に取り掛かるまでに，とりあえず行う急場しのぎ対策は，①起坐位，②酸素補給，③デキサメタゾン（デカドロン®），④ニフェジピン（アダラート®）．
* 加圧治療バッグ（プレッシャー・バッグ）は有効であるが，限界があり，下山に取って代われない．

1）概　要

高山病に対して，対策としてあるのは「予防」法のみで，現場「治療」法はない，と心得るべきである．それでもなってしまった場合の対策について，以下に述べる．

広義の高山病には AMS，HACE，HAPE および高所衰退の 4 形態があることは前述されたとおりであるが，対策に当たって考慮すべきはそれらの形態の鑑別ではなく，重症度の判定である．体の不調が主観的な訴え（頭痛・むかつきなど）の範囲に止まる間は軽症と判定してよいが，その変調（頭の働き具合・体の動き・呼吸の様子）が客観的に認識できるまでに至ったら，それはもう重症と判定する．判断に迷う時は，重症に準じて対処する．

高山病対策の原則は，軽症・重症の別なく，一にも二にも三にも，とにかく『下山』させることである．

2）軽症対策

登山計画上，どうしても下山は不利と判断した場合，やむを得ず，

以下の対策で様子をみる．

(1) 休息：下山のための行動は別として，少なくとも症状寛解をみるまでは，行動しないでじっとしていること．

(2) 簡単な対症療法薬の投与：頭痛にはロキソプロフェンナトリウム（ロキソニン®），悪心にはメトクロプラミド（プリンペラン®）など．ただし，不眠に対して睡眠薬投与は禁忌．状態が一気に悪化し，HACEに陥る危険がある．アセタゾラミド（ダイアモックス®）は予防専門薬ではない．ここで投与して著効をみることがあるのでお奨めする．

3) 重症対策

(1) 下山：重症と判断したら，何はともあれ万難を排して下山させる．ただし，患者はできるだけ自力では動かないほうがよいので，その搬出には種々工夫が必要である（しかし，やむを得ず自力下山，の場合も少なくない）．

(2) 当座の"急場しのぎ"対策：（できたら以下①〜④の全部を一緒に行う．ただし，これで下山をせずに済むと考えてはならない）

① 起坐位をとらせる．仰臥位では呼吸が苦しい．

② 酸素補給：4L/分．いわゆる鼻メガネ管かビニール・マスクを介して．ただしほとんど気休めにしかならない．

③ デキサメタゾン（デカドロン®）：最初8mmg静注または経口，後，6時間毎4mmg追加（HACE対策）．

④ ニフェジピン徐放錠（アダラート®）：20mg経口．10〜15分で効き始める．再度悪化するようなら，症状をみながら内服を繰り返す．何時間ごと，といった投与はしない．即効性のニフェジピンカプセルは，急激な血圧低下の危険があるため，投与しないこと．

⑤ 加圧治療バッグ（プレッシャー・バッグ）：これとてもあくまで"急場しのぎ"対策の一種に過ぎない．これでいったんは軽快しても，それでもう治癒したと思ってはならない．軽快したとみたら，

その機を逸さず，ただちに下山させること．

プレッシャー・バッグは，バリスチック・ナイロンという丈夫な布地でできた気密の袋で，外からふいごで空気を送りこみ，内圧を高めることにより下山したのと同じ効果を中の患者に与えるものである．また，この袋は摩擦に強いので，加圧しながら雪の上を滑らせて，患者を低地に移送させることができる．確かにこの装置の有効性には一定の評価が与えられている．しかし，人がふいごを操作する力には限界があり，いかに頑張っても，内圧をせいぜい1,500m（-2,500m）下降相当程度にまで上げるのが関の山である．そのうえ，満足できる治療効果を得るには少なくとも2時間は患者を袋の中に入れて置かねばならず，その労力たるや莫大なものである．しかも，袋から出た後の効果持続時間はせいぜい10時間とされる．加圧は長時間にわたるので，袋内環境の快適性の考慮も大事である．途中で患者が不快を訴えた場合，そのままではどうしようもなく，いったん空気を抜いて対処し，再びやり直すことになり，結構大変である．

患者を袋に入れる前に忘れてはならないことは，①排尿・排便（絶対），②袋の中にO_2ボンベ，水筒，飴などの用意，③デキサメタゾン8mgの経口投与（効果持続時間が延長する），の3点があげられる．

袋の中での患者の体位は，上体をできるだけあげ，窓から外が見られるようにする．

治療が終って患者を出す時に気をつけることは，中の空気をゆっくり抜いていく，ということである．空気枕の空気をぬくようなつもりで急激に抜気すると，中の患者は，鼓膜は痛むし，断熱膨張による急激な袋内温度低下のため，非常に寒い．その場合ないし事故で内圧が急激に下がった場合は，患者は息を止めないで吐くことが大切（要事前訓練）．

使用頻度の低い製品なので，本品はレンタル事業に向いている．

わが国にはレンタルが可能な高山旅行会社など数社があるし、カトマンズにもその業者があると聞いている.

[中島道郎]

[8] レスキューと国際搬送

キーポイント

* レスキューと国際搬送には多額の費用がかかる.
* 登山活動を補償する旅行保険は必須.
* 通信手段の確保.
* リスク管理にはコストがかかる.

1) 現　状

　通信機器の発達とヘリコプターによる救助が普及してきたおかげで、ヒマラヤの高所からも重篤患者が搬出されるようになった. また、高齢者が高所を訪れるようになり、いままで急性高山病の重篤な症状であった高所肺水腫や、高所脳浮腫以外の心臓血管系の障害による症例が多くなり、現地から日本まで重篤患者を搬送する必要もでてきている. 高所からのヘリコプターでの搬出や国際患者搬送帰還 (international repatriation) には多額の費用がかかり、保険での処理が必須であるが、日本で加入できる旅行保険では、アイゼン、ピッケルなど登攀具を使用した山岳登攀中の事故には、保険料に多額の運動危険等担保割増（運動割増）が必要で、現実的ではない. また国際搬送も現地病院、航空会社、空港当局、保険会社、国際アシスタント会社、受け入れ病院との綿密な準備連絡があれば医療上ではさほど困難ではないが、日本ではその実績、経験が乏しく、支援体制の整備、組織化が遅れているのが最大の問題点だとされている[1].

2）国際患者搬送帰還：例1

2007年世界の8,000m峰14座登頂を目指す竹内洋岳氏は，10座目であるガッシャーブルムⅡ峰の7,000m付近をルート工作中雪崩に遭遇した．近くにいた登山者に掘り起こされ，6,500mの第2キャンプまで収容されたが腰椎破裂骨折，多発性肋骨骨折，左肺血気胸という重症で，現場で緊急手当てをした医師からは，「生存は難しい．家族に残す言葉はないか」といわれたほどであった．事故の知らせは，いまや高所登山ではその携行が常識となった衛星携帯電話で，登山隊の留守本部や日本の山の仲間にただちに行われた．参加していたのがドイツ隊で，在パキスタンのドイツ大使館が動き，当時のムシャラフ大統領にパキスタン軍のヘリコプター出動要請がなされたという．事故同日に救助ヘリコプターは飛んだものの，気流が悪く第2キャンプに近づけない．翌日，第2キャンプより標高6,000mの第1キャンプまで人力で下ろされた．事故2日後，何回かのトライの末，第1キャンプからヘリコプターで救助され，麓のスカルドにある軍病院に収容された．しかし，現地での外科手術を拒否すると，強制退院させられ，地元の病院に移ることになった．病院とは名ばかりで，イスラマバードから山の仲間が救援にかけつけるまでベニヤ板に寝かされていたという．それからスカルドからイスラマバードまでの搬送も，陸路では体がもたないだろうということでヘリコプターをチャーターしようとしたが，悪天候などでそれもままならず5日間もかかってしまった．以後，日本までの搬送は，ボランティアの山の仲間や山関係の医師がかかわることになった．

竹内氏は登山中の事故をカバーする保険は，その高額な保険料を払うことはできなかったので加入していない．キャラバンの事故を補償するために，大手の海外旅行者傷害保険も入っていたが，登攀中の事故ということで，サポートは受けられなかった．日本の国際アシスタンス会社である日本エマージェンシーアシスタンス社[2]も

協力を申し出てくれたが，日本までの搬送の見積金額が，定期便を使用しても1,500万円という高額なものであった．症状からすると，患者輸送専用機（ドクター，医療器具付のチャータージェット機）の利用が適切と思われたが，3,000万円程度はかかると思われ，とてもその高額の費用は負担できなかった．結局，日本から山仲間が一人駆けつけ，また，現地にいた山仲間たちも協力して，自分たちで定期便を使って国際搬送をすることになった．

タイ航空は医師の同行が条件となり利用できなかったが，パキスタン航空で受け入れてもらえた．帰国搬送の可否は多くの山仲間の医師がインターネットを介して討議，情報交換して決定された．イスラマバードに赴任していたJICAの医師が，MRIやレントゲン写真など現地病院の診察結果を送ってくれたことも重要な判断材料となった．また，医療文化の異なる現地医師とのコーディネーションを得たことも大きな助けとなった．結局事故後11日にして，山の仲間が付き添い，無事帰国することができた．国際患者搬送帰還の手順に沿わない，仲間内による搬送であったが，それでもヘリコプター費用を含めて600万円が費やされ，そのほとんどが竹内氏の個人負担となったのである．

その後，欧米隊は，このようなケースでは，どのように処理しているかを調べたところ，彼らは登山を含めて，旅行先での活動内容は原則的に問わないデンマークのihi Bupaの旅行保険[3]に加入していた．事故があっても現地の登山手配会社に証券番号を知らせておくだけで，保険会社が救助に関与した機関に直接連絡し，国際アシスタント会社による搬出の手配，支払いも直接され，けが人は自分の治療だけに専念することができるのであった．竹内氏の事故のように，日本で山仲間が徹夜で対応した労力もこの保険の存在を知っていれば違ったものであっただろう．南極の最高峰ビンソン登頂ツアーに参加する場合は，このihi Bupaの保険に加入することが条

件になっていると聞く．

3）国際患者搬送帰還：例2

2007年，チョモランマのベースキャンプを訪れる旅行ツアーに参加した男性79歳が，標高3,600mのラサに北京から航空機で到着した後，体調不良を訴え，ラサの人民病院に入院した．現在のところ，一般の旅行保険契約には高所（低酸素環境）のリスクは問われない．アイゼン，ピッケルを使用した登攀でなければ，チョモランマの前進ベースキャンプ（6,500m）までも通常の海外旅行保険で対応できる．このツアーの添乗員は，ただちに保険会社に連絡をした．あとは保険会社が病院と連絡をとり，通訳なども含めて適切な処置をしてくれる．この男性の場合は，高所肺水腫に加え，急性の心臓疾患が疑われたため，シンガポールから国際アシスタンス会社が手配した国際患者搬送帰還専用のチャータージェット機[4]がラサ空港に飛来し，自宅がある金沢市近くの小松空港まで直行で搬送された．帰国後の入院，治療もすべて保険会社が面倒をみてくれたという．チャーター機の費用だけでも3,000万円を要したと思われる．保険に加入していなければ，個人ではとても支払える金額ではない．

4）ヘリコプター救助

2005年にはユーロコプター社のヘリコプター，AS350B3型機がエベレスト頂上に着陸し，世界記録を打ち立てた[5]．中央アジアでもパミールのレーニン峰最終キャンプ6,700mからヘリコプターで急性高山病の登山者が救助されたと聞く．今後，ヘリコプターの性能が向上すれば，8,000mからの救助も夢ではなくなった．

エベレストの頂上に着陸したとはいえ，仕様上の限界高度は，高出力を誇るロシア製MI-17機でさえ5,000mである．ヒマラヤでのヘリコプター救助は限界を超えた高度で行われているのである．高度だけでなく，山岳地帯の荒れた気流も大きな障害である．1996年エベレスト大量遭難の際に，第2キャンプ，6,500mから歴史的

な救助をしたネパール軍パイロット，マダン KC 大佐も，その後エベレストのベースキャンプ 5,000m で墜落事故を起こしている．いまはパイロットの献身的な活動によって，高所からの救助がなされているが，お互いに大きなリスクがあることは承知しておかなければならない．どうせ保険で処理をすればよいと，疲労した時の下山手段として高所でヘリコプターを使う登山者がいるとすればそれは言語道断の行為である．

　しかしながら，心筋梗塞の場合，ゴールデンアワーといわれている 6 時間以内に搬出するとなると，ヘリコプターに頼らざるを得ない．衛星携帯電話の出現で，それも十分に可能となったのである．

　意識のない患者を救助する場合，本人の費用負担を確認できない場合が多い．とくに個人のトレッカー，登山者の場合は問題である．ヘリコプター会社もこのような場合，大使館の支払い保証がないと飛ばないなど，出動までに無駄な時間を費やすことがある．リスクの大きい高齢者は，とくにしっかりとしたトレッキング会社の手配で高所に行くべきであろう．最近では費用をうかせるためにシェルパに個人的にトレッキング手配を依頼する高齢者も多いが，このようなリスクが生じることも認識する必要がある．

　天候の影響を強く受けるのが航空機である．急性高山病の場合は一刻も早く下に降ろすことが肝心である．不確実なヘリコプターを待つよりポーターで搬出したほうが早い場合もある．

5）海外旅行保険

　日本の傷害保険では，アイゼン，ピッケルなどの登山用具を使用する山岳登攀は，危険な運動と見なされ，その保険金の限度額は低く抑えられ，保険料は運動危険等担保割増（運動割増）が加算され高額なものとなる．大手の保険会社では保険料に運動割増を付けたとしても受けないところが多い．ちなみに各保険金を 1,000 万円とし，8,000m 峰登山の 2 カ月間をカバーするものでは，保険料は 34

万円となる．保険金の限度は1,000万円で，帰国搬送のチャーター機などは利用できない．定期便を使っても足りないかもしれない．

アイゼン，ピッケルを使わないトレッキングには運動割増は不要で，高所（低酸素）のリスクも，現状では保険料算出に考慮されていないため，通常の海外旅行と同じ料率となっている．ただし，傷害保険において保険金の支払対象となる傷害とは，急激かつ偶然な外来の事故によって被ったことが要件である．疾病も急性高山病ならば問題ないが，たとえば腸閉塞などは，その既往症があれば慢性疾患とみなされ保険金はでない．高齢者となれば，慢性疾患をかかえている人も多い．事故であるが慢性疾患に起因したものであるかどうかは判断が難しいケースがあるのではないだろうか．

遠征隊などで欧米人がかけているのは，デンマークのihi Bupaの旅行保険である．原則として職業や旅行中の活動内容は問われない．登山だけでなく，通常では免責となるテロによる事故さえも補償される．例外として，モータースポーツショーやレース，旅行地域はイラクやアフガニスタンなど紛争地帯では補償されない．また，死亡保険金と居住国帰国後の移送,治療経費は補償されない．以下，保険金の対象となるものである．

・補償されるものとその金額
　①全額：治療費，救助・搬出費用，帰国搬送費，親族の付き添い費用，遺体帰国搬送費用，死亡処理諸経費など．
　②有限：理学療法費2,500ドル，歯痛の対症療法300ドル，付き添い人の経費1日300ドルまで．

保険の手続きもインターネットで，慣れた人なら10分で完了する．保険料の支払いはクレジットカードが一般的である．年間のもの（アニュアル・トラベル）と，旅行ごと（シングル・トリップ）があり，年間のものは1回の旅行が30日以内に限られる．30日以上の旅行の場合は，30日以上を日割り計算で旅行ごとのシングル・

トリップを付け加える．保険料は，たとえば60〜79歳の人であれば，年間が239ドル，翌年から172ドル．旅行ごとのものが基本料51ドルに加え1日8.40ドルとなる．インターネットからの申し込みは5％の割引がある．年齢制限は79歳まで．

保険金の請求は，救助を担当した現地のトレッキング会社や現地で治療した病院が，ihi Bupaに対しておおよその経費見積を送ると，即刻審査され，妥当と思われた場合は費用支払い保証の書類が電子メールやファックスで送られてくる．対応や保険金の支払いは至極迅速である．交渉に使われる言語は英語であるが，担当者はわかりやすい英語を話し，使われる文章も平易で簡潔である．

現在のところ，アイゼン，ピッケルを使用する海外の高所登山では，ihi Bupaの旅行保険がもっとも有効だといえるだろう．トレッキングでは一般の海外旅行保険で治療・救援費用が無制限のものがよい．

6）通信衛星端末

登山隊で初めて通信衛星端末が登場したのは，1988年チョモランマ三国友好登山隊で，読売新聞社が原稿や写真送稿のために使用した海事衛星，インマルサットであった．船に設置する機材そのままで，陸上に固定された端末では不必要な自動追尾装置まで，そのままついていた．重量は数百kgもしたが，伝送スピードはわずか2.4kbps．カラー写真1枚を送るのに数時間もかけていた．

20年後の現在では衛星電話も地上波の携帯電話に近づき，最新の「スラーヤ」では重量130gであり，大きさも携帯電話とほぼ同じぐらいのサイズとなった．データもインマルサットBGANという端末[6]では，492kbpsの速度を誇る．静止画だけでなく，動画で同時中継すら可能となった．事故や病気の対応だけでなく，気象予報も衛星を介してリアルタイムで受け取れるため，いまや海外登山，トレッキングの必携品のひとつとなった．

7）高齢者への注意

　高齢者では年金生活者が一般的で，海外の高所トレッキング，登山でもなるべく経費を節約したいのは理解できるが，高齢者ほど高所でのリスクは大きい．①現地のしっかりとしたカウンターパート（トレッキング会社），②旅行保険，そして③衛星携帯電話などの通信手段確保は必須であろう．リスク管理にはコストがかかるということを忘れてはならない．ひとつでも欠けると個人では負担できない莫大な経費がかかることもあり得るのである．

文　献

1) 須崎紳一郎ほか：International repatriation（国際患者搬送帰還）の実態と問題点．日本救急医学会雑誌，5：42-50，1994．
2) http://emergency.co.jp/
3) http://www.ihi.com/
4) http://www.internationalsos.co.jp/assistance/4assindex.html#3
5) http://www.everestnews.com/stories2005/everestcopter06032005.htm
6) http://www.inmarsat.com/Services/Land/BGAN/default.aspx

［貫田宗男］

［9］高山病予防概論

　1952年以降，2008年までの56年間にヒマラヤ周辺の6,000m以上の高峰を目指した日本人登山者約1万人のうち274人が死亡し2.3％という高い致死率を示しており「43人の登山者のうち1人が生還できない」という深刻な事実が報告されている．しかも，1968年以来，今日まで40年間にわたり遭難死が毎年連続していることも注目すべきことであり「ストップ・ザ・41」が本年のヒマラヤ登山界のスローガンとなっている．

この遭難死の原因には雪崩（46.7％），転落死（29.9％），高山病（16.7％）などがあげられているが，多くの場合その根底には，低酸素環境による生理的・心理的な高所障害（広義の高山病）の関与が指摘される．本項では登山者に必要な高所へのストレス耐性を高め，高山病を予防するための高所順応トレーニングの意義と効果および一般的予防法について明らかにしてみたい．

1. 高所順応トレーニングの意義と効果

キーポイント

* 高所順応トレーニングとしては，富士山などの登山，あるいは低圧シミュレータ内でのトレーニングを月に数回行うとよい．この結果，高所での運動時の動脈血酸素飽和度（SpO_2）が高まり，交感神経系の緊張が抑えられ，抗利尿ホルモンの分泌が減弱して高山病の予防になる．
* 高山病予防のためには少なくとも1年前から1回に30分以上のややきつい程度の持久性運動（ウォーキング，ジョギング，ペダリングなど）を週3回以上継続する有酸素性トレーニングを行うとよい．

1978年5月にエベレスト峰の無酸素登頂に世界で初めて成功したイタリアのReinhold Messnerは，26歳から毎日1時間のランニングトレーニングと筋力トレーニングを継続してきたことを「第7級」という著書で述べている．さらに，「トレーニングなしに登山遠征に参加することは無責任と言わざるを得ない」と指摘している．

低酸素環境下へ繰り返し曝露することによって，高所順応を獲得できることは，すでに19世紀末にフランスの生理学者のPaul Bertにより明らかにされている．したがって，低酸素環境下での運動トレーニングは，低酸素負荷と運動負荷の相乗効果を期待するものであり，比較的短期間に高所順応を獲得できるものと考えられる．

この高所順応トレーニングの方法としては,実際の登山によるトレーニング法と低圧低酸素環境シミュレータを用いるトレーニング法が考えられる.そこでこの両者の成果の一部を紹介してみたい.

1)日本の山を利用した高所順応トレーニング

山本[1]によると,富士山登山およびその他の高峰への登山により,4,000m高度への高所順応を獲得できることが明らかにされている.すなわち,6人の登山者について2日間に2往復の富士山登山を行い,この登山前後に4,000m相当高度で60分間滞在中の動脈血酸素飽和度(SpO_2)を測定して比較した.この結果,富士山の連続2往復登山の後のSpO_2は登山前に比べ有意に高値を示し,逆に心拍数は登山後に明らかに低値を示したという.したがって,高山病を発症しやすい4,000m近辺での高所耐性の向上が示唆されたとしている.ただし,高所順応の定着のためには,1カ月に3~4回の登山が必要であろうと指摘している.

2)富士山測候所を利用した短期間の高所順応トレーニング

山本と浅野[2]による富士山頂(3,776m)に2泊3日滞在する高所トレーニングの効果についての最新の成果を紹介したい.

健常成人の20歳代の男子大学生11人について,5合目(2,300m)より頂上へ登山し測候所で2泊3日滞在して,再び5合目を経て下山する高所トレーニングを行った.

この登山前後において,平地で4,000m相当高度でのペダリング運動時の生理応答について比較検討した(図Ⅷ-3).まず,SpO_2についてみると,安静時および中等度の運動負荷(0.9~1.8watts)において,下山後に有意な増加を示している.また,血中乳酸濃度をみると,SpO_2と同様の中等度の運動負荷時に有意な減少が認められている.

これらの成果から高所登山および高所での労働に従事される人の高山病予防のためにも,2泊3日の山頂滞在の有効性と必要性を指

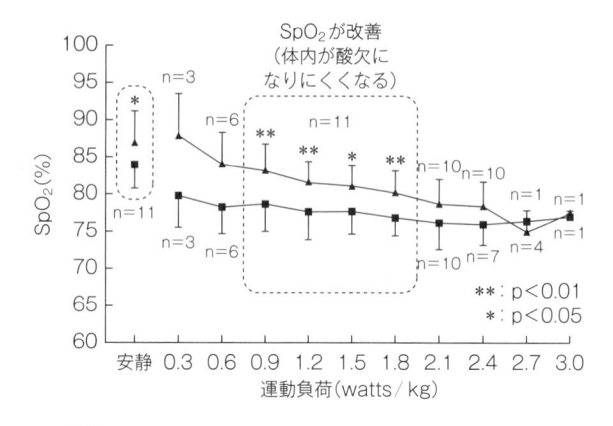

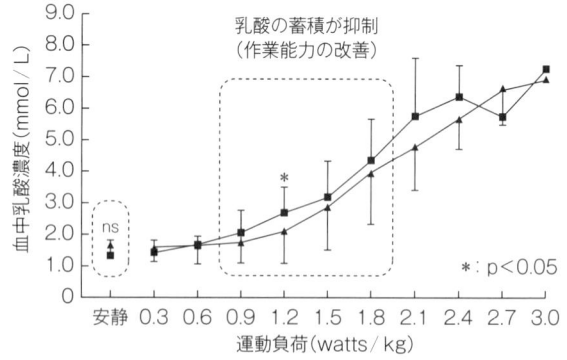

図Ⅷ-3 富士山測候所への2泊3日滞在前後の4,000m相当高度での安静およびペダリング運動時の動脈血酸素飽和度（SpO_2，上図）および血中乳酸濃度（下図）の比較（■：トレーニング前，▲：トレーニング後）
（山本正嘉，浅野勝己：富士山測候所を利用した短期間の高所トレーニングの効果．平成20年度富士山測候所利活用に関する報告会，講演予稿集，p21，2009）

摘したい．

3) 低圧シミュレータを用いた高所順応トレーニング

ここでは，1998年の栃木県山岳連盟50周年記念ムズターグ・アタ峰登山に際し行った男子登山者6人についての高所順応トレーニングの成果を紹介したい．

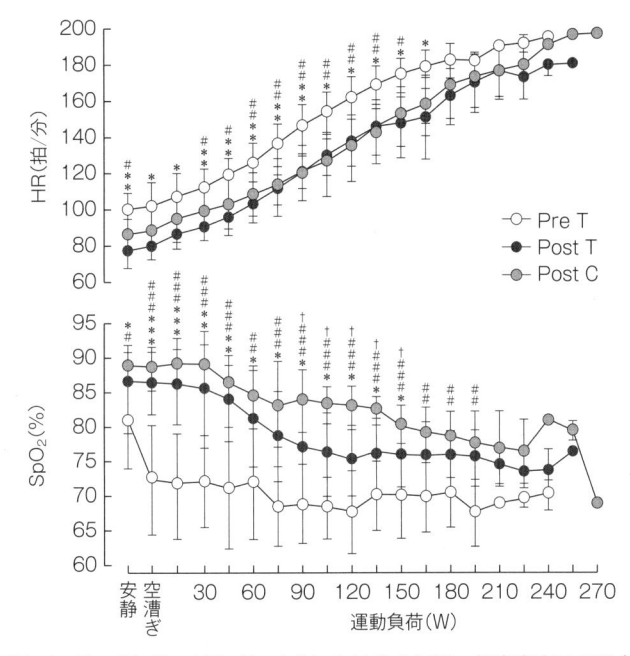

図Ⅷ-4 Pre T, Post T, Post Cにおける4,000m相当高度での最大運動時SpO$_2$およびSpO$_2$/HRの変化

*: $p<0.05$, **: $p<0.01$, ***: $p<0.001$, Pre T vs Post T
\#: $p<0.05$, \#\#: $p<0.01$, \#\#\#: $p<0.001$, Pre T vs Post C
†: $p<0.05$, Post T vs Post C

(浅野勝己, 岡崎和伸:ムズターグ・アタ峰登山における高所順応トレーニングの効果. 登山研修, 14:142-153, 1999)

心拍数130拍/分程度で30分間の運動トレーニングを週1回で, 4,000～7,000mの各高度で出発直前まで3ヵ月間にわたり計11回行った. この高所トレーニングの前後 (Pre T, Post T) および約1ヵ月間の登山活動の後の帰国後 (Post C) について4,000m相当高度での最大運動時の生理的応答を比較した[3]).

まず, ペダリングによる漸増負荷最大運動時の心拍数 (HR) の応答では高所順応トレーニング後に安静時および約150W以下の各

運動負荷時で約20拍/分有意に低値を示した．この値は登山後とほぼ同等であった（図Ⅷ-4）．

さらに同様に安静および運動時のSpO_2の応答では，高所順応トレーニング後に安静時および150W以下の各運動負荷時で約5〜15％有意に高い値を示した．登山後ではさらに約5％上回る高値を示した（図Ⅷ-4）．このように，高所順応トレーニング後に安静および運動時の心拍数の低下とSpO_2が増加したことは，心肺機能の改善による酸素運搬能力の向上を示唆している．

この事実は，トレーニング後の約1カ月間にわたる被検者6人の登山活動において，急性高山症状が軽微であり，全員が無事に登頂を達成したことからも裏づけられたのである．

次に低圧シミュレータによる高所順応トレーニングの内分泌応答に及ぼす影響について紹介してみたい．まず，自律神経系の応答のうち，とくに低圧低酸素による交感神経系の影響を血漿ノルアドレナリン濃度および血漿アドレナリン濃度の変化から検討した．すなわち，1回30分のペダリング運動を週1回で4,000〜7,000m相当高度で約10週間にわたり行う高所順応トレーニングの前後と登山後において，4,000m相当高度での運動時の血漿カテコールアミン分泌応答を比較したのが図Ⅷ-5である．ノルアドレナリンおよびアドレナリン濃度とも各運動負荷時の値は，トレーニング前よりもトレーニング後，および登山後で有意に低値を示している．

これらの成果から，高所順応トレーニングは低圧低酸素による運動時の交感神経系への亢進を抑制することが明らかにされた[4]．

さらに一流登山者（Y.F.）と一般登山者（T.Y.）について，6,000m相当高度での30分間のペダリング（40％$\dot{V}O_2max$）を約4カ月間にわたり計8回継続して高所順応トレーニングを行った．この時の常圧安静，6,000m安静および6,000mでの30分間運動後の3時点でのACTH（副腎皮質刺激ホルモン）およびADH（抗利尿ホルモン）

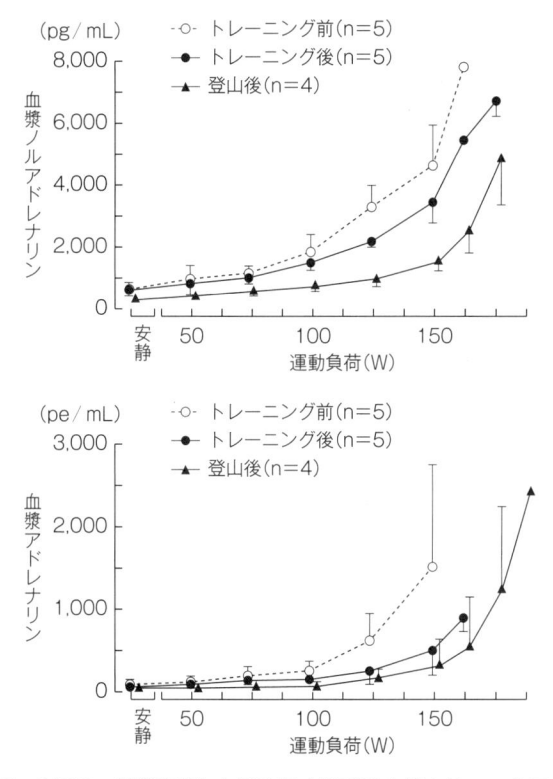

図Ⅷ-5 4,000m相当高度における最大運動時血漿カテコールアミン分泌応答のトレーニング前後および下山後の比較

(Asano K, et al.: Effects of simulated altitude training on aerobic work capacity in the Himalayan climbers. In: Ohno H, et al. eds., Progress in mountain medicine and high altitude physiology, pp258-263, Press Committee of the 3rd World Congress on Mountain Medicine and High Altitude Physiology, Matsumoto, 1998)

の分泌応答をトレーニング1回目，5回目および8回目について一流登山者と一般登山者を比較した．この結果，高山病症状のほとんどない一流登山者では，両ホルモンとも6,000mでの運動後の上昇はきわめて少なく，ほぼ安静値に近く，しかもトレーニングにより

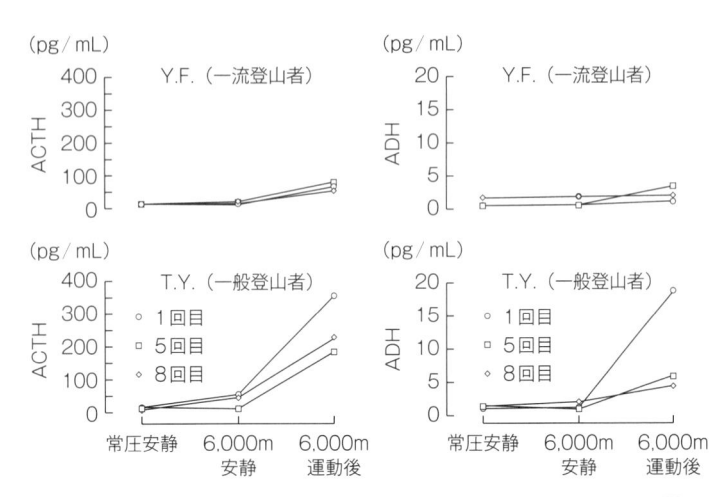

図Ⅷ-6 6,000m相当高度での一流登山者と一般登山者の1回30分間の最大下ペダリング時の3.5カ月にわたる1，5および8回目の高所順応トレーニングによるACTHとADHの分泌応答の変化

(Asano K, et al.: Effects of simulated altitude training on aerobic work capacity in the Himalayan climbers. In: Ohno H, et al. eds., Progress in mountain medicine and high altitude physiology, pp258-263, Press Committee of the 3rd World Congress on Mountain Medicine and High Altitude Physiology, Matsumoto, 1998)

ほとんど変化を示さなかった．これに対し，高山病症状の多い一般登山者では，両ホルモンとも1回目では6,000mでの運動後急増を示したが，5回，8回目と次第に低減する傾向を示し，一流登山者に近似した応答を示した（**図Ⅷ-6**）．このような6,000m相当高度での運動時のACTHおよびADH分泌のトレーニングに伴う減弱化は，下垂体-副腎皮質系および交感神経の緊張抑制に起因するものと考えられ，高所環境における運動時のストレス耐性の向上が示唆される．とくに高所環境における運動時の抗利尿ホルモン分泌のトレーニングによる減弱化は，浮腫などの高山病の発症を予防する可能性を示唆している[4]．

2．高山病の予防法

キーポイント

＊水分補給を十分行い，適度な休養をとる．
＊栄養面では炭水化物とビタミンＣ，Ｅなどの抗酸化物質を多めに摂取する．
＊アルコール飲用と喫煙は避ける．

（1）**ゆっくり登高する**：1日に300m以内の高度差に登高を制限し，また1,000m登るごとに「高所順応日」を1日設けるようにする．

（2）**水分補給を十分に行う**：山岳地帯の冷却し乾燥した空気は相対湿度が低く，また，登山時の過換気と相まって多量の水分（毎日1～2L以上）が蒸発する．したがって，意識的に多くの水分を補給しないと脱水症状になる．一方，水分補給を十分に行うと色が薄い尿の回数が多くなる．これは高所順応の指標である．高山病の主因は，過剰に体液が貯留することである．したがって，毎日，約1.5～2.0Lの排尿ができるように努めることが大切である．

（3）**休養と栄養**：できる限り過労は避け，適度に休養をとること．さらに食事は70～80％を炭水化物にあて肝臓や筋肉のグリコーゲン量補給に努める．さらにビタミンＣおよびＥなど抗酸化物質を多量に摂ることが，低酸素ストレスへの耐性を高め活性酸素による影響を予防するためにも必要である．

（4）**アルコール飲用は慎む**：アルコールによる酩酊は，脱水をもたらして脳浮腫の一因になるとされている．また，肺動脈圧を高め肺水腫を起こしやすくするという報告もある．とくに「高所での最初の夜は決して飲酒してはならない」というシェルパの格言は銘記すべきである．

（5）**喫煙は避ける**：喫煙中に吸入する一酸化炭素は，少量でもヘモグロビンとの親和性が酸素に対してよりも600倍も高いので，酸

化ヘモグロビンが急減してしまう．したがって，酸素不足の環境での登山活動に喫煙は百害あって一利なしである．

文献

1) 山本正嘉：日本の山を利用した高所順応トレーニング．第2回高所トレーニング国際シンポジウム'99つくば-総集編，pp20-21，1999．
2) 山本正嘉，浅野勝己：富士山測候所を利用した短期間の高所トレーニングの効果．平成20年度富士山測候所利活用に関する報告会，講演予稿集，p21，2009．
3) 浅野勝己，岡崎和伸：ムズターグ・アタ峰登山における高所順応トレーニングの効果．登山研修，14：142-153，1999．
4) Asano K, et al.: Effects of simulated altitude training on aerobic work capacity in the Himalayan climbers. In: Ohno H, et al. eds., Progress in mountain medicine and high altitude physiology, pp258-263, Press Committee of the 3rd World Congress on Mountain Medicine and High Altitude Physiology, Matsumoto, 1998.

［浅野勝己］

あとがき

　日本登山医学研究会編として「登山の医学ハンドブック」が上梓されたのは，2000年6月のことでした．当時の最新の知見をとりいれて医学的には正確に，また，一般の方にも理解いただけるように工夫して分担執筆し，また，実際の登山に際してリュックの中に携行できる冊子として，多くの登山者にご愛読いただきました．

　しかし，初版を発刊してからすでに9年が経過し，この間の医学的知見も進歩しました．発行母体の日本登山医学研究会も日本登山医学会へと組織換えが行われました．一方，登山の世界では，中・高年登山者の割合が急増し，中・高年登山の事故も増加しています．

　このような現況に鑑み，日本登山医学会では，本書の改訂を決意し，改訂版編集委員会のもとに，新たな執筆陣もくわえて，改訂執筆を行いました．初版にもられた普遍的な知見はそのまま残し，新たな医学的知見が得られている領域は刷新いたしました．とくに，中・高年登山者の注意とする章をあらたに加え，現在，学会内部で立ち上げをすすめている「登山者検診ネットワーク」についても付記いたしました．

　本書が，初版以上に，多くの登山者の山行やトレッキング旅行の前の勉強に，あるいは登山中困難な状況にたちいたった場合に活用されることを，望むものであります．

　改訂版の執筆に入ってから1年間という期間ではありましたが，編集者を代表いたしまして，各執筆者の方々には深甚の御礼を申し上げます．

松林公蔵，編集者一同

付表－1　高所順化アンケート

氏名：＿＿＿＿＿　年齢：＿＿歳　性別：男・女　最高到達点：＿＿＿m

● 毎日朝夕自分の症状に丸を付けてください(睡眠障害については翌朝記入)．

[レイクルイーズ・急性高山病評価スコア]

		/		/		/		/		/		/		/	
		朝	夕	朝	夕	朝	夕	朝	夕	朝	夕	朝	夕	朝	夕
頭痛	0：まったくなし 1：軽い 2：中等度 3：激しい頭痛(耐えられないくらい)	0 1 2 3	0 1 2 3	0 1 2 3	0 1 2 3	0 1 2 3	0 1 2 3	0 1 2 3	0 1 2 3	0 1 2 3	0 1 2 3	0 1 2 3	0 1 2 3	0 1 2 3	0 1 2 3
消化器症状	0：まったくなし 1：食欲がない，少し吐き気あり 2：かなりの吐き気，嘔吐 3：強い吐き気と嘔吐(耐えられないくらい)	0 1 2 3	0 1 2 3	0 1 2 3	0 1 2 3	0 1 2 3	0 1 2 3	0 1 2 3	0 1 2 3	0 1 2 3	0 1 2 3	0 1 2 3	0 1 2 3	0 1 2 3	0 1 2 3
疲労・脱力	0：まったくなし 1：少し感じる 2：かなり感じる 3：とても感じる(耐えられないくらい)	0 1 2 3	0 1 2 3	0 1 2 3	0 1 2 3	0 1 2 3	0 1 2 3	0 1 2 3	0 1 2 3	0 1 2 3	0 1 2 3	0 1 2 3	0 1 2 3	0 1 2 3	0 1 2 3
めまい・ふらつき	0：まったくなし 1：少し感じる 2：かなり感じる 3：とても感じる(耐えられないくらい)	0 1 2 3	0 1 2 3	0 1 2 3	0 1 2 3	0 1 2 3	0 1 2 3	0 1 2 3	0 1 2 3	0 1 2 3	0 1 2 3	0 1 2 3	0 1 2 3	0 1 2 3	0 1 2 3
睡眠障害	0：快眠 1：いつものようには眠れなかった 2：何度も目が覚めるほとんど眠れなかった 3：まったく眠れなかった	0 1 2 3		0 1 2 3		0 1 2 3		0 1 2 3		0 1 2 3		0 1 2 3		0 1 2 3	

[呼吸・循環]													
息切れ 息苦しさ (安静時)	0：まったくなし 1：少し感じる 2：強く感じる 3：とても強く感じる	0 1 2 3	0 1 2 3	0 1 2 3	0 1 2 3	0 1 2 3	0 1 2 3	0 1 2 3	0 1 2 3	0 1 2 3	0 1 2 3	0 1 2 3	0 1 2 3
咳	0：まったくなし 1：たまに出る 2：ときどき出る 3：ひんぱんに出て呼吸がしにくい	0 1 2 3	0 1 2 3	0 1 2 3	0 1 2 3	0 1 2 3	0 1 2 3	0 1 2 3	0 1 2 3	0 1 2 3	0 1 2 3	0 1 2 3	0 1 2 3
動 悸 (安静時)	0：まったくなし 1：ときどき感じる 2：強く感じる 3：とても強く感じる	0 1 2 3	0 1 2 3	0 1 2 3	0 1 2 3	0 1 2 3	0 1 2 3	0 1 2 3	0 1 2 3	0 1 2 3	0 1 2 3	0 1 2 3	0 1 2 3

[機能スコア] （上記に示した兆候があなたの活動能力を落としましたか）

	0：変わらない 1：少し落ちた 2：かなり落ちた 3：とても落ちた（起きていられない）	0 1 2 3	0 1 2 3	0 1 2 3	0 1 2 3	0 1 2 3	0 1 2 3	0 1 2 3	0 1 2 3	0 1 2 3	0 1 2 3	0 1 2 3	0 1 2 3

全体を通しての体調についての感想を記述ください

付表-2 高所順化チェックシート(ツアーリーダー用)

コース名：																
氏名：		年齢：		歳		ツアーリーダー名：										
						性別：男・女		測定機器名：								
月/日	/		/		/		/		/		/		/		/		/
	朝	夕	朝	夕	朝	夕	朝	夕	朝	夕	朝	夕	朝	夕	朝	夕
測定場所(および高度)																
動脈血酸素飽和度(%)																
過換気による最大値																
脈拍数(回/分)																
ダイアモックス(錠数)																
酸素吸入(合計時間)																
睡眠薬(薬剤名, 錠数)																
安定剤(薬剤名, 錠数)																
その他(薬剤名, 錠数)																
体温, 血圧など																
[意識状態] 0：異常なし 1：見当識障害がある 2：錯乱している 3：刺激にて覚醒 4：昏睡状態	0 1 2 3 4	0 1 2 3 4	0 1 2 3 4	0 1 2 3 4	0 1 2 3 4	0 1 2 3 4	0 1 2 3 4	0 1 2 3 4	0 1 2 3 4	0 1 2 3 4	0 1 2 3 4	0 1 2 3 4	0 1 2 3 4	0 1 2 3 4	0 1 2 3 4	0 1 2 3 4

[歩行失調]

0：まったくなし	0	0	0	0	0	0	0	0	0	0	0	0	0	0
1：バランスをとりながら歩く	1	1	1	1	1	1	1	1	1	1	1	1	1	1
2：線から外れる	2	2	2	2	2	2	2	2	2	2	2	2	2	2
3：倒れてしまう	3	3	3	3	3	3	3	3	3	3	3	3	3	3
4：起立不能	4	4	4	4	4	4	4	4	4	4	4	4	4	4

[末梢浮腫]

0：まったくなし	0	0	0	0	0	0	0	0	0	0	0	0	0	0
1：1カ所のみ	1	1	1	1	1	1	1	1	1	1	1	1	1	1
2：2カ所以上	2	2	2	2	2	2	2	2	2	2	2	2	2	2

・動脈血酸素飽和度は、座位で脈拍がきちんととれていることを確認したのち、数値が一定した所でその数値を記入してください。
・過換気による最大値は、7～8回大きく深呼吸したのちの最大値を記入してください（過換気後少なくとも30秒は数値を観察してください）。
・測定は、朝食時・夕食時など毎日決まった時間に行ってください。
・見当識障害とは、問いかけに対しとんちんかんな答えをしてしまう状態です。
・昏睡状態とは、刺激を与えても意識が戻らない状態です。
・末梢浮腫（手足のむくみ）は、左右どちらかあれば1カ所とします。

全体を通してのコメント

和文索引

[あ]
アスピリン 133, 246
アセタゾラミド 98, 202, 205, 210, 214, 244, 249
アドレナリン 266
アナフィラキシーショック 157
アメーバ赤痢 225, 226
アルコール 7, 25, 50, 86, 118, 172, 201, 212, 235, 242, 269
アンジオテンシンⅡ 199
アンジオテンシン変換酵素 200
安定労作性狭心症 125, 126
暗点 31
アンビューバック 179

胃酸 47
　——分泌抑制薬 48, 123
意識障害 27, 28, 30, 62, 80, 98, 100, 162
意識変容 206, 208
医師携行医薬品 180
医師携行医療器材 179
胃・十二指腸潰瘍 24, 26, 47, 122
一秒率 120, 172
一秒量 120, 172
1回拍出量 17
一過性脳虚血発作 51, 109, 133, 135
一酸化窒素 199, 202
胃粘膜防御因子 123, 124
医療器材 175, 176, 179
インスリン 114, 141, 152
　——抵抗性 115, 116

運動失調 27, 28, 206, 209
運動負荷試験 127
運動麻痺 27, 30, 129, 130
運動誘発性喘息 119, 151
運動療法 109, 116
運動危険等担保割増 254, 258

A型肝炎ワクチン 223, 224
エクセントリック（伸張性）筋活動 187
エコノミークラス症候群 21
エネルギー消費 113, 116, 183, 184
エネルギー摂取 148, 149
エネルギー補給 183
エリスロポエチン 139, 200
塩素剤 238

応急手当 102
嘔吐 25, 30
黄熱病 229
横紋筋融解症 88, 90
悪心 22, 25, 30, 47, 111, 123, 153, 154, 208, 230, 252
乙字湯 182
オリゴノール 189

[か]
加圧治療バッグ 179, 202, 205, 206, 210, 216, 251, 252
カーボカウンティング法 117
カーボショッツ 189
海外旅行保険 258, 260
回復体位 105
解離性大動脈瘤 16

過換気症候群　16, 31, 39, 52, 53, 157
顎関節　71, 73
喀血　15
風邪　2, 6, 9, 11, 39, 47, 91, 117, 227
片肺全摘　142
葛根湯　181
活性酸素　187
カテキン　188
L-カルニチン　190
加齢　92, 161, 165, 168, 190, 213, 218
川崎病　150
感覚障害　27, 31, 52, 62, 129
換気量　145
間質性腎炎　136
関節痛　33, 40
関節内血腫　33
乾燥　14, 39, 119, 151, 186, 196, 201, 215, 248, 269
冠動脈インターベンション　125
漢方薬　181
寒冷順化　86
寒冷対策　148, 150

気管支拡張症　15
気管支喘息　14, 16, 40, 46, 119, 151, 153, 156
気胸　64, 121
基礎代謝　113, 116, 149
喫煙　14, 24, 39, 48, 132, 169, 212, 269
気道確保　103
機能的変化　148
急性胃炎　22, 22, 26

急性胃潰瘍　47
急性高山病　9, 10, 13, 27, 30, 40, 50, 95, 96, 98, 156, 179, 197, 198, 208, 209, 217, 244, 247, 248, 254, 258
　——重症度判定　12, 97
　——治療薬　243, 244
　——の重症型　206
　——予防　205, 214, 262, 264
急性糸球体腎炎　136
急性腎盂腎炎　136
急性心筋梗塞　44, 105, 125, 133
急性腎不全　136
急性虫垂炎　21, 22, 24, 26
急性腹症　21, 22, 50
急速融解法　78
境界型高血圧症　20
狂犬病　223, 224, 231
胸骨圧迫心臓マッサージ　103, 108
狭心症　16, 24, 44, 113, 117, 125
協調運動障害　208
胸部痛　14, 15, 39, 16, 18, 41, 44, 111
虚血-再灌流　187
起立性低血圧　112
緊急下山搬送　43, 45, 100
筋けいれん　34, 89
筋性防御　66
筋断裂　34
筋肉痛　34, 47, 89, 181, 189, 229

駆血帯　180
靴擦れ　6, 71, 158
くも膜下出血　29, 51, 52, 53, 129, 163

クロロキン　228

携行医薬品　155, 177
経口避妊薬　243, 249
経口補水塩　228, 236, 237
頚髄損傷　31, 62
傾眠　28
けいれん　29, 51, 111, 131, 134, 151, 181, 245
下血　26, 124
血管拡張作用　245
血管内皮　199, 200
血胸　64
月経　87
血栓症　185
血痰　15, 98
ケトアシドーシス　114, 117, 118, 209
下痢　24

抗がん剤　144
交感神経　17, 110, 262, 266
高気圧酸素療法　60, 79
抗凝固療法　132
抗菌薬　94
攻撃因子　48, 122
高血圧　15, 43, 109, 132, 134, 136, 137, 140, 169, 212
　　——性心肥大　42
　　——性脳症　51, 52
　　——治療ガイドライン　111
　軽度——　20
抗血小板薬　132, 246
抗血栓療法　132
高血糖　117, 152

抗酸化サプリメント　187
抗酸化物質　269
高脂血症薬　89, 91
高所医学　193
高所順化　197, 203, 272, 274
高所トレーニング　86, 172, 262
高所脳浮腫　96, 135, 198, 206, 209, 245, 254
　　——治療薬　243, 244
　　——発症のリスク　208
高所肺高血圧症　199
高所肺水腫　10, 40, 44, 98, 125, 198, 203, 204, 209, 245, 254, 257
　　——治療薬　243, 244
抗生物質　89, 248
鉤虫症　222, 231
行動食　184
抗トリコモナス薬　226
口内炎治療薬　248
高尿酸血症　212
紅斑　92
抗利尿ホルモン　199, 262, 266
高齢化　29, 141, 159, 212, 216
高齢者　23, 110, 129, 161, 164, 188, 200, 215, 254, 260
高齢登山者　86, 165, 166
誤嚥　63
呼吸困難　15
呼吸不全　120
国際患者搬送帰還　254, 256
国際山岳連合医療部会　5, 201, 217, 238, 246
骨折　10, 33, 54, 55, 56, 62, 101, 162, 178
　顎骨——　71, 73, 75

大腿骨——　54
　　脱臼——　33
　　頭蓋——　29, 57, 62
　　疲労——　55
　　肋骨——　16, 57
こむらがえり　181
五苓散　181
コレラ　227
昏睡状態　28

[さ]
細菌　22, 26, 242
最高心拍数　17
柴苓湯　181
挫傷　57, 68, 70
挫創　68, 70
擦過傷　68, 70, 127
ザック麻痺　32, 36
サプリンメント　184, 186
サルモネラ　225
酸化ストレス　187
サンスクリーン　95
酸素吸入　205
酸素ボンベ　179
サンバーン　→日焼け
酸分泌抑制薬　48

次亜塩素酸ナトリウム　221, 238
ジアルジア　225, 226
紫外線　92, 187, 196, 222, 240, 248
子宮収縮　146
止血法　104
歯根のう胞　72
歯根膜　74
時差症候群　220

脂質　184
　　——異常症　132, 134, 169, 212
四肢麻痺　31
歯周炎　71, 72, 73
歯髄炎　72
自然気胸　14, 16, 41, 46, 121
刺創　68, 71
シックデイ　117
自動体外式除細動器　102, 105
自発的脱水　186
シバリング　→ふるえ
指鼻試験　209
しびれ　31, 32, 35, 36, 50, 130
脂肪　183
　　——分解　113
芍薬甘草湯　35, 181
視野障害　131
住血吸虫症　222
重症急性呼吸器症候群　234
集団登山　153
主観的温度感覚スケール　83, 84
出血性ショック　67, 101
循環血液量　16, 59, 145, 196
循環障害　80
準呼吸不全状態　120
消化管感染症　47
消化器症状　96, 247
消化酵素　47
消化性潰瘍　26, 122, 164, 247
上気道炎　157
上気道感染症　39
浄水フィルター　238
静脈還流　21
食事療法　109, 116, 133, 139
食欲不振　12, 49, 123

除細動　106, 108
ショック　101, 104
暑熱順化　28, 235
シルデナフィル　202
新型肺炎 SARS　234
心窩部痛　123
腎機能障害　153
心筋虚血　16, 42
心筋梗塞　16, 19, 24, 113, 114, 117, 125, 150, 212, 258
人工肛門　142
人工呼吸　103
心室細動　19, 212
心室性不整脈　19
心静止　108
心臓死　125
心臓病　150
心臓マッサージ　105, 108
靭帯損傷　33
心停止　45, 108
心肺機能　11, 98, 141, 145, 266
心肺蘇生　102, 106, 108
心拍出量　16, 145, 196
心不全状態　16
心房細動　130, 134, 164, 213
心房性ナトリウム利尿ペプチド　199

水分摂取　148, 149
水分補給　90, 140, 185, 215, 235, 269
水疱　6, 58, 71, 79, 93, 158
睡眠時異常呼吸　41
睡眠時無呼吸症候群　41, 121
睡眠障害　96

睡眠不足　11, 39, 212
睡眠薬　7, 122, 201, 243, 248, 252
頭痛　9, 29, 40, 51, 90, 96, 111, 129, 154, 156, 181, 198, 208, 246, 251
ステロイド外用薬　93
ストレス　16, 262
スポーツ参加基準　126
スポーツドリンク　186

生活習慣病　132, 164
性感染症　222
性周期　87
咳　14, 39
脊髄損傷　31, 57, 101
赤痢　225
切創　68, 70
切断指　71
雪洞　82
雪盲　6, 92
全身倦怠感　11
先天性心疾患　153

臓器障害　110
早期リハビリテーション　141
創傷　63, 67
遭難死　203, 261

[た]
ダイアモックス®　98, 177, 201, 205, 210, 214, 244, 252
体温調節能力　235
大腸菌　238
大動脈疾患　45
大脳高次機能障害　52
胎盤剥離　146

大量出血　101, 102
脱臼　10, 33, 57
脱水　49, 50, 114, 118, 162, 185, 209, 212, 215, 235, 269
脱力　96
打撲　33, 57, 61, 64, 68, 146, 158, 182
痰　14, 39
炭水化物　183, 269
胆石症　48
胆嚢　26, 141

チアノーゼ　98
中・高年登山　159, 161, 167, 218
中心静脈栄養　142
中枢神経系　27, 50
腸チフス　227
腸閉塞　26
鎮痛解熱薬　112, 139

通信衛星端末　260
ツエルト　7
つま先踵試験　209

低圧チャンバー　86
低圧低酸素　16
低温環境　87
定期健康診断　170
低血糖　117, 152
低酸素環境　261
低酸素体験施設　172
低酸素誘導転写因子1　200
低体温　6, 27, 80, 81, 86, 101, 103, 196
低地移送　99, 203

デキサメタゾン　202, 205, 245, 252
手口感覚症候群　31
デブリードマン　69
てんかん　53, 54, 131, 151, 153, 209
デング熱　218, 221, 229

頭蓋内血腫　62
桃核承気湯　182
当帰四逆加呉茱萸生姜湯　182
凍傷　5, 20, 76, 77, 78, 185, 196, 217, 243, 244, 246
疼痛　22, 32, 35, 54, 56, 59, 78, 93, 247
　——緩和　144
糖尿病　132, 134, 152, 153, 169, 212
　——性腎症　136, 138
　——の診断　115
　1型——　116, 213
　2型——　113, 116
頭部外傷　60
頭部打撲　127
動脈血酸素飽和度　116, 169, 172, 204, 214, 244, 262, 263
動脈硬化　114, 129
ドキシサイクリン　228
吐血　26, 124
登山者検診ネットワーク　168, 170, 171, 212
突然死　150, 211
鳥インフルエンザ　221, 231, 232, 233

[な]
内臓損傷　57
内臓肥満　113

雪崩 103

肉離れ 34
ニフェジピン 99, 112, 120, 202, 205, 245, 252
乳がん 144
乳酸濃度 263
尿失禁 131
認知症 130, 164
妊婦運動の禁忌 147

熱けいれん 88, 90, 185
熱失神 88
熱射病 10, 88, 90, 185
熱傷 5, 58, 59, 78, 89
　　気道—— 58
熱中症 27, 49, 88, 101, 185, 209
熱疲労 88, 185
ネフローゼ 138
捻挫 10, 57, 158
粘膜防御因子増強薬 48

脳MRI 207, 209
脳血管障害 29, 50, 114, 129, 130, 134, 209
脳梗塞 50, 52, 53, 129, 135
脳挫傷 62
脳出血 29, 51, 52, 53, 129
脳静脈血栓症 51, 52, 53
脳神経系 183
脳神経損傷 57
脳震盪 62
脳卒中 101, 129, 133
脳損傷 61
脳浮腫 269

ノルアドレナリン 266

[は]
肺炎 40, 162, 202, 248
％肺活量 120
肺活量比 172
肺がん 121
肺気腫 57
肺結核 121
肺血栓塞栓症 16, 21, 41, 121
肺高血圧症 121, 198
肺水腫 13, 16, 28, 181, 193, 269
肺塞栓症 212
肺損傷 64
ハイドレーション・バッグ 216
破傷風 60, 222, 224, 230
ハチ刺し症 157
発汗 236
発熱 10, 157
バランス能力 183
パルスオキシメータ 176, 179, 204, 216
半側空間無視 131
半盲 31

B型肝炎ワクチン 223, 224
ピークフローメータ 119
皮下気腫 64
光老化 92
非ステロイド系抗炎症薬 94
ビタミン 95, 184, 188, 269
ビバーク 84
皮膚がん 93
ヒマラヤ救助協会 205
肥満 41, 109, 116, 121, 132, 147,

153, 164, 169, 201, 212
びまん性汎細気管支炎　15
日焼け　6, 11, 92, 144, 222
病原生物　237
ビルハイツ住血吸虫症　230
貧血　24, 136, 137, 139, 144, 147, 168, 231
頻尿　131

不安定狭心症　125, 126
不完全離断　65
腹腔内出血　67
複視　32
副子固定法　178
副腎皮質刺激ホルモン　266
副腎皮質ステロイド薬　40, 99, 157, 205, 206, 210, 215
腹痛　21, 23
副鼻腔炎　40
浮腫　12, 136, 137, 139, 140
不整脈　19, 42, 45, 126, 150, 212, 212
プラジカンテル　230
ふるえ　81
プレッシャー・バッグ　179, 202, 205, 210, 216
プログアニル　228
分岐鎖アミノ酸　190

閉塞性動脈硬化症　20
ヘモグロビン　139, 269
　——A1c　115
ヘリコバクタ・ピロリ菌　124
ヘリコプター救助　257
変形　56

——性脊椎症　35
扁桃腺炎　9, 11, 40
弁膜症　42, 129

防御因子　48, 122
補中益気湯　181
ポリフェノール　188
ホルモン製剤　144

[ま]
末梢循環障害　16, 81
末梢神経　27, 31, 36, 50
まめ　6, 158
マラリア　218, 221, 228
慢性高山病　197, 198
慢性疾患　129, 148, 150, 163, 164, 165, 200, 212, 216, 259
慢性腎盂腎炎　138
慢性腎臓病　137, 139
慢性閉塞性肺疾患　15, 120, 164

ミネラル　184, 187, 236

むくみ　→浮腫
胸焼け　12, 46, 123

メタボリックシンドローム　113, 115, 137
メディカルチェック　113, 163, 167, 168, 170, 213
メトクロプラミド　252
メトロニダゾール　226
メフロキン　228
めまい　10, 30, 45, 50, 89, 96, 134, 151, 156, 198, 208, 226, 235

盲腸炎　21, 22

[や]
有酸素性運動　20, 109
有酸素性トレーニング　262
遊離脂肪酸　113

ヨードチンキ　221
予備能力　162, 168

[ら・わ]
落雷　103
ラシックス®　215
卵巣嚢腫捻転　23
ランブル鞭毛虫　226

リコピン　95
利尿薬　13, 112, 139, 140, 177, 180, 215, 249
　ループ——　243, 249
旅行者下痢症　225

レイクルイーズ・急性高山病評価スコア　98, 200, 201, 208
裂創　68

労作性狭心症　18, 44
ロキソプロフェンナトリウム　252

ワルファリンカリウム　133

欧文索引

ACE　→アンジオテンシン変換酵素
ACTH　266, 268
ADH　→抗利尿ホルモン
AED　→自動体外式除細動器
AIDS　222
AMS　→急性高山病
ANP　→心房性ナトリウム利尿ペプチド
BCAA　→分岐鎖アミノ酸
CKD　→慢性腎臓病
CMS　→慢性高山病
CPAP　41, 121
CPR　106
eNOS　200
EPO　→エリスロポエチン
HACE　→高所脳浮腫
HAPE　→高所肺水腫
HIF-1　→低酸素誘導転写因子1
KEEP　216
Monge 病　199
NO　→一酸化窒素
NSAIDs　139
RICE 療法　34
SpO_2　116, 169, 172, 204, 214, 244, 245, 248, 262, 263, 266
STD　→性感染症
UIAA MedCom　→国際山岳連合医療部会
VEGF　199, 200

● 日本登山医学会
・日本登山医学会は1981年に創立以来30年近い歴史を持つ日本を代表する唯一の登山医学の専門家団体.
・急性高山病・高所肺水腫・高所脳浮腫といった低圧低酸素によって生じる障害,低体温症や凍傷といった寒冷による障害,紫外線や宇宙線による障害など,登山や高所で起こるあらゆる障害に対する対策を研究している.
・医師や生理学研究者ばかりではなく,登山や高所での健康にかかわるすべての職業の方が参加している.
・国内のハイキングや登山,山スキーやアイスクライミング,高所を訪れる海外旅行,ヒマラヤトレッキングや本格的高所登山など,これらすべてがフィールドとなる.

＜日本登山医学会事務局＞
〒279-8567　千葉県浦安市明海5-8-1
了徳寺大学健康科学部　増山茂
電話　047-382-2495　e-mail：bureau1@jsmmed.org
URL：http://www.jsmmed.org/

2000年 6 月 8 日　第1版第1刷発行
2002年 7 月15日　　　　第2刷発行
2009年 9 月 1 日　第2版第1刷発行

登山の医学ハンドブック 第2版
定価(本体2,200円+税)　　　　　　　　　　　　　　　　　　　　　　　　　　検印省略

編　者	日本登山医学会 ©
発行者	太田　博
発行所	株式会社　杏林書院
	〒113-0034　東京都文京区湯島4-2-1
	Tel　03-3811-4887(代)
	Fax　03-3811-9148
	http://www.kyorin-shoin.co.jp

ISBN 978-4-7644-0067-2　C3047　　　　　　　　　　　　　　　三報社印刷／川島製本所
Printed in Japan

・本書の複製権・翻訳権・上映権・譲渡権・公衆送信権（送信可能化を含む）は株式会社杏林書院が保有します.
・ JCOPY ＜(社)出版者著作権管理機構 委託出版物＞
　本書の無断複写は著作権法上での例外を除き禁じられています.複写される場合は,そのつど事前に,(社)出版者著作権管理機構（電話 03-3513-6969, FAX 03-3513-6979, e-mail：info@jcopy.or.jp）の許諾を得てください.